全国基层
文化队伍培训用书

国外公共文化
服务概览

李国新　张皓珏　等　编著

Training Books for
National Grassroots Cultural Teams

北京师范大学出版集团
BEIJING NORMAL UNIVERSITY PUBLISHING GROUP
北京师范大学出版社

"全国基层文化队伍培训用书"编委会

编委会主任：周庆富

编委（按姓氏笔画排序）：

王全吉　毛少莹　卢　娟　申晓娟　冯守仁

刘　炜　祁述裕　苏　峰　巫志南　李国新

杨永恒　吴理财　良警宇　范　周　金武刚

孟晓雪　柯　平　祝孔强　倪晓建　彭泽明

本书作者

（按姓氏笔画为序）

冯　佳　刘　亮　李国新　冶静宜　宋　萍
张　丽　张皓珏　陆晓曦　陈　慰　项　琳
高梦楚　曹　磊　潘京花

总　序

公共文化服务体系建设是满足公民基本文化需求、维护公民基本文化权益的保障，是解决好文化发展不平衡不充分问题的重要方式。近年来，中共中央、国务院高度重视公共文化服务体系建设，随着《中华人民共和国公共文化服务保障法》和《中华人民共和国公共图书馆法》等一系列政策法规的出台、实施，我国公共文化服务体系布局日趋合理，资源建设日渐丰富，服务能力不断提高，人民群众的幸福感日益提升。

加快构建现代公共文化服务体系，队伍是基础，人才是关键。为提高基层文化队伍理论素养和业务能力，文化和旅游部自2010年启动全国基层文化队伍培训，并组织编写"全国基层文化队伍培训用书"。首批18种图书出版后，受到全国文化系统学员的普遍欢迎。为适应新时代公共文化服务发展的新要求，第二批"全国基层文化队伍培训用书"选取当前实践中的热点问题，重点涵盖公共文化服务理论政策、实践案例及工作实务三方面内容，突出科学性和实用性，为相关从业人员提供规范、有用的指导参考。

"全国基层文化队伍培训用书"由文化和旅游部公共服务司指导，中央文化和旅游管理干部学院组织编写，来自全国文化馆和图书馆界的优秀专家担任主编。在编写过程中，编者查阅了大量资料，付出了宝贵的心血，在此一并致谢。受编者水平所限，书中内容难免有所疏漏，恳请各位读者批评指正。

目　录

绪　言

一、公共文化在中国

在我国，公共文化是一个出现时间不长的概念。大约在 20 世纪与 21 世纪之交，一些学术研究成果中出现了公共文化的概念。2005 年前后，公共文化的概念开始进入政策语言系统。什么是公共文化？简单地理解，公共文化是文化的组成部分，"公共"二字是它和其他文化类型最显著的区别。所谓公共，强调的是文化的基本性、包容性、普惠性和共享性，是所有人都有条件、有保障、能便捷享有的文化。公共文化不是对文化类型、文化样态、文化形式加以区分的结果，其考量的标准是人民群众在日常生活中对文化的需求以及文化的可及性和参与性。发展先进文化、创新传统文化、扶持通俗文化、引导流行文化、改造落后文化、抵制有害文化，促进在全社会形成积极向上的精神追求和健康文明的生活方式，这是中国特色公共文化内容建设的基本任务。

公共文化服务是由人民群众的基本文化需求以及政府提供基本公共服务的功能衍生出来的一个概念。人民群众的基本文化权益需要保障、基本文化需求需要满足，政府的基本功能之一就是向人民群众提供基本公共服务，我国从"十二五"开始已经把基本公共文化服务明确纳入基本公共服务范畴，因此，向人民群众提供基本公共文化服务就像提供基本教育、基本医疗、基本就业服务等一样，主要是各级政府的责任，是政府保障民生的重要内容之一。基本公共文化服务主要包括什么？学术界有不同的认识和理解。2017 年 3 月开始施行的《中华人民共和国公共文化服务保障法》作出了法律界定：公共文化服务是指由政府主导、社会力量参与，以满足公民基本文化需求为主要目的而提供的公共文化设施、文化产品、文化活动以及其他相关服务。这一界定明确了我国公共文化服务的责任主体：政府；明确了我国公共文化服务的主要目的：满足公民基本文化需求；明确了我国公共文化服务的提供内容：公共文化设施、文化产品和活动、其他相关服务。

构建公共文化服务体系，是政府为满足人民群众基本文化需求而提供公共文化服务的实现方式。公共文化服务体系是公共文化服务设施、文化产品和服务提供以及法律、政策、体制和机制建设的统称。我国在 1997 年签署联合国《经济、社会及文化权利国际公约》、2001 年经全国人大常委会批准生效的背景下，2002 年党的十六大报告第一次明确提出切实尊重和保障人民的文化权益，由此拉开了构建公共文化服务体系的序幕。2005 年，党的十六届五中全会提出"逐步形成覆盖全社会的比较完备的公共文化服务体系"，通过构建公共文化服务体系来保障人民群众基本文化权益、满足人民群众基本文化需求的构想开始出现在党和政府的重要文件中。2006 年 9 月，我国第一个国家级的文化发展五年专项规划——《国家"十一五"时期文化发展规划纲要》出台，浓墨重彩地阐述了公共文化服务的新理念、新思想、新举措，给公共文化服务体系建设注入了空前的动力。2007 年是一个值得铭记的年份，这年 6 月，中共中央政治局召开会议，研究加强公共文化服务体系建设，提出按照结构合理、发展平衡、网络健全、运行有效、惠及全民的原则，以政府为主导、以公益性文化单位为骨干、鼓励全社会积极参与，努力建设公共文化产品生产供给、设施网络、资金人才技术保障、组织支撑和运行评估为基本框架的覆盖全社会的公共文化服务体系。紧接着，为落实中共中央政治局会议的精神，中共中央办公厅、国务院办公厅印发《关于加强公共文化服务体系建设的若干意见》，全面部署了一个时期内公共文化服务体系建设的重点任务。以此为标志，我国发端于 2005 年前后的公共文化服务体系建设进入跨越式发展的新阶段。2011 年，党的十七届六中全会提出建设社会主义文化强国的战略目标。2013 年，党的十八届三中全会提出构建现代公共文化服务体系的任务。2015 年，中办、国办印发《关于加快构建现代公共文化服务体系的意见》。2017 年，《中华人民共和国公共文化服务保障法》正式施行，这是我国文化领域第一部具有综合性、全局性、基础性的法律，在公共文化服务体系建设进程中具有划时代的意义；同年，党的十九大提出新时代坚定文化自信、推动社会主义文化繁荣兴盛、完善公共文化服务体系的新任务。2018 年伊始，《中华人民共和国公共图书馆法》正式施行，成为新时代公共文化服务体系法律政策建设的又一标志性成果。改革开放以来，特别是近 20 年来，我国公共文化服务体系建设取得了举世瞩目的历史性成就。

与公共文化服务体系法律政策建设、创新实践快速推进相伴随，近 20 年来，我国围绕公共文化、公共文化服务、公共文化服务体系建设的理论研究和实践提炼也从无到有、由点及面、全方位展开。学术界围绕公共文化服务体系建设重大问题开展的形式多样、内容丰富的研究，为法律、政策制定提供了理论支撑，也迈出了构建中国特色公共文化理论体系、学科体系、话语体系的第一步。据不完全统计，从 2007 年到 2018 年，在我国学术期刊上发表的与公共文化直接相关的研究论文已接近 1 万篇[1]，出版的专著在 300 部以上[2]；国家社会科学基金立项的公共文化类研究项目方面，已有重大项目 6 项，重点项目 8 项，一般项目、青年项目和西部项目 90 项，合计已在 100 项以上；教育部人文社科研究项目涉及公共文化研究的，有重大课题攻关项目 2 项，重点研究基地重大项目 2 项，规划基金项目和青年基金项目 30 多项，合计已有 40 多

---

① 李秀敏：《学术期刊文献中的公共文化服务研究热点(2007—2018)》，载《图书馆建设》，2019(5)。
② 宗何婵瑞：《2007—2018 年我国公共文化服务图书出版概观》，载《图书馆建设》，2019(5)。

项。[1] 这一现象说明，在我国，年轻的公共文化研究已经在国家最高层次的研究阵地中占有一席之地。更为可喜的是，近十多年来，我国有一大批高等院校在众多相关学科中开展了公共文化研究，已经出现了将近 70 篇博士学位论文、1 800 多篇硕士学位论文。[2] 公共文化领域已经聚集了一大批具有不同学科背景、知识结构的高水平年轻研究力量，公共文化的学理阐释、理论深度、实践提炼、规律总结等方面都跃上了一个新高度。

综观我国截至目前的公共文化研究，其体现出三个鲜明特点。

一是多学科关注，多角度研究。公共文化服务体系建设涉及设施体系、组织体系、产品生产、服务供给、保障条件、治理方式等多方面的问题，因此吸引了众多相关学科的关注。北京大学国家现代公共文化研究中心曾组织力量做过一次调研分析，发现按现有学科分类，至少有 11 个学科门类、37 个一级学科、93 个二级学科有公共文化方面的研究成果。不同学科专业关注的重点、研究的视角有所不同，表 0-1 反映的就是目前开展公共文化研究的学科门类以及体现研究重点内容的高频关键词，从中可以看到关注公共文化研究的学科之多、研究范围之广以及研究视角所体现的专业特色。

表 0-1 开展公共文化研究的学科门类以及研究重点内容高频关键词

学科门类	高频关键词
公共管理	农村公共文化服务、公共图书馆、均等化、政府职能、基本公共文化服务
体育学	全民健身、全民健身路径、社会体育指导员、全民健身计划、群众体育
图书馆、情报与档案管理	公共图书馆、阅读推广、图书馆、全民阅读、高校图书馆、农家书屋、社区图书馆
马克思主义理论	农村文化建设、社会主义新农村、新生代农民工、农民、科学发展观
城乡规划学	(新)农村文化建设、农家书屋、文化礼堂、公共空间、公共图书馆
社会学	社区文化中心、文化治理、新生代农民工、文化权益、社会工作
应用经济学	公共图书馆、文化产业、绩效评价、财税政策、财政拨款、公共文化支出
政治学	新农村文化建设、文化权利、文化产业、新生代农民工、文化治理、均等化、文化认同
工商管理	博物馆、公共文化服务设施、公共图书馆、指标体系、PPP 模式、运营管理、公共文化项目
新闻传播学	农家书屋、全民阅读、农村文化建设、公共文化空间
法学	文化权利、普法、文化事业、文化立法、非物质文化遗产、国家义务、法律保障

---

[1] 项琳：《2007—2018 年我国重大研究项目中的公共文化服务研究》，载《图书馆建设》，2019(5)。

[2] 张歌：《公共文化服务领域相关学位论文研究述评(2007—2018)》，载《图书馆建设》，2019(5)。

二是发展战略、重大政策引导研究。近十多年来，党和政府有关公共文化服务体系建设的发展战略、重要法律和重大政策密集出台，指明了发展方向，部署了重点任务，推动了实践创新，同时也对公共文化研究的方向和内容做出了有力引导。2005年，党中央、国务院印发《中共中央 国务院关于推进社会主义新农村建设的若干意见》，引发了对农村公共文化服务体系建设的高度关注。此后，伴随着促进公共文化服务均衡发展、基层综合性文化服务中心建设、乡村振兴战略的陆续出台，建立健全农村公共文化服务体系成为近十多年来持续不断的研究热点。2006年，我国第一个国家级的文化发展五年专项规划出台后，引发了学术界一场研究和传播现代公共文化服务理念的热潮。2015年，中办、国办印发《关于加快构建现代公共文化服务体系的意见》后，公共文化服务标准化、均等化、数字化、社会化研究以及国家和地方基本公共文化服务标准研究，成为众多学者的研究重点。《中华人民共和国公共文化服务保障法》和《中华人民共和国公共图书馆法》颁布后，对法律的解读、阐释、实施细则和配套规章的研究成果大量出现。总体上看，发展战略、重要法律和重大政策引导研究，研究成果对发展战略、重要法律和重大政策进行深化、细化、具体化，从而使学术研究紧扣时代脉搏、紧跟发展进程，营造出了政学相向互动的社会环境和学术环境，发展战略、法律政策的贯彻落实获得了坚实的学术支撑，学术研究主动切入国家和事业发展重大现实性问题的特色体现得较为明显。

三是创新实践、理论研究和政策转化紧密结合。时代是思想之母，实践是理论之源。近十多年来，我国公共文化服务体系建设总的态势是实践创新引领理论研究，理论研究提炼总结实践经验，进而指导实践创新不断走向完善。始于2011年的国家公共文化服务体系示范区（项目）创建堪称典型代表。公共文化示范区（项目）创建实施伊始就作出了开展制度设计研究的顶层设计，并将之作为示范区（项目）创建验收的前置条件。制度设计研究要求创建单位立足于国家公共文化服务体系建设的发展战略和重点任务，紧密结合当地实际，组建由专家学者、公共文化管理者和一线工作人员组成的"三结合"研究队伍，针对公共文化服务体系建设的突出矛盾和问题，开展制度设计研究。目标是以研究成果指导创建实践、以创建实践完善和丰富研究成果，最终将研究成果转化为政策制度，为全国或本区域提供借鉴示范。四批117个创建城市、205个创建项目涌现出了一大批高质量的研究成果，成功转化了一大批着眼于补短板、强弱项、提质量的政策制度成果，如公共文化服务综合性或专门性地方立法，体系化的公共文化服务保障标准、业务标准和评价标准，促进公共文化服务社会化发展的政府政策，完善文化志愿服务的激励政策等。创新实践、理论研究和政策转化紧密结合，改变了理论、实践和政策时有脱节的现象，探索了理论、政策源于实践又指导实践的路径，强化了研究成果的实践应用，固化了研究和实践成果的示范作用。同时，这一举措还在培育基层公共文化研究队伍、推动文化行政部门和公共文化机构走上创新实践和理论研究并重的道路方面发挥了重要作用。

我国公共文化服务体系建设的快速推进，满打满算只有十多年的时间，与此相应，公共文化研究还是一个年轻的领域。截至目前，公共文化还没有进入学科目录和高层次人才培养专业目录，没有权威的基础理论教科书，甚至没有一种公开发行的高质量的专业期刊，这些都是"年轻"的表象特征。深入一点说，公共文化研究的理论架构诸如概念体系、内容体系、话语体系，乃至于教学体系、课程体系等，还没有完全建立起来。近十多年来主要是公共文化服务实践在驱动理论研究，理论研究对实践的支撑性和引领性还远远不够。分析已有研究成果也可以看到，过去十多年我国公共文化领域出版的图书中，就体裁论，研究报告和论文集相对较多；就责任者论，高校和研究机构的成果相对较多，而且责任者的中间中心度集中在少数人身上。这些现象印证了公共文化研究目前尚处于初步阶段，研究的短板、弱项、空白点还有很多，其中有关国外公共文化的研究、有关公共文化服务的中外比较研究、有关公共文化服务国际经验借鉴的研究就是典型。在我国进一步扩大对外开放、引领经济全球化的背景下，新时代的公共文化服务体系建设要瞄准国际先进水平走出中国道路、创造中国经验、作出中国贡献，就不能缺失对国外情况的了解和分析，不能没有对国际经验的借鉴和吸收。正是缘于此，我们在国家社科基金重大项目中设计了专门子课题，组织力量开展研究，最终形成了这部《国外公共文化服务概览》，主要目的在于为我国公共文化服务体系建设的国际经验借鉴提供参考。

二、国际视野下的公共文化

当我们把中国公共文化服务的理念思想、方针政策、主要内容放到国际视野下去审视，就会发现"公共文化""公共文化服务""公共文化服务体系"等一系列概念具有鲜明的中国特色。具体表现是在国外的研究和实践中，有"公共文化"的说法，有某些和我们所说的公共文化相同的服务理念和具体内容，但没有与中国意义上的"公共文化""公共文化服务""公共文化服务体系"内涵和外延完全对应的概念。以下几点，是我们在研读国外相关资料、分析研究国外相关情况过程中发现的几个基本问题。

第一，公共文化及其相关概念尚未进入西方的知识体系和学术概念体系。典型的证据是，被誉为兼具权威性、学术性、国际性的西方知识和文化大全——《不列颠百科全书》中，就没有公共文化（public culture）或与公共文化内涵和外延相近的条目。《不列颠百科全书》国际中文版的索引中出现了"公共艺术收藏馆"的概念①，指向的条目是"瑞士巴塞尔艺术博物馆——公共艺术收藏馆"，它是 1662 年在瑞士巴塞尔建立的，号称欧洲第一座将购买或捐赠的绘画、雕刻作品作为公共收藏的博物馆②，并不是一个有关"公共艺术"的抽象概念。这一现象说明，西方公众的认知体系中尚未建立起对公共文

---

① 《不列颠百科全书/国际中文版》，第 19 册，227 页，北京，中国大百科全书出版社，1999。

② 《不列颠百科全书/国际中文版》，第 9 册，378 页。

化的理解和认识，西方的知识体系和学术概念体系中也没有出现公共文化及其派生的相关概念。

第二，在西方的学术话语体系中，并非没有出现过"公共文化（public culture）"的语词表达。通过谷歌图书 Ngram 查看器检索可以发现，从 1800 年至 2008 年，外文图书中"public culture"的出现频率呈逐步上升趋势（见图 0-1）。使用百度学术对英文学术期刊所载论文中使用"public culture"的情况进行趋势统计，也可以发现 1969 年至 2015 年间，共有 125 篇相关论文使用过"public culture"，出现频率虽有起伏，但总的趋势是呈增加态势的（见图 0-2）。不过，分析西方论著中出现的"公共文化"一词的具体含义会发现，一般来说，它指的是一种作为公共现象出现的文化，或是一种某个民族共有的文化元素、文化信仰，而不是指为公众提供文化设施、产品和服务以及文化享有的便利，这和中国意义上的公共文化、公共文化服务有所不同。①

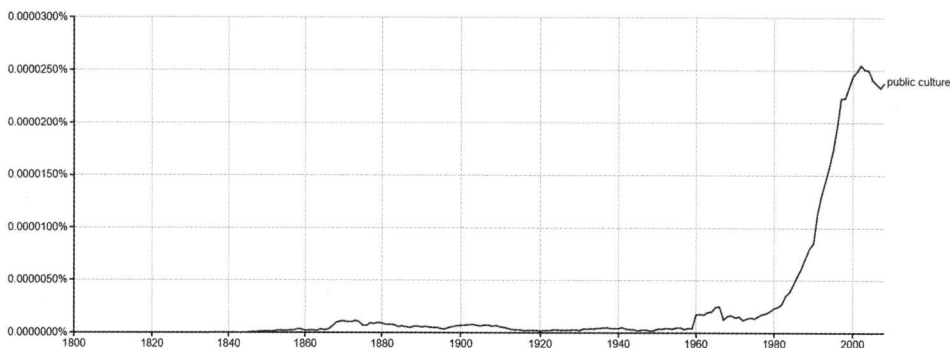

图 0-1　谷歌图书 Ngram 算法查询"public culture"在图书中出现频次示意图

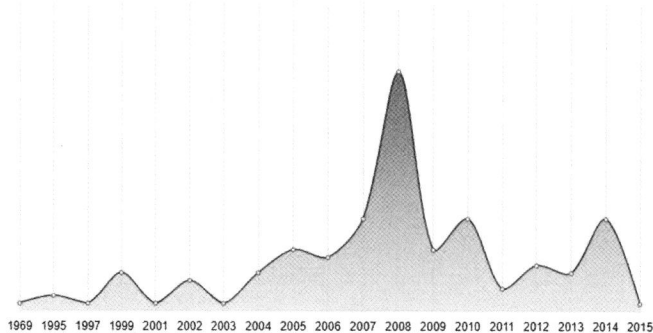

#public culture#研究走势

"public culture" 从1969年开始出现相关研究，2008年达到最热。

图 0-2　百度学术查询"public culture"在学术论文中出现频次示意图

第三，一些国际通行程度较高的文化设施，不论中外，其秉持的理念、体现的精

①　朱本军：《全球视野下的公共文化学术信息源及其利用研究》，载《图书馆建设》，2019(5)。

神、具有的性质、运行的规律等都是相通的。典型的如图书馆、博物馆、美术馆、社区文化中心、中国的文化馆和日本的公民馆等，我们今天将这类设施统称为公共文化设施，在国外只不过是没有这样的统称。这类国际通行程度较高的文化设施，其发端源头一般在国外。发达国家的这类设施历经长期发展，在体系化建设、服务方式与手段、管理与运行机制、社会化发展等方面积累了丰富的经验，当然也有值得我们记取的教训。对这类设施及其服务的专题研究不存在中外差异，是我国公共文化服务国际经验借鉴研究的重要内容，也是可以直接为我所用的他山之石。

第四，对文化的认识和理解的民族差异，导致了文化分类的不同。文化具有强烈的民族性和时代性，不同国家、不同地区、不同民族对文化的理解和认识并非像工业标准那样整齐划一，而是有明显的差异。2017年，美国学者凯文·马尔卡希（Kevin V. Mulcahy）出版了一部名为《公共文化、文化认同与文化政策：比较的观点》的专著，将体现文化认同的现象——一个民族共有的文化元素、文化传承、文化信仰定义为"公共文化"，认为公共文化是文化认同最直接、最具潜移默化的影响的源头。综观当今世界，不同国家、不同地区、不同民族对文化的分类整合有明显的差异，体现出来的就是对文化的理解和认识的不同。在西方的话语体系中，一般来说文化（culture）和艺术（art）、宗教（religion）有较强的关联性，因此西方常见的文化分类是"文化·艺术·宗教"。在日本，被我国界定为公共文化设施的图书馆、博物馆、市民文化中心等被界定为社会教育设施，属于教育行政部门主管；文化艺术创作、文化遗产保护传承、文化艺术表演等则没有作公共与专业的区分，统归文化行政部门主管。面对不同国家、不同地区、不同民族对文化的理解和认识的差异性，我国公共文化服务的国际比较研究和国际经验借鉴研究就需要超越表面差异，深入到实际内容中去，做一番梳理甄别、条分缕析、准确定位、针对性分析的工作。这是做较为宏观的公共文化国际比较研究的难点所在，但只有做到这一步，对我国的公共文化服务体系建设才具有现实针对性和普遍借鉴意义。

三、公共文化服务的国际经验借鉴

国外公共文化研究的切入点，一般来说可以是国别，也可以是行业，还可以是领域、问题，抑或兼而有之。面对不同国家的语言差异、文化差异、传统差异、管理体制差异等因素，考虑到研究的现实可行性，本书采用了从国别入手的方法，选择了西方发达国家中的美国、加拿大、英国、德国、法国、北欧诸国，以及亚洲的日本和韩国，各自独立成章加以介绍分析。这种选择，既考虑了对主要发达国家公共文化服务的尽可能全面的覆盖，也考虑了研究团队自身条件和能力的制约。因此，所谓"国外"，只能说是代表性的。

文化的多样性决定了世界各国的公共文化服务呈现不同特色。考虑到我国公共文化服务体系建设的现实需要以及借鉴价值，本书的内容聚焦了不同国家的三个主要问题：一是公共文化管理体制，二是公共文化法律政策，三是城市、行业公共文化服务方面有特色的计划、项目、活动等典型案例。介绍概况、彰显特点、示范案例，以开阔视野、启发思考，是本书在内容介绍分析上试图着力达到的效果。对公共文化的管理体制，西方国家比较普遍强调的是"一臂之距"，强调文化发展的事权责任主要在地方政府，但各国的具体做法也不尽相同。虽然国情不一样、社会制度不一样，但国外的做法对我们今天建立现代治理体系和治理方式不无可参考借鉴之处。如韩国中央政府早在2008年就组建了文化体育观光部，搭建起了"文旅融合"发展的组织保障架构，我国各级政府行政管理体制改革后的文化和旅游主管部门合并，可以从韩国已有的十多年实践中得到一些启发和借鉴。在我国，党的十八届四中全会提出全面依法治国战略后，公共文化法治建设取得了突破性进展，《中华人民共和国公共文化服务保障法》《中华人民共和国公共图书馆法》《博物馆条例》等国家层面的法律法规以及一些地方性立法在短时间内密集出台。但是，按照中办、国办《关于加快构建现代公共文化服务体系的意见》的要求，我们的任务是建立健全公共文化服务法律体系。"法律体系"包括哪些要素？按照文化发展的基本规律，公共文化方面应该建立哪些基本的法律制度？构建我国公共文化服务法律体系，未来的发展方向和重点任务是什么？发达国家的文化立法包括公共文化方面的法律政策，总体上说比我们有更长久的发展，积累了一定的经验和教训，本书重点介绍、分析了发达国家文化法律和政策的历史和现状，希望能对我国在落实全面依法治国战略布局下构建公共文化服务法律体系有所裨益。依据可及的资料和视野，我们在研究中发现了国外在公共文化服务方面一些有特色的做法。如在城市发展与公共文化服务有机结合方面，美国纽约高度体系化的公共文化服务、美国西雅图成功改造世界博览会遗产并主要用于公共文化服务、德国鲁尔区作为典型的产业转型城市的公共文化服务、日本东京面向奥运会展现其魅力的公共文化服务等，对我们都有启发意义。在公共文化发展政策、公共文化服务法律制度构建方面，日本和韩国不约而同地提出的"文化艺术立国"战略、美国和日本等国家建立的公共文化机构从业人员职业资格认证制度、北欧一些国家普遍实施的公共借阅权制度、日本中央政府补助地方政府公共文化服务的地方交付税制度和国库补助金制度、日本促进公共文化设施社会化管理运营的指定管理者制度等，对我们都有借鉴价值。在打造特色项目、引领发展趋势方面，英国借鉴欧洲文化之都经验开展的"文化之城"项目、英国伦敦变革传统图书馆打造的连锁"概念店"项目、芬兰赫尔辛基引领公共文化服务发展趋势的"颂歌图书馆"项目、日本公民馆的管理运营等，对我们也都不无可供参考之处。我们的研究尽可能聚焦不同国家公共文化服务体现出来的特色，为我国正在大力推进的现代公共文化服务体系建设提供借鉴。

党的十八届三中全会部署的构建现代公共文化服务体系中，就包括了提高文化开放水平，积极吸收借鉴国外一切优秀文化成果，引进一切有利于我国文化发展的经验。鼓励和支持在公共文化服务领域开展国际合作与交流，已被写入《中华人民共和国公共文化服务保障法》。因此，借鉴世界上一切成功的做法、有益的经验，也包括吸取教训、少走弯路，同样是新时代构建现代公共文化服务体系的题中应有之义。

四、坚定文化自信，开创公共文化服务的"中国道路"

研究国外公共文化服务的过程，是一个对中外公共文化服务的性质、内容、特点、创造不断进行比较的过程。当我们广泛涉猎了国外公共文化服务的历史与现状后，能够更加理性地体会到中华人民共和国成立70多年来，我国在保障人民群众的基本文化权益方面所取得的历史性进步；更加清晰地了解到改革开放以来，特别是近20年大力推进公共文化服务体系建设以来，我国公共文化服务由全面落后于西方发达国家到实现并跑直到局部领跑的历史进程；更加深刻地认识到我们所开创的公共文化服务"中国道路"、所贡献的"中国智慧""中国方案"的丰富内涵和时代价值。

与国外相比，我国的公共文化服务体系建设具有明显的理论优势。经济、政治、社会、文化、生态文明"五位一体"统筹推进的总体布局，确立了中国特色社会主义的战略目标，体现了党和政府治国理政的新思维，规划了经济社会全面协调发展的路线图。文化是一个国家、一个民族的灵魂，没有高度的文化自信，没有文化的繁荣昌盛，就没有中华民族的伟大复兴。满足人民过上美好生活的新期待，必须提供丰富的精神文化食粮。全党全社会对文化建设重要性的认识跃上了新高度，催生了公共文化服务体系建设的理论自觉。

早在2007年，中共中央政治局专题研究加强公共文化服务体系建设，就明确指出建设覆盖全社会的公共文化服务体系，根本目的是繁荣社会主义先进文化，构建社会主义和谐社会，是实现好、维护好、发展好人民群众的基本文化权益，是促进人的全面发展、提高全民族的思想道德和科学文化素质。这次会议第一次从理论上描绘出覆盖全社会的公共文化服务体系的基本框架，成为此后我国公共文化服务理论研究和实践创新的方向指引。2011年10月，党的十七届六中全会专题研究部署深化文化体制改革、建设社会主义文化强国。提供以满足人民群众的基本文化需求为主要任务的公共文化服务，被明确定位为社会主义文化强国建设的基本任务。会议形成了构建公共文化服务体系是实现人民群众的基本文化权益的主要途径的思想，从理论上概括了我国公共文化服务体系建设的目标任务：覆盖城乡、结构合理、功能健全、实用高效。2013年11月，党的十八届三中全会部署全面深化改革，在总结过去十几年公共文化服务体系建设成功经验的基础上，与时俱进地提出构建现代公共文化服务体系的任务。牢牢树立以人民为中心的思想，以培育和践行社会主义核心价值观为统领，促进基本公共文化服务标准化、均等化、数字化和社会化发展，深化体制机制改革，推动文化治理体系和治理能力现代化。一系列新理念、新思想的提出，丰富了公共文化服务的理论体系，促进了公共文化服务的实践创新。《中华人民共和国公共文化服务保障法》和《中华人民共和国公共图书馆法》的颁布，标志着十多年来我国以前所未有的力度推动公共文化服务体系建设的思想成果、理论成果、政策成果、创新实践成果升华、固化为法律化的国家意志。综观世界各国的公共文化服务发展进程，我国近 20 年来由公共文化服务体系建设到现代公共文化服务体系建设的伟大实践，始终秉持以人民为中心的思想，始终坚持保障人民群众的基本文化权益、满足人民群众的基本文化需求的目标，始终有高屋建瓴的战略规划和顶层设计，始终以坚定的文化自觉和文化自信持续不断地奋力推进。鲜明的理论优势引领了我国公共文化服务体系建设的发展方向和创新实践。

与国外相比，我国公共文化服务体系建设具有明显的制度优势。党的坚强统一领导、社会主义制度集中力量办大事的优势，是我们能够在较短时间内实现公共文化服务快速发展、重点突破、全面提升的根本保障。公共文化服务体系建设纳入经济社会发展规划，各级政府根据事权和支出责任将公共文化服务经费纳入本级预算，各级政府承担加强公共文化设施建设、完善公共文化服务体系、提高公共文化服务效能的责任。这些事关公共文化服务持续健康发展的重大问题，在较短的时间内实现了由政策要求到法律规定的提升。各级党委和政府思想和行动与党中央保持高度一致，以强烈的政治意识和高度的文化自觉加强对公共文化服务体系建设的重视和领导，形成了中国特色鲜明的公共文化服务体系建设组织领导保障。面对我国公共文化服务区域、城乡、人群发展不均衡的现状，党和政府提出以基本公共文化服务的标准化促进均等化的战略思路，建立基本公共文化服务标准体系的任务随即在全国推进，《中华人民共和国公共文化服务保障法》将各级政府制定、公布、动态调整基本公共文化服务标准上升为法律制度。一个明确基本公共文化服务内容、种类、数量和水平，既有基本共性又有特色个性的上下衔接的基本公共文化服务标准体系正在形成。针对公共文化服务存在的突出矛盾和短板，我国创造了充分体现制度优势的"重大文化惠民工程"战略，中央统一部署、统一领导，中央财政主要负担，"一竿子插到底"，在全国范围内普遍实施。广播电视村村通工程快速解决了全国农村基层群众听广播、看电视的问题；文化信息资源共享工程快速解决了依托互联网向农村基层传播数字信息资源的问题，同时还有效带动了基层图书馆、文化馆等公共文化服务机构的数字服务能力建设；农村电影放映工程、农家书屋工程在解决农民看电影难、看书难的问题上取得了显著成效；重大文化惠民工程创造了在社会主义制度下以统一集中的优势迅速提升农村基层公共文化服务水平的"中国经验"。我国的公共文化服务体系建设持续快速发展近 20 年，解决了许多长期以来想解决而没能解决的问题，突破了许多长期以来想突破而没能突破的难题，弥补了许多长期以来存在的短板，做强了许多长期以来存在的弱项，人民群众享有的公共文化服务从数量到质量发生了根本性变化，充分体现出了社会主义制度公平正义、集中力量办大事的优越性。同时，公共文化服务的创造性实践也为中国特色社会主义制度自信注入了新鲜、生动的养料。

与国外相比，我国的公共文化服务体系建设坚持人民主体地位、坚持创新驱动发展，走出了一条特色鲜明的公共文化服务"中国道路"。坚持人民主体地位强调公共文化服务须以人民群众的需求为出发点和落脚点。一方面，政府以及社会力量提供的公共文化资源、服务与人民群众的需求有效对接。为此，我国的公共文化服务从理念到实践经历了由"送文化"到"种文化"、由"政府端菜"到"百姓点菜"的转变。另一方面，以人民为主体的公共文化服务强调人民群众不是单纯的文化接受者，更是文化的创造者。公共文化服务越来越多地体现出了人民群众自我创造、自我表现、自我服务、自我教育的特点。人民群众的文化创造热情被激发出来，公共文化服务的创新实践喷涌迸发，成为推动我国公共文化服务体系建设跨越式发展的强大动力。回首近 20 年来我国的公共文化服务发展，从设施到设备、从资源到服务、从活动到平台、从制度到保障，堪称具有国际引领意义的创新实践层出不穷。在图书馆领域，我们创造了"城市书房""智慧书房"模式、"馆店合作"模式、"图书馆＋"模式，实现了阅读空间适应人民对美好生活期待的跨越升级；我们创造了"你选书，我买单""网上预约、社区投递""信用借阅""邻里图书馆"等全新的服务方式，颠覆了传统的图书馆服务流程与方法；在借鉴发达国家经验的基础上，我们发展出了有鲜明中国特色的图书馆总分馆制，并使之法律化，实现了图书馆组织体系的再造。在文化馆领域，我们创造了以"人"为纽带的文化馆总分馆制，开创了以"一人一艺"为代表的全民艺术普及活动体系。紧跟互联网的快速发展，我国公共文化服务的数字化、智能化水平走在了世界前列。公共文化机构普遍建立的网络平台延伸了服务触角，数字实体空间建设改变了公共文化空间的物理存在，大数据在服务和管理上的广泛应用显著提升了公共文化服务的针对性和适用性，线上线下相结合的公共文化服务以及公共文化活动的网络直播极大提升了公共文化服务的覆盖面和服务效能。近 20 年来我国公共文化服务诸如此类层出不穷的创新实践，与同一时期西方一些国家公共文化服务走向式微的趋势形成鲜明对照，它们既是中国对全球公共文化服务的贡献，也是公共文化服务开创"中国道路"的集中体现。

我国公共文化服务体系建设取得的历史性成就，为我们坚定文化自信注入了力量。文化自信是更基础、更广泛、更深厚的自信，是更基本、更深沉、更持久的力量。有了坚定的文化自信，就能正确看待国外公共文化服务的一切经验与不足，就能走出一条借鉴吸收人类一切有益经验、保持鲜明中国特色的公共文化服务的"中国道路"。这是我们深入研究国外公共文化服务后得到的启迪和自信。

第一章　美国公共文化服务

美国是由华盛顿哥伦比亚特区、50个州和关岛等众多海外领土组成的联邦共和立宪制国家。其主体部分位于北美洲中部，国土总面积983.2万平方千米，总人口约3.26亿。2017年国内生产总值19.39万亿美元，人均5.95万美元。[①]

美国没有公共文化和文化产业之分。那些服务大众、具有较强公益性和一定道德引导功能的文化机构，如公共图书馆、博物馆、美术馆、科技馆、社区中心以及各类历史文化遗产保护机构等，与中国的公共文化机构并无二致，通常会得到政府给予的专门政策性保护和经费支持，为公众提供普遍均等的文化服务。美国与公共文化服务相关的法律政策在1965年通过的《国家艺术暨人文基金会法案》的积极推动、影响下，在联邦层面已渐成体系，出台了许多与公共文化服务相关的法律；州是美国公益性文化机构法律体系的主体，各州都有自己的法律，虽有内容与形式上的不同，但在基本原则和方向上保持一致，重要的政策制度有对文化类非营利组织的鼓励扶持政策、职业准入制度等。

纽约是美国人口最多、经济发达且多族裔聚居的城市，是美国文化艺术的中心。华盛顿哥伦比亚特区是美国的首都，是政治中心。西雅图是美国太平洋西北区最大的城市，是表演艺术的中心。三个城市的文化发展各具特色，代表了美国公共文化服务水平的不同切面，具有一定参考借鉴意义。

第一节　管理机构与管理特色

长期以来，美国联邦政府与文化事务都没有正式而密切的关系，即使1965年《国家艺术暨人文基金会法案》(*National Foundation on the Arts and Humanities Act*, 1965，以下或简称《法案》)通过实施以后，也只是由国家艺术基金会(National Endow-

---

[①]　数据参见国家统计局编：《中国统计年鉴(2018)》，北京，中国统计出版社，2018。

ment for the Arts，NEA)、国家人文基金会(National Endowment for the Humanities，NEH)以及后来成立的博物馆与图书馆服务署(Institute of Museum and Library Services)三个联邦行政机构对艺术人文事业实行经费补助，而非直接管辖。各州和地方通常由州和地方层面的文化或艺术/人文委员会对文化与艺术事业进行组织管理，委员会监管的触角一直纵向延伸至社区，鼓励成立社区委员会，并协助社区建立艺术家驻居计划等。美国艺术与人文相关职能部门组织结构关系如图 1-1 所示。

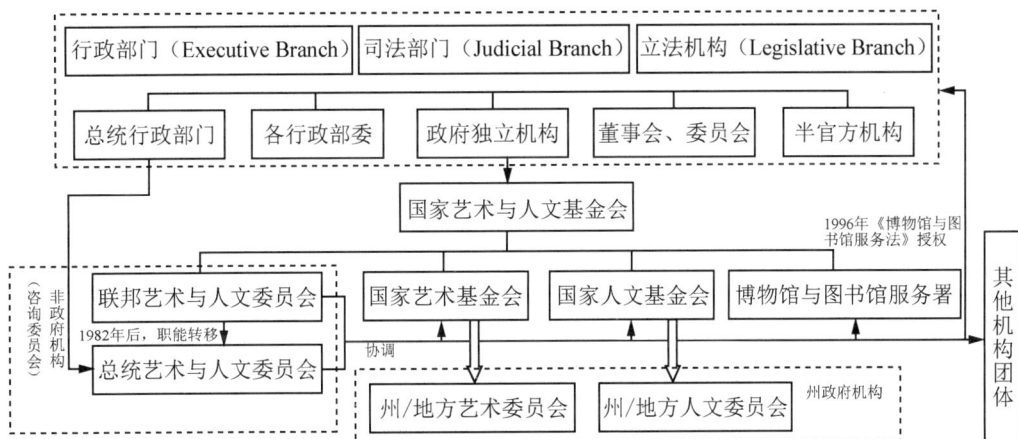

图 1-1 美国艺术与人文相关职能部门组织结构关系图

一、主要机构与职责

(一)国家艺术与人文基金会

国家艺术与人文基金会是依据《法案》成立的独立机构。该基金会最初由国家艺术基金会、国家人文基金会、联邦艺术与人文委员会(Federal Council on the Arts and the Humanities)组成，后又增加了博物馆与图书馆服务署。美国资料中心网站显示，国家艺术基金会与国家人文基金会均拥有各自独立的咨询委员会。为维持基金会运作的独立性，任何政府机构或官员均不得对依照《法案》施行的政策、人事、业务加以干涉。自 1988 年起，国家艺术基金会和国家人文基金会每两年向总统与国会提交全国艺术及人文现状报告。

(二)国家艺术基金会与国家艺术委员会

国家艺术基金会是美国联邦政府独立机构，成立于 1965 年，通过与各州艺术机构、地方领导者、其他联邦政府机构及慈善部门合作，拓展其工作领域。基金会设主席 1 人，由总统任命。主席的职权主要是参考联邦艺术与人文委员会、国家艺术委员会的建议，确定联邦政府艺术发展补助资金的补助对象。迄今为止，基金会已经投入超过 40 亿美元用以支持并服务于优秀艺术的发展。该项资金的补助项目包括：具有实质艺术性与文化意义、强调美国创造力并达到专业水准的作品；符合专业水准或原创性、传统性标准，且若得不到补助将无法面世的作品；鼓励与协助艺术家追求专业成就的计划；鼓励与发展公众欣赏与享受艺术的研习班；其他关于艺术的调查、研究与计划。每项补助金额不超过该计划或作品全部费用的百分之五十。2017—2018财年，国家艺术基金会的资助资金比上一年度增长200万美元，增至14 984.9万美元，共发放约2 500笔资助，40%的资助项目发生在高度贫困地区，13%的资助项目发生在农村地区。美国教育学会年报发布的数据显示，全年共计近4 300万成年人和830万儿童通过国家艺术基金会资助的项目参与艺术活动。

国家艺术委员会（National Council on the Arts）是国家艺术基金会的咨询顾问机构。该委员会原由国家艺术基金会主席（兼任本委员会主席）与26名总统任命的民间人士组成，服务期限为六年。后由于国会颁布法律削减委员会成员，使得该委员会仅有18名总统任命的民间人士以及6名国会议员，但6名国会议员无投票权且任期仅为两年。据美国国际教育学会网站列举，该委员会的职责有：对联邦补助资金申请提出推荐意见；指导经费类目、目标及资格；对与其他机构进行合作的方案及协议进行协调指导；提出机构预算数额、分配及拨款次序；把握国家艺术领域重要问题及国会立法等相关政策导向。

（三）国家人文基金会与国家人文委员会

国家人文基金会也是美国联邦政府独立机构，成立于1965年，是美国最大的人文项目资助者之一。该基金会通过独立小组和外部评议的方式对人文领域的优秀计划给予经费资助，这些经费资助通常用于文化机构，包括博物馆、档案馆、图书馆、高校、公共电视、广播电台，以及个别学者。国家人文基金会网站称，其工作目标为：巩固学校教育与学习；促进研究与原创的发展；提供终身学习的机会；保存并提供文化与教育资源；加强人文基础。国家人文基金会网站同时显示，该基金会主席由总统任命并经参议院同意，任期四年。当前，国家人文基金会由七个项目部门和办公室以及一些管理办公室组成。

国家人文委员会（National Council on the Humanities）作为国家人文基金会的咨询顾问机构，由国家人文基金会主席和总统任命、参议院认可的26名杰出公民组成，服务期限为六年。国家人文委员会与国家人文基金会密切合作，共同支持各州和地方人文委员会的工作。

（四）联邦/总统艺术与人文委员会

联邦艺术与人文委员会是协调联系性质的机构，由国家艺术与人文两基金会的主席、教育署署长、史密森学会（Smithsonian Institution）院长、国家科学基金会主席、国会图书馆馆长、国家美术馆馆长、美术委员会主席及国务卿指派的一名委员共九人组成。该委员会旨在商议《法案》执行时遇到的重大问题，协调两基金会之间、两基金会与其他联邦机关之间的政策与执行。总统艺术与人文委员会网站介绍，1982年，总统艺术与人文委员会（President's Committee on the Arts and the Humanities）在里根总统任期内成立，作为美国白宫有关文化问题的咨询委员会，总统艺术与人文委员会的成立使得联邦艺术与人文委员会的职能逐步弱化，并最终取而代之。

（五）博物馆与图书馆服务署和国家博物馆与图书馆服务理事会

博物馆和图书馆协会官网介绍，博物馆与图书馆服务署是1996年依照《博物馆与图书馆服务法》（*Museum and Library Service Act*）成立的美国联邦政府独立机构，旨在推动博物馆与图书馆提供创新、终身学习以及公民参与文化的活动，并通过研究、制定政策及拨款方式进行引导。

博物馆和图书馆协会官网同时介绍，国家博物馆与图书馆服务理事会（National Museum & Library Services Board，NMLSB）是博物馆与图书馆服务署的咨询顾问机构，为博物馆与图书馆服务署的政策、实践及奖励评审提供决策建议。该理事会由博物馆与图书馆服务署署长、副署长及参议院认可，总统委任并在博物馆或图书馆服务领域有专长的20位公众组成，博物馆与图书馆服务署署长任理事会主席。

（六）地方艺术/人文事务部门

美国几乎所有的艺术/人文委员会均将其服务对象的范围限定在本州及地方范围内，并通过各种艺术人文支持项目以及服务、扶持卓越艺术家的方式提供经费、技术等方面的援助，以期达到提升艺术水准、使艺术融入公众生活，从而提高生活质量的目标。在美国，有半数以上的州艺术/人文委员会标榜其为州政府机构，而那些没有明确声称其为州政府机构的委员会，由于各州必须在拨付一定的配合补贴款的基础上才能获得国家艺术/人文基金会的拨款，其发展运作在很大程度上也依赖于州政府。艾奥瓦州、堪萨斯州以及北卡罗来纳州的艺术/人文管理机构通过理事会的方式进行运作，其理事会成员均由州长任命，这也表明这几个州的艺术/人文管理机构对州政府的依赖。因此可以说，美国各州政府履行对艺术与文化的管理职责。而从各州艺术/人文委员会经费的来源看，除州政府或州立法机关以及国家艺术/人文基金会提供的经费必不可少外，不少州的委员会还会得到非政府组织或私人的捐赠。此外，一些州艺术/人文委员会还会得到某些基金的特殊补贴。这些经费除用于艺术人文项目、文化艺术服务以及卓越艺术家外，还用于相应的艺术讲习班等艺术教育。

为了鼓励"去中心化"（Decentralization）运动，国家艺术基金会鼓励各个城市建立本地的艺术事务部，如哥伦比亚、休斯敦等地的市长文化事务办公室（The Mayor's Office of Cultural Affairs）、旧金山的艺术委员会（Arts Commission）、巴尔的摩的推广与艺术办公室（Office of Promotion & The Arts）等。而真正现代意义上的各城市的文化事务部门是在1965年国家艺术基金会诞生之后才普遍建立的，国家艺术基金会鼓励各地建立专门处理文化问题的行政机构。普遍而言，各城市首先扶持的是图书馆和博物馆等文化机构，较少扶助交响乐团，更少帮助剧团和舞蹈团，而烟火表演、新年和国庆节花车游行、游艺会和文化节等"文化特别事件"则是各个城市都特别关注的。①　各地的文化发展经费来源不尽相同，除了各州资助文化的各种方法（基金、预算项、车牌、六合彩、减税、手工业品销售和场馆出租）外，各城市还有其各自的手段。纵观全美国，各城市主要是利用地方税、场地支持、债券等方式来资助文化事业发展的。

二、主要特色

从美国的文化管理体制和组织架构可以发现，美国的公共文化服务存在以下主要特色。

（一）联邦政府间接引导

联邦政府采取不直接干涉人文艺术的管理方式，具体做法是由联邦层面的政府独立机构国家艺术基金会、国家人文基金会、博物馆与图书馆服务署，州和地方层面的政府机构艺术委员会、人文委员会等，通过资金补贴的方式推动人文艺术事业的发展。联邦政府的资助与监管机制引导并影响了地方政府对人文艺术事业的决策，加之各种形式的社会捐助，为美国文化艺术事业得以持续长效发展提供了相对充裕的经费支持。

（二）项目申请程序规范

在美国，无论联邦政府还是地方政府，均是通过经费补贴的方式对人文艺术事务进行引导和监管的。经费补贴需通过申请方式获得，例如，纽约州的艺术和人文项目申请者需提交"文化数据项目投资方报告"以及相应的资质证明材料，才能进入正式申请流程。此外，国家艺术基金会、国家人文基金会、博物馆与图书馆服务署及地方艺术/人文事务部门对项目也都有着严格的申请和审批程序，不仅有专门的评审团，还要经由相应的国家艺术委员会、国家人文委员会、国家博物馆与图书馆服务理事会及各州艺术/人文委员会理事会评审，并最终由相应机构的主席进行认可。

（三）强化地方事权责任

美国政府在对文化艺术的管理过程中，将部分中央权限和事务下移给地方政府。与联邦政府相比，各州政府在文化艺术领域从事更多的活动、提供更多的服务、筹措和使用更多的资金。纽约艺术委员会年鉴数据显示，纽约州 2005—2006 财年由州政府拨付的艺术领域的经费为 4 270 万美元，联邦政府拨付的经费仅为 76 万美元；国家艺术基金会、国家人文基金会、博物馆与图书馆服务署资助的活动与项目数量极为有限，与之相对应，纽约州政府资助并服务监管的活动与项目数量远远多于前者。可见，在美国，人文艺术的资助、引导和管理主要依赖于地方政府。

---

① ［法］弗雷德里克·马特尔：《论美国的文化：在本土与全球之间双向运行的文化体制》，周莽译，165～168 页，北京，商务印书馆，2013。

第二节　重要的公共文化法律政策

美国公共文化法律政策诞生在其特有的社会背景下，特点鲜明，对我国公共文化服务法治化建设与长效发展有一定参考价值。

一、公共文化法律政策形成背景

美国之所以会在建国近两百年后才将协助文化艺术事业的发展纳入联邦政府的管理范围，有多重因素。美国社会认为，文化艺术属于民间个人活动，并有浓厚的地方特质，此种创造性活动不易于政府管辖，且由于美国幅员之广大及社会的多元化，实无全国一致的可能与必要。即使文化艺术活动事实上需要赞助支持，也均出于民间自发，不劳官方尤其是联邦政府插手。① 美国人民也唯恐联邦政府一旦介入文化事务，将造成文化单一，扼杀个人创造力，导致文化艺术多样性减少。

此外，美国名义上存在联邦（federal）、州（state）和地方（local）三级政府，但严格来说，只有两级政府——联邦政府和州政府。因为地方政府是州政府的组成或分支，它的权力也来自州政府。美国联邦宪法第十修正案规定，"宪法未授予合众国，也未禁止各州行使的权力，由各州各自保留，或由人民保留"。据此，提供公共文化服务是各州和地方政府的责任，联邦政府过度干预各州和地方政府的事务可能面临违宪的风险。基于上述因素，联邦政府与文化事务长期以来都没有正式而密切的关系。

二、公共文化法律政策的主要内容

美国的艺术与人文传统上为民间或地方事务，联邦政府层面自然也就无所谓"文化政策"。即使在1965年《国家艺术暨人文基金会法案》通过实施以后，联邦政府也只有"补助文化事业的政策"。美国立法顾问办公室网站显示，从历史上看，《法案》自颁布之日起，平均每3～4年修订一次。1990年及此前每次修订后，两基金会的拨款上限以及每年实际预算数都会大幅增长，后来虽受全球经济危机和美国庞大财政赤字的影响，依然延续了1991年对两基金会的拨款限额。

美国的文化法律政策主要围绕文化经费而展开，税制方面的特别扶持是重要方式。1939年制定并于1954年、1986年分别进行修订的《美国国内收入法典》（*Internal Revenue Code*）规定了联邦一级的税收相关内容，地方税收则由各州自行决定。总体而言，该法典对包括文化机构在内的所有非营利组织的税收优惠的特色鲜明。美国联邦税法对非营利

---

① Robert H. Bremner, *American Philanthropy*, Chicago, The University of Chicago Press, 1988, p. 3.

组织的税收优惠分为两个部分：一是对非营利组织自身的收入予以税收免除；二是给向非营利组织捐赠的机构和个人以税收优惠，个人捐赠可以享受税收优惠的部分最高可达当年税前收入的 50％，公司法人捐赠可以享受税收优惠的部分最高可达当年税前收入的 10％，对超过当年扣除额的捐赠部分可以在以后的会计年度中顺延抵扣，最长可延至 5 年。享受税收优惠的捐赠不限于资金，还包括艺术品等，如对艺术品等实物捐赠人，可以按照捐赠时作品的市面价值进行税额扣除。这大大刺激了人们对博物馆、美术馆进行的实物捐赠，尤其是近年来高级艺术品的价格急剧上涨之后。美国公立博物馆每年向政府申请的经费不到博物馆总经费的 20％，而博物馆获得的捐款一般则高达 30％以上。① 有些公司的管理者认为，他们的公司要想成为优秀的公司，承担社会责任是非常重要的。他们希望公司能以捐赠者的形象被别人记在心中。有公司声明，他们进行捐赠的唯一标准就是"对地方社区的影响"②。税收优惠政策促进美国非营利组织快速发展，数据显示，1950 年时美国的非营利组织总数约 5 万个，到 20 世纪末增加到 100 多万个。

文化类公共慈善机构和私人基金会等慈善组织也可以享受税收优惠政策，但必须满足以下几方面的要求：(1)其成立必须以非营利为目的；(2)其经营主要为达到规定的非营利目的；(3)不得为个人谋取利益，即不向控制该组织或能对该组织施加实质性影响的人提供任何不适当的利益；(4)不得参与竞选，即不支持或反对任何公共职位候选人；(5)不得参与实质性政治游说活动，即不对立法进行实质性的支持或反对。美国法律严格禁止慈善组织从事政治选举活动，而且禁止其"主要活动"致力于游说活动或影响立法活动，但允许其参加一些与文化教育相关的政策倡导活动。

美国对非营利组织有较为严格的监管政策，如对其非营利性的审查及对其财务活动的监督。美国各州都设有专门负责非营利和慈善组织的副检察官，州副检察官办公室负责对非营利组织进行监察，对可疑行为进行调查，如果发现违法行为，将对非营利组织提起诉讼，由法院予以裁决。美国的非营利组织非常多，政府的精力有限，公众和媒体在监督方面也扮演了很重要的角色。联邦法律规定，任何人都有权查看免税组织的原始申请文件及向税务员报送的年度报表等资料。公众也可以写信给美国税务局，要求了解某免税组织的财务情况和内部组织结构，以提高文化类非营利组织运营管理的透明度。

美国有较为完善的公共图书馆法律政策。联邦政府层面，先后有 1956 年的《图书馆服务法》(*Library Service Act*)、1964 年的《图书馆服务与建设法》(*Library Services and Construction Act*)与 1996 年的《图书馆服务与技术法》(*Library Services and Tech-*

---

① 孙维学主编：《美国文化》，132 页，北京，文化艺术出版社，2004。

② Robert A. Porter, *Guide to Corporate Giving in the Arts*, New York, American Council for the Arts, 1987.

nology Act）。但在美国图书馆法律体系中，州图书馆法是主体，其法律效力类似于国家层面的图书馆法。州图书馆法的制定也早于联邦。1849 年，新罕布什尔州制定了第一部州图书馆法，授权州内各级政府通过征税建立公共图书馆。[①] 随后半个世纪，各州相继制定了图书馆法。每个州都有一部或多部法律和图书馆有关，有的在州法（state statute or code）中设立单独的"图书馆"一章，有的在州法的市政或教育法（municipal or educational code）之下列出；有些州的图书馆法覆盖所有类型的公共图书馆（包括城市、郡县、地区或学区图书馆），而有些州则分别为每个管理单元制定一部法律。每个州图书馆法的内容各不相同，但通常会包括以下重要条款：授权地方政府设立公共图书馆；授权地方政府征收图书馆税；成立图书馆理事会，规定理事会的权力、职责、成员任命方式等。此外，几乎所有的州图书馆法都规定公共图书馆必须免费对所有人开放，其他常见的规定还有授权图书馆理事会接受捐赠、惩罚破坏图书馆财产的读者等。一项特别有价值的条款是以"图书馆税"设立专门的"图书馆基金"（Library fund），并保证"专税专用"。有时还会规定土地购买、建筑、财务等方面的内容。[②]

美国有关公益性文化机构等相关领域的职业资格认证制度已经较为成熟，且多与专业教育关系密切。如美国图书馆协会（ALA）官网显示，美国的公共图书馆通常将获得 ALA 认可的图书馆与情报学硕士学位或与其相当的教育（ALA 认可委员会制订、ALA 理事会颁布的《图书馆与情报学硕士学位计划认可标准》）作为专业馆员招聘条件。ALA 对硕士学位的认可可以作为专业馆员接受的首个职业教育培训，为后续的职业培训提供了基础。美国公共图书馆领域的职业准入与学位认可密切相关，而包括高级培训、职前培训和继续教育等在内的各类职业培训实践均围绕学位认可进行[③]，又在一定程度上推动了职业准入与专业教育的结合。但与其他国家不同，美国现有的国家层面图书馆员认证还未能产生广泛影响，图书馆专业人员的准入仍由 50 个州各自决定。[④] 各州的职业准入责任主要由地方承担，其职业准入制度均重视继续教育与职业发展、强调小型公共图书馆员的准入资格、强化公共图书馆领导者准入等[⑤]，这对于我国建立职业准入制度有一定的启示。

---

① 韩小亚：《美国图书馆法律体系建设及其启示》，载《图书馆论坛》，2009(3)。

② Alex Ladenson，"Library Legislation：Some General Considerations，"*Library Trends*，1970(2).

③ 冯佳：《美国图书馆职业培训研究》，见《中国图书馆学会年会论文集：2011 年卷》，北京，国家图书馆出版社，2011。

④ Alan Brine，*Handbook of library training practice and development*，Farnham，Surrey；Burlington，VT：Ashgate，2009，pp.384-385.

⑤ 冯佳：《美国州公共图书馆员职业认证制度比较研究》，载《中国图书馆学报》，2012(2)。

第三节　大都市公共文化服务实践

一、纽约市的公共文化服务

(一)纽约市及其文化概况

纽约市位于美国的东北部,由布朗克斯区、曼哈顿区、布鲁克林区、皇后区和斯塔滕岛区五大行政区域构成,是美国人口最多的城市。经济方面,纽约与伦敦、东京并称世界三大经济中心,且纽约排名第一。同时,纽约也是个多族裔聚居的多元化城市,拥有来自 97 个国家和地区的移民,居民使用的语言达到 800 种。纽约还是美国的文化艺术中心。

文化在纽约的城市发展中起到了非常重要的作用。纽约市政府认识到不同规模和不同形式的文化活动之间的内在联系,跨越营利组织与非营利组织、政府与文化组织的边界,构建了动态的文化系统,保障了城市各文化元素的相互依存。纽约市政府对于文化组织的支持更是一场战略投资,其认识到仅靠几个世界知名的文化机构无法支撑起整个纽约文化的繁荣,因而,纽约市政府的文化预算一半以上都投入到对小型文化机构的扶持当中。与此同时,政府还支持和鼓励高知名度公益艺术组织的发展。纽约的非营利文化组织借助政府的扶持措施,积极开展创造性的文化活动。

纽约市政府的资金主要投向满足当地居民基本文化需求的文化服务,如免费向公众开放的图书馆、向公众提供文化服务并合理收费的其他非营利文化场所、社区文化活动以及其他面向公众的文化设施等。

(二)纽约市公共文化服务管理机构

纽约市文化事务部成立于 1968 年,它是纽约市文化相关事务的管理机构,同时也是纽约市公共文化机构联盟的召集者及主要管理者。

纽约市文化事务部的主要使命是为非营利文化组织提供充足的公共资金,保障非营利文化组织的正常运行。纽约市文化事务部还促进和推动有质量的文化项目的开展。另外,纽约市文化事务部负责规划和推广城市大型文化活动,向市民传播文化理念,提升社会对文化事务的关注和重视度。

纽约市文化事务部是美国最大的文化拨款政府机构。据纽约市政府网站统计,2014 年提出的四年的经费支出预算达 1.56 亿美元,资本支出预算高达 8.22 亿美元。其主要通过三种方式将资金支持投入社区之中:一是项目投资,对特定的文化组织进行资金支持,促进这些文化组织为纽约市民提供更好的文化服务;二是对重点文化机构进行投资,为其提供运营费用;三是重要工程投资,为文化机构设施设计和建设提供费用。

除了对文化事务的资金支持外，纽约市文化事务部还承担着宣传职能。在综合型市政导航网络上，纽约市文化事务部负责提供纽约市所有文化机构的基本信息，宣传和推广纽约市大型文化活动。另外，纽约市文化事务部于1974年设立了纽约市艺术和文化市长奖(Mayor's Awards for Arts and Culture)，奖励为纽约市文化生活作出杰出贡献的个人或团体。

(三)纽约市公共文化服务供给

在服务供给方面，纽约市公共文化服务机构立足于其定位，为纽约市民提供丰富多元的文化服务。由于纽约市"大熔炉"式的多元民族文化特色，其所供给的公共文化服务亦体现出平衡化、多元化、特色化的特征。最具有代表性的公共文化服务包括社会教育服务、文化活动推广普及服务、弱势群体文化保障服务以及历史文化遗产保护服务。

1. 社会教育服务

社会教育服务是纽约市公共文化服务机构所提供的最突出的一个服务。公共文化服务机构所提供的社会教育服务与专业的学校教育相配合，为纽约市民创造全方位的受教育机会，弥补了学校教育在课程设置和教学时间上的不足，满足了不同类型群体享受继续教育及特色教育的需求，保障了其受教育的权利。

公共文化服务机构会针对不同群体及同一群体的不同年龄段开展个性化教育服务。同时，大型公共文化服务机构还承担着利用优势资源针对中小型非营利文化组织开设专门课程、对其进行全面扶持的社会责任，以此方式保障社会各个群体都能够享受到均等的公共文化服务。如布鲁克林音乐学院在其官方网站公布了针对区域内的非营利表演团体和文化组织开设的特色专业发展课程、马里兰大学派出教授讲课并提供排练场和剧院给非营利组织使用等，这些举措提升了非营利组织的专业水平，为其长期发展奠定了坚实的基础。

纽约市公共文化服务机构开设的各类特色化课程重视互动与体验，关注居民的需求，寻求多类型课程的组合与互补，激发居民对社会文化教育的兴趣。如林肯中心网站上公布的纽约市芭蕾舞团开设的"遇见艺术家"(Meet the Artist)项目，面向社会开设世界顶级的互动表演研讨班，聘请各个领域的艺术家，通过问答方式让参与者掌握活动的主动权。

2. 文化活动推广普及服务

纽约市政府和纽约市公共文化服务机构提供各种文化活动推广普及服务，以保障市民均有机会享受到丰富的公共文化资源。

从政府层面来说，纽约市政府提出了一项综合性文化惠民计划。2014年7月，纽约市政府网站公布施行了一项城市身份认证项目，通过认证后，纽约市民可以享受丰富的公共文化资源，如三大图书馆系统的服务，以及33家公共文化服务机构所提供的为期一年的免费升级会员服务等，各项会员价值加起来超过2 000美元。这一项目的推行，一方面提高了市民获取公共文化服务的便捷性、降低了市民获取公共文化服务的成本，鼓励越来越多的市民参与公共文化生活；另一方面鼓励更多市民体验和享受纽约市公共文化服务机构个性化的收费服务项目，促进了纽约市的文化消费。

从社区层面来说，公共文化服务机构面向社区积极提供文化活动推广普及服务，保障了社区内各类群体均能获得相关的文化服务。纽约市社区文化服务类型多样，有面向大众的高雅艺术表演，有鼓励大众亲身参与的群众表演，也有面向特定群体的艺术体验活动。这类服务具有大众化、互动性强、免费开放的特点。

为保护和弘扬特色文化，针对部分特色文化聚集区，纽约市公共文化服务机构还提供特色文化服务，主要包括三种形式：一是特色文化服务机构开展民族文化宣传活动，供社区居民参与；二是一般文化服务机构根据当地的特色和主流文化，举办社区特色文化节；三是主流文化服务机构为社区内的主要文化群体设立独立文化委员会，专门处理不同文化群体的文化事务。如纽约市拉丁美洲博物馆地处当地最大的拉美社区之一，该社区主要聚居着波多黎各人和多米尼加人，其面向社区开展的各类拉美文化活动达到了满足居民需求以及弘扬拉美文化的双重功效。

3. 弱势群体文化保障服务

纽约市政府和纽约市公共文化服务机构致力于为纽约市民提供平等的公共文化服务。在对待弱势群体问题上，纽约市更加注重不同弱势群体的不同需求以及存在的问题的特殊性，不仅为弱势群体提供特殊的设施与资源，更主动根据其所面临的普遍问题设计特殊服务，以保障各类群体均能公平地享有公共文化服务。

针对身体残障人士，纽约市公共文化服务机构通过设置特殊通道、准备专业视听与行走设备，解决其在公共文化场所遇到的问题。同时，还为身体残障人士开设专门的培训课程，以保障其在各类公共文化服务机构中得到应有的服务。针对部分由于身体残障无法到机构享受相应服务的群体，机构还有针对性地提供上门服务，如纽约市公共图书馆提供的邮寄图书服务。

国际化大都市面临的一个重大问题是人口老龄化。针对老年人，纽约市积极推进文化进老年社区工作，出台艺术家与老年活动中心合作鼓励政策（Seniors Partnering with Artists Citywide），鼓励艺术家与老年活动中心的双向合作，为老年人提供更丰富的文化服务。这一政策于2012年由纽约市文化事务部、纽约市老年人事务部和五个纽约市本土艺术理事会推出。据纽约市政府网站报道，该政策吸引了当地的艺术家走进纽约市五个街区的老年活动中心，为老年人提供了丰富多彩的艺术活动。作为回报，艺术家得到一定的薪酬和老年活动中心工作坊的使用权。

4. 历史文化遗产保护服务

纽约市公共文化服务机构承担着历史文化遗产的保护与传承职能。在特定历史环境下，由于当地新经济的繁荣与旧文化社区的保存发生冲突，为延续特色地区历史文化，部分文化捍卫者、文化组织与政府共同合作，以构建特色公共文化服务机构的方式保护与传承历史文化遗产。如皇后区的牙买加艺术学习中心，据该中心网站介绍，20 世纪 60 年代，皇后区牙买加商业区跟其他城中区一样，经历了一个衰退期。1967年，当地的艺术家、商界领袖和社区成员聚集在一起，决定成立机构保护牙买加商业区的社区文化。在政府的帮助下，牙买加艺术学习中心成立。这一社会组织对 1858 年建成的改革后的荷兰教堂及市政注册办公室进行改造，使其成为新型城市文化中心。牙买加艺术学习中心的成立，保护了牙买加商业区中具有重大意义的历史文化遗产。以此为基础，中心还承担起历史文化传播和普及的职责，进一步提升了历史文化遗产的价值。

5. 环保公益宣传服务

纽约市公共文化服务机构在社会议题的传播中起到了非常重要的"喉舌"作用，不少公共文化服务机构通过关注环保问题、以身作则参与环保实践活动以及在重大环保问题上发声等方式，承担起了向公众传播环保理念和环保知识的职能。据布鲁克林音乐学院介绍，该学院参与了许多环保行动，并向纽约市民传播环保理念。在营销方式选择方面，该机构尽量用网络宣传方式取代纸质宣传品，并注意采用环保材料制作宣传手册；在业务开展方面，该机构严格采用环保型设备；在建筑设计方面，该机构执行严格的环保标准。

2015 年 4 月，纽约市政府官网公布了纽约市市长白思豪提出的全面构建一个强大而公平的纽约市的计划。在文化方面，该计划提出所有纽约人将会更为便捷地获取文化资源和参与文化活动。

二、华盛顿的公共文化服务

华盛顿哥伦比亚特区（Washington，District of Columbia）是美国的政治中心，特区政府网站显示，其面积 176.75 平方千米，2017 年人口约 69.40 万。华盛顿特区政府设施集中，国会大厦、总统府（白宫）、国防部（五角大楼）、最高法院等大多数美国联邦政府机关均聚集在此。

(一)图书馆服务体系完善

据哥伦比亚图书馆官网介绍，华盛顿哥伦比亚特区的第一个公共图书馆建于 1898年，并于 1911 年建立第一个分馆。自 1972 年起，马丁·路德·金纪念图书馆（Martin Luther King，Jr. Memorial Library）成为华盛顿公共图书馆体系的总馆。随着特区公共图书馆体系的发展，现已经形成以马丁·路德·金纪念图书馆为总馆、25 座市级图书馆为分馆的总分馆体系，在保障基本公共文化服务方面起到了重要作用。2013 年，该图书馆总分馆体系的持证读者占到了华盛顿总人口的 50.28%，达 30 多万人；年总借阅量近 350 万本，人均年借阅量 5.21 本；有 26 万多人次的读者参加了图书馆的活动。此外，在 2015 年 6 月美国亚马逊公司发布的报告《美国最能博览群书的城市排名》

（*Most Well-Read Cities in America Ranking For 2015*）中，华盛顿位列全美第五，是美国名副其实的"书香城市"之一。该报告同时指出，华盛顿居民更愿意阅读纸质书籍，所购买的纸质书籍数量远远高于报告中排名第一的西雅图。①

2011 年，华盛顿特区政府颁布了促进图书馆发展的城市规划《如何实现可持续成功的战略框架》（*Framework for Continued Success*），提出华盛顿特区政府将继续通过两大举措，将华盛顿特区内的公共图书馆打造成为世界一流的图书馆，为生活和工作在特区的市民提供优质的图书馆服务。一是通过一系列设施设备的提档升级，改善服务质量，将图书馆打造成为市民的信息交流、休闲娱乐、公共文化、社会教育中心，提高图书馆在市民生活中的重要性，让图书馆深入市民的日常生活。二是通过改善数字资源、完善图书馆数字化，为读者提供便捷的图书馆网上服务，扩大图书馆的服务人群。据统计，截至 2012 年年底，华盛顿特区已有 14 家图书馆完成了设施、技术、设备的更新换代，在 2015 年至 2020 年，特区政府耗资 3.5 亿美元对其余 7 家公共图书馆进行全面的提档升级。

（二）博物馆资源集聚

史密森系列博物馆（Smithsonian Museum）是集博物展示、教育、研究和文艺活动为一体的综合性场馆，在丰富当地公共文化服务内容、扩大公共文化服务覆盖面、延伸和拓展公共文化服务机构的功能方面起到了重要作用。史密森系列博物馆共有 20 个展馆，藏品总量约 1.38 亿件，包括 19 个博物馆和美术馆、1 个国家动物园，除了 3 个在弗吉尼亚州，其他的都坐落于华盛顿，其中国家广场（National Mall）集中分布了 11 个展馆。据史密森系列博物馆官网统计，其年总接待量约 3 000 万人次。

史密森系列博物馆还具备艺术中心和科研中心的功能。作为艺术中心，史密森系列博物馆拥有亚太艺术中心、拉美艺术中心和民俗遗产中心等；作为科研中心，史密森系列博物馆拥有海洋生物、地理、动植物、历史、艺术、民俗等众多研究机构和项目，其联盟单位遍布美国的 45 个州。史密森系列博物馆约 60% 的经费来源于联邦政府财政拨款，其余的约 40% 主要依靠社会捐赠、博物馆信托基金和史密森集团营业收入。

（三）公共文化服务纳入城市总体规划

1. 加强历史文化遗迹保护

在城市总体发展规划中，华盛顿特别注重保护历史文化遗迹和建筑，以增强市民的文化自豪感、提升文化凝聚力。目前，华盛顿特区政府下设历史保护办公室（Historic Preservation Office），主管特区内的历史文化遗迹保护工作。据 Maps of World 网站统计，2010 年至 2012 年，历史保护办公室共支出约 65 万美元，完成了特区 40 多处历史文化遗迹的修缮和保护工作。特区政府网站数据显示，仅 2012 年就启动了 457 个相关的保护

---

① 《亚马逊公司公布了美国最能博览群书的城市排名》，http:// www. chinalibs. net/ Zhaiyao. aspx？id＝378836，访问日期：2020-07-01。

项目，其中包括继续扩大非洲裔美国人的文化遗产保护范围、资助社区文化遗产保护工作、进一步推进年度"历史保护奖"的评选和奖励等。

2. 建设高质量公共文化活动空间

华盛顿特区公园与娱乐部（Department of Parks and Recreation）是负责城市公共活动空间的政府部门。该部门通过保护城市环境、改善公共道路、完善公共交通系统等措施，为市民生活质量和幸福指数的提升创造了良好基础，从而为建设高质量的公共文化活动空间提供了必要前提。特区政府网站公布的城市总体规划中，主要对已有的公共活动设施和资源进行进一步整合和提档升级，重点对现有的街道、社区、公园、广场、公共活动场所等涉及公共活动的场地和设施进行改造和维护。此外，还通过新建和扩建公共文化艺术场地，扩大公共文化活动的空间和范围，为高质量的公共文化服务提供设施和空间保证。据统计，特区政府已于 2012 年对 200 多处上述场地进行了提档升级。2011 年，美国艺术之地基金会（Art Place America）投入了 25 万美元，在华盛顿特区多个商业较为繁华、人口较为集中的地段新建了文化艺术活动和展示中心。

3. 打造美国文化创意之城

2010 年，特区政府发布城市发展规划——《创意之都：华盛顿特区创意行动计划》（*Creative Capital：the Creative DC Action Agenda*），联合城市博物馆、历史遗迹、建筑、表演艺术、视觉艺术、手工艺制作、厨艺美食、传媒等多个领域，结合人才、资源、设施、服务等多方面因素，引进大量资金、先进技术和优秀人才，以促进华盛顿特区创意文化产业的发展。据统计，2010 年以来，各项创意项目的开展为华盛顿特区带来了约 7.5 万个就业岗位和 5 亿多美元的经济效益，为全美乃至全世界的文化艺术人才提供了优质的文化创意平台，更重要的是形成了华盛顿特区公共文化服务领域的可持续、年轻化的发展态势。

4. 提供公共文化服务惠民便民渠道

华盛顿特区政府技术办公室（Office of the Chief Technology Officer）推出了针对未成年人和 65 岁以上老年人的惠民卡。特区政府网站介绍，该卡是集公共交通打折、文化消费优惠、图书借阅证等多种功能为一体的城市"一卡通"（DC One Card），为市民提供了地铁和公交出行优惠、免费参加公共艺术和文化活动以及公共图书馆借阅等多项惠民便民服务。通过这些服务，降低了这部分人群由于高额交通费和多次办证引起的麻烦而不愿参与公共文化活动的可能性，为生活在特区的市民提供了享受公共文化服务的优惠便捷渠道。

（四）设置专职机构统筹管理

根据特区政府网站的介绍，华盛顿特区政府负责文化艺术的部门为华盛顿特区艺术与人文委员会（DC Commission on the Arts and Humanities，DCCAH）。该委员会旨在为华盛顿市民和非营利组织提供文化艺术项目、艺术教育支持、公共文化艺术服务等。其资金主要来源于特区政府财政拨款，部分来源于国家艺术基金会的支持。该委员会由理事会负责管理运营，由市议会决定理事的人选，由市长任命。

华盛顿特区艺术与人文委员会主要通过制定工作目标、工作内容和评估办法来推动特区文化艺术事业的发展，形成了以资金支持项目为重点、以政府调节市场为补充、社会力量共同参与的目标管理机制，具体内容见表1-1。

表1-1 华盛顿特区艺术与人文委员会的工作目标、工作内容和评估办法

序号	工作目标	工作内容	评估办法
1	支持个人和团体发展	1. 制定政策和文件引导艺术发展；2. 支持和鼓励各类艺术创作个人和团体设立艺术项目；3. 提供艺术服务；4. 挖掘艺术资源；5. 提供艺术领域的实习和就业岗位；6. 维护网络信息资源建设；7. 鼓励文化艺术消费；8. 提供文化艺术培训课程	1. 资助个人和团体的数量；2. 参与培训的人数；3. 项目申请数量；4. 网络资源使用和点击率
2	推动创意产业发展、提升创意经济	1. 与文联（Cultural Alliance）、美国艺术协会（Americans for the Arts）等机构形成部门联动；2. 与其他城市、地区形成区域联动；3. 挖掘和利用城市闲置地；4. 通过各类媒体扩大传播；5. 不断拓宽创意艺术的类型和范围；6. 政府调节和引导市场形成支持	1. 创意文化产业的经济贡献率和增长情况；2. 以创意文化产业获得成功的商人数量
3	支持艺术教育	1. 全市范围内形成部门和机构的联动，包括市长办公室、公园与娱乐部等；2. 支持建立专业艺术院校；3. 大学开设艺术教育必修课，中小学开设校内必修课和校外辅导课；4. 提供艺术从业人员艺术技能培训、师资培训；5. 支持和鼓励艺术终身教育；6. 提供艺术教育信息和资讯	1. 提供艺术教育的单位、机构和课程数量；2. 艺术课程结束后是否有考核；3. 市民参与率
4	创文化品牌	1. 建设艺术区；2. 与旅游部门和旅游产业联合推动公共艺术；3. 减少文化艺术行政障碍；4. 提供税收支持；5. 提供场地和设备支持；6. 办好社区艺术中心	1. 居住在特区的艺术从业人员数量；2. 艺术区数量；3. 城市闲置地的用途
5	打造包容城市	1. 提供艺术对经济和城市影响力的年度报告；2. 举办国际影响力大的会议和活动；3. 政府领导人推动参与；4. 提高文化活动参与率；5. 维护市场良性竞争	1. 政府决策制定时对文化的重视；2. 参与城市发展规划的文化从业人员的数量
6	寻求更多资金来源	1. 挖掘联邦政府和市政府财政补助外的资金；2. 挖掘潜在的投资来源	1. 收入增加的数量；2. 政府财政资助的比例；3. 资助给艺术团体和个人的金额

三、西雅图的公共文化服务

(一)西雅图文化发展概况

西雅图是美国太平洋西北区最大的城市,距离美加边境约 174 千米。华盛顿州政府网站公布的 2018 Population Estimates 显示,2015 年统计全市人口共有 73 万,2017 年人口普查数据则显示整个西雅图大都市区有约 398 万人。西雅图是美国北部都市中白人比例最高的城市,亚裔和太平洋土著占 13.6%,非裔占 8.4%,美洲土著占 1.0%,拉美裔占 5.3%,占其他族裔 4.5%。据西雅图市政府网站统计,西雅图居民的平均教育水平高于全美的平均水平,92.5% 的人口高中毕业,56% 以上的人口拥有学士以上学位,36% 的人口拥有硕士以上学位。

西雅图没有设置专门的公共文化管理部门,与公共文化服务相关的部门包括西雅图艺术与文化办公室、西雅图教育部、西雅图公共图书馆、西雅图中心等。与公共文化服务相关的委员会、理事会包括西雅图艺术委员会、西雅图中心咨询委员会、西雅图公共图书馆理事会等。其中,文化职能最为突出的部门是西雅图艺术与文化办公室。根据美国艺术协会 2013 年的不完全统计,西雅图市有 4 571 个艺术相关机构,包括博物馆、美术馆、表演艺术中心、视觉艺术机构、影视机构、出版社、艺术学校等,分布在各个地区,共有 20 616 名雇员。①

(二)西雅图非营利艺术与文化机构经济影响力

西雅图十分重视对公共艺术文化的投入。美国艺术协会特别针对西雅图的公共艺术文化发展进行研究调查,并通过西雅图市政府网站发布了《西雅图非营利艺术与文化机构经济影响力研究》(*The Economic Impact of Nonprofit Arts and Culture Organizations and Their Audiences*),充分肯定了公共艺术对西雅图发展的重要性。其以居民收入、税收、工作岗位为经济影响力指标进行统计分析:2010 年,西雅图的公共艺术文化行业共计产生了约 4.47 亿美元的开支,其中包括约 2.72 亿美元的机构开支、约 1.75 亿美元的艺术活动参与者开支;提供了 10 807 个工作岗位,产生了约 2.5 亿美元的居民家庭收入、约 0.38 亿美元的当地和州政府税收(见表 1-2)。通过对全美非营利艺术与文化机构的横向对比,西雅图非营利文化艺术行业发展成绩突出,对城市整体经济发展影响十分显著。这份报告有力地证明,支持公共艺术文化发展不仅能够提高市民生活质量,而且能够有效促进城市的经济发展。

---

① 该数据统计不包含西雅图的非营利艺术机构以及从事相关事业的独立艺术家。

表 1-2　2010 年西雅图非营利艺术与文化机构经济影响力分析

项目	西雅图/美元	全美平均/美元
直接开支	447 612 734	49 081 279
全职工作岗位	10 807	1 533
居民家庭收入	248 198 000	35 124 500
当地政府税收	17 042 000	1 946 500
州政府税收	21 189 000	2 498 000

(三)西雅图公共文化艺术活动

西雅图是美国首批参与支持"艺术百分比"(1973 年)的城市之一。40 多年来,西雅图的公共艺术项目一直广受认可,并被作为典范。这些公共艺术项目凝结了艺术家们的智慧成果,成为城市中重要的公共设施,促进了西雅图创新力的发展,使得西雅图成为当之无愧的文化中心。

作为西雅图重要的公共文化服务相关部门,西雅图艺术与文化办公室的主要职能是监督西雅图公共文化艺术项目的实施,让西雅图市民能够平等地享有文化权利,以文化艺术为手段促进城市的繁荣发展。据西雅图市政府网站介绍,西雅图艺术与文化办公室开展了大量的公共艺术项目,在资金、人才、服务等方面充分保障公民的文化权利(见表 1-3)。

表 1-3　西雅图公共艺术项目一览表

项目类型	项目名称	项目内容
津贴	城市艺术家资助项目 (City Artist Grant)	主要为居住在西雅图的驻地艺术家提供资助,特别是那些能够为城市社区提供公共艺术服务的艺术家
	文化设施基金 (Cultural Facilities Fund)	资助西雅图各类艺术、文物、文化服务机构进行设施新建或重修
	社区艺术基金 (Neighborhood & Community Arts Grant)	为西雅图的各类艺术委员会、社区组织提供资金支持,以鼓励这些机构为社区创造优质艺术文化活动
	将艺术带入公园 (Put the Arts in Parks Grant)	为各类在城市公园举办的艺术文化活动提供资金
	青少年艺术基金 (Youth Arts Grant)	为青少年群体提供课外艺术教育资金支持,以促进青少年课外艺术教育的发展

项目类型	项目名称	项目内容
公共艺术	城市文化合伙人 资助项目 （Civic Partners Grant）	针对为西雅图市民和游客持续提供 3 年以上文化服务的机构，特别是在促进民族文化平等方面有杰出贡献的机构进行奖励
	城市诗人项目 （Civic Poet）	该项目评选出一名诗人作为西雅图的文化大使，并资助其 10 000 美元，开展为期两年的项目。两年里，文化大使会参与西雅图图书馆的"Sharing Our Voice"项目，并通过一系列社区活动促进西雅图的文学艺术发展
	市民广场围墙 （Civic Square Fence）	三位壁画艺术家带领团队在西雅图市中心的市民广场创作了一幅长达约 60 米的壁画
	诗歌公园 艺术系列展 （Poetry Garden Art Series）	该项目特邀 4 名艺术家在诗歌公园里创作临时性艺术装置，通过视觉艺术与文学艺术的结合使诗歌公园成为西雅图的一道独特风景
	城市固定艺术景观 （Permanently Sited）	为了促进城市公共艺术发展，截至 2016 年，西雅图已征集了超过 400 件城市艺术景观，艺术景观设计成为一项长期项目
	城市流动艺术作品 （Portable Works）	西雅图自 1973 年就开始收集各类艺术作品，在城市的各个地区流动展览。截至 2016 年，西雅图已将近 3 000 件艺术作品，这些作品包括雕塑、绘画、多媒体作品、印刷品、摄影作品等
	城市公共艺术地图及 APP （Maps & Apps）	西雅图特别制作了城市公共地图以及移动终端 APP，涵盖了西雅图及周边地区的各类公共艺术景观
民族平等	将承诺变为行动 （Turning Commitment into Action）	西雅图艺术与文化办公室通过与西雅图公民权利办公室合作，为各类文化艺术机构提供帮助，促使这些机构在其实践当中真正履行"保障民族平等"的承诺，在城市文化艺术发展过程当中注重使各民族人民的文化权益得到保障
	少数民族艺术家 花名册 （Ethnic Artist Roster）	该项目遴选出西雅图优秀的少数民族艺术家，为他们举办艺术展览提供更多机会
	艺术家支持项目 （Artists up）	专门为不同民族、来自其他国家以及新进入西雅图地区的艺术家们提供艺术资源支持

项目类型	项目名称	项目内容
专业发展	西雅图艺术领袖团队（Seattle Arts Leadership Team）	该项目是为促进西雅图地区文化艺术的可持续发展而专门开展的，为艺术家、艺术事业管理者提供持续而专业的培训
青少年	创意卓越（The Creative Advantage）	该项目是西雅图公立学校专门签署的协议，主要目的是保证西雅图地区的所有青少年在其从幼儿园到高中的教育过程当中能够获得艺术教育的机会
	社区艺术合伙人项目（Community Arts Partners Roster）	为支持艺术教育，西雅图艺术与文化办公室创立了该项目，鼓励并支持艺术家、社区艺术机构、各种公立和私人的文化机构参与到西雅图公立学校的艺术教育当中。项目为不同年级的学生提供舞蹈、文学、电影、美术等丰富的艺术课程
	社区创意活动项目（Community Created Events）	该项目为具有一些特别兴趣爱好的市民提供资助和展示平台，例如溜溜球竞赛、机器人大战等，从而为社区居民带去更多的欢乐，鼓励市民发展更加丰富、更具创新性的文化活动
文化空间	国王街火车站艺术（Arts at King Street Station）	西雅图艺术与文化办公室联合西雅图经济发展办公室、西雅图交通部，将国王街火车站地区改造成为一个充满活力的城市文化艺术空间
	（文化空间名录 Cultural Space Inventory）	文化空间名录记录了西雅图地区所有的文化设施，包括剧场、画廊、艺术工作坊、排练厅、图书馆、音乐俱乐部、博物馆、影院等
	西雅图码头区公共艺术（Art on the Waterfront）	西雅图码头区曾是老工业区，如今文化与艺术发展成为该地区城市规划的核心任务。西雅图专门成立了码头区的文化艺术委员会，通过表演艺术和娱乐设施等各类文化空间的兴建促进该地区的转型发展，以吸引更多的人前来居住、旅游，对当地的社区、经济、生态可持续发展提供帮助

西雅图中心是开展各类文化活动的重要场所，其开展的活动包括艺术展览、创意活动、Mural 音乐会、节庆活动、体育项目、美食活动等十多类。各类活动项目相互融合，形成一个涵盖文化生活各个方面的产品和服务体系。西雅图中心的主要经费来源是政府财政支持和各种商业收入，其中商业收入来源共有 75 种，包括收取停车费、设施租赁、售票等，占了较大比重。西雅图中心设有基金会，是统筹管理西雅图中心的机构。

(四)西雅图公共文化服务的特点与启示

1. 文化内涵丰富

从西雅图公共文化项目发展来看，其为市民提供的文化服务涵盖了文化、教育、体育、艺术、娱乐等许多方面，极大地扩展了公共文化资源的内涵，体现了西雅图对文化多样化发展的追求。

2. 文化体现包容性

西雅图公共文化服务积极传播全球各地优秀文化，注重民族平等、民族精神与文化的传承与保护，支持少数民族文化艺术发展，也契合了当地多民族的人口特点。

3. 商业性与公益性有机结合

就西雅图的整体文化发展而言，文化产业与公共文化发展不可分割。文化产业机构也承担着为市民提供公共文化服务的责任，公共文化机构同样有着艺术生产与赢利。从西雅图中心的发展模式来看，商业活动赢利与公益项目开展是相辅相成的，是文化事业与文化产业的有机结合。中心一方面以文化传承、传播为目的，在政府的规范和适度管理规划下积极开展各种文化活动，保持着文化事业的公益性；另一方面积极融入市场，利用市场原理合理有效地调节文化资源、人力资源、资本资源和基础资源，打造一个充满活力、富有创新性的大型文化中心。

4. 合作共赢

公共文化内涵的广泛性决定了其发展与经济、城市规划、教育等各个领域有很强的关联性。西雅图的公共文化发展不是由西雅图艺术与文化办公室独立承担的，而是与城市其他管理部门、文化机构、个人、学校有着广泛的联动。同样，西雅图中心几十年来也一直积极地寻求与政府、商业组织、社区、学校等的合作。可以说，西雅图的公共文化发展的成功是各方紧密合作、共同努力的结果。

5. 重视青少年文化权益保障

作为文化服务的重要对象，青少年群体的文化权益保障有着深远的意义。西雅图的公共文化发展明显体现出对青少年群体的倾斜，不仅专设了许多项目，而且与学校联动，为青少年群体提供优质的文化服务、文化教育。从长远来看，这是为城市乃至国家未来的文化发展培育力量，具有重要的意义。同时，青少年群体的文化权益保障需要政府、学校、家庭、社区等各方共同努力。

【本章小结】

美国联邦政府对文化发展一般采取不直接干涉的方式，地方政府承担了更多的公共文化服务责任。美国国家艺术基金会、国家人文基金会以及后来成立的博物馆与图书馆服务署三个联邦行政机构对艺术与人文事业实施经费补助，而非直接管理。美国文化管理体制的突出特点是联邦政府间接引导、项目申请程序规范、强化地方事权责任。

美国联邦层面的《国家艺术暨人文基金会法案》，实际上只是一个"文化经费补助法"。各州主要通过制定自己的法律政策，推动艺术与人文事业的发展。美国文化方面的法律政策关注较多的内容包括对文化的经费投入、对文化捐助的税收优惠、对文化非营利组织的监管等。美国有较为完善的图书馆法律政策体系，有较为成熟的图书馆员职业资格认证制度，对推动美国图书馆事业走在世界前列发挥了重要作用。

美国没有公共文化和文化产业之分。那些服务大众、具有较强公益性和一定道德引导功能的文化机构，如公共图书馆、博物馆、美术馆、科技馆、社区中心以及各类历史文化遗产保护机构等，与中国的公共文化机构并无二致，通常会得到政府给予的专门政策性保护和经费支持，为公众提供普遍均等的文化服务。纽约、华盛顿、西雅图是美国包括公共文化服务在内的整个文化发展具有代表性的地区，这些地方各具特色的公共文化服务对我国公共文化服务中的社会教育、保障弱势群体权益、历史文化遗产保护、文化惠民便民、文化活动空间建设等方面具有启发和借鉴意义。

【本章思考题】

1. 美国的公共文化服务责任为什么主要由地方政府承担？其形成原因是什么？

2. 美国的国家艺术与人文基金会由哪些分支机构组成？其各自的性质与职能是什么？

3. 结合美国对文化捐助的税收优惠、对文化非营利组织的扶持政策，思考在我国的公共文化服务社会化发展中有哪些可以借鉴之处。

4. 美国最大的文化拨款政府机构是什么？其支持社区投入的主要方式有哪些？

5. 纽约、华盛顿和西雅图的公共文化服务各自的特点是什么？对我国大都市公共文化服务体系建设有什么启示？

第二章　加拿大公共文化服务

　　"枫叶之国"加拿大是北美洲最北部的国家，国土面积居世界第二，达998.467万平方千米。与其邻国美国相同，加拿大也是一个由移民建立的国家。截至2019年1月，加拿大人口达3 731.4万。据加拿大统计局网站统计，加拿大2018年全年人口增加了52.84万，其中超过80%来自新移民，这是自20世纪50年代以来未曾出现过的。目前加拿大人以英裔、法裔和苏格兰/爱尔兰裔等欧洲人后裔为主，原住民包括因纽特人、梅提斯人和印第安人，其余为亚洲、拉美、非洲裔等少数族裔，是一个名副其实的多族裔的多元文化国家。加拿大是世界第十大经济体，2015年国内生产总值1.550万亿美元。

　　在文化管理与事业发展领域，多元文化主义一直是加拿大奉行的理念和实践的原则。1980年，联邦政府决定将制定政府文化政策的工作由国务院移交给通信部，此后，国家的广播、影视、表演艺术、美术、图书、出版、档案、博物馆等文化领域均由该部统一管理。1993年10月，通信部改组为文化遗产部，职能也有所调整。文化遗产部及其下设的文化事务部是加拿大联邦一级的文化主管机构，其下设有5个地区办公室及多个联络办公室。加拿大的文化管理和运行采取"一臂之距"机制，通过文化"组合机构"开展具体的文化工作，贯彻执行政府主管部门所制定的文化政策与法律，同时向政府主管部门报告成果并反馈建议。在此过程中，大量的社团法人又对文化运行主体形成了有效补充。总体来说，文化遗产部及"组合机构"在加拿大国民的文化、经济生活中扮演着重要角色。据加拿大政府官网统计，艺术、文化与遗产每年对加拿大经济的贡献值约为538亿美元，并在影视、广播、音乐、出版、档案、演出、文化机构、节庆等多个领域提供了超过65万个就业岗位。

　　《加拿大多元文化主义法案》是加拿大处理文化事务及相关问题的基本纲领。加拿大并没有一部涵盖整个文化领域的基本法，但在具体领域有一系列成文法。现行的主要法律共有16部，涉及文化范畴中的文化遗产、广播电视、新闻出版、图书馆、博物馆、档案馆、文化产业、艺术家与艺术工作者等诸多领域。同时，区域基本公共服务均等化的财政平衡机制为文化支出提供了稳定、持续的经费来源保障。这些对我国公共文化相关领域的发展均有借鉴意义。

第一节　政府与行业管理体系

一、文化遗产部及其下设的文化事务部

(一)文化遗产部

加拿大文化遗产部(Department of Canadian Heritage)是加拿大政府专门负责艺术、文化与媒体的部门,兼负广播电视、体育等方面职能。其主要职责为:促进对加拿大文化价值的认同;保护并介绍加拿大文化及自然遗产;支持艺术及文化创作;扶持本土文化产业并保护版权;促进加拿大两种官方语言的发展;促进加拿大所有族裔间的进一步了解;促进原住民社会及文化的发展;提倡对人权的尊重;支持志愿服务机构;促进年轻人对加拿大本土文化的了解。

文化遗产部最主要的工作是文化政策的制定和执行。具体来说,文化遗产部下辖4个职能部门,各自由专任副部长负责具体工作,分别是公民、遗产与地区部(Citizenship, Heritage and Regions),文化事务部(Cultural Affairs),体育与大型活动部(Events, Celebrations and Commemorations),以及战略计划与社团事务部(Strategic Policy, Planning and Corporate Affairs)。同时还有7个行政服务处,分别是秘书处、投资事务处、交流处、首席审计与评估执行办公室、人力资源与场所处、法律事务处和监察处。由于文化艺术涉及诸多领域,文化遗产部在各个领域还分别设有不同的独立机构,如文化领域的"组合机构"(Portfolio Organizations),具体包括各类委员会、基金会、事业单位等,构成了一个庞大的体系。

从治理结构上来说,文化遗产部分为决策委员会(Decision-making Committees)、执行委员会(Operational Committees)和咨询委员会(Advisory Committees)三个层级,其中决策委员会由部长直接负责,并包含审计委员会在内;执行委员会由副部长直接负责,推进各项政策以及开展日常工作;咨询委员会则负责为战略政策制定、资源评估、财务、信息管理与技术、项目管理、立法等提供参考咨询。

(二)文化事务部

文化事务部是文化遗产部的职能部门之一,下辖广播与数字交流分部(Broadcasting and Digital Communications Branch)、文化产业分部(Cultural Industries Branch)、版权与国际贸易政策分部(Copyright and International Trade Policy Branch)、艺术政策分部(Arts Policy Branch)和文化投资审查司(Cultural Sector Investment Review)。其中,广播与数字交流分部主要负责开展相关项目、制定广播媒体和新媒介等相关政策,

另一项重要工作是"加拿大文化在线"(Canadian Cultural Content Online)的建设与运行；文化产业分部主要负责对视听产品进行认证，制定和开展电影、音像、音乐、图书出版、连续出版物等的相关政策和项目，并设有相应的视听认证办公室、音乐基金、连续出版物基金等；版权与国际贸易政策分部负责文化产品版权的相关问题，同时负责加拿大的国际文化贸易；艺术政策分部设有艺术培训基金、艺术参与基金、文化空间基金和文化投资基金，负责对艺术进行项目资助、政策制定与立法，以推动艺术发展繁荣；文化投资审查司对各文化基金的项目投入与资助进行定期核查，以保障资金的流向及充分利用。

二、地区办公室和联络办公室

为了保障所开展项目与服务的公平可获取性以及普惠全民的宗旨，加拿大文化遗产部在温哥华、温尼伯、多伦多、蒙特利尔和蒙克顿5座城市设有地区办公室(Regional Offices)，分别对应西部、大草原及北部、安大略、魁北克和大西洋5个地区。每个地区又分布有1～3个省/区域联络办公室，其中西部地区2个、大草原及北部地区3个、安大略地区2个、魁北克地区1个、大西洋地区3个。地区办公室与联络办公室在提供文化服务和保障项目运行等方面发挥着关键作用，主要职能包括与民众进行深入沟通，向其传达文化遗产部的项目、推送服务；与省或地方政府机构维持良好的合作关系；搜集并分析数据，为部门决策提供支撑等。

三、文化社团法人：以加拿大图书馆协会为例

由于自由主义的传统，加拿大政府机构较少干预民间社团法人。民间社团法人作为相对独立的自治组织，在结构、管理运行和职能行使等方面拥有很大的自治权。社团法人与政府之间的关系是契约关系(社团需要在政府机构备案，得到政府承认、批准并获得法人资格)，而不是领导和被领导的关系。但政府通常也对社团法人进行一定程度的监管，避免其因为自身特性而出现垄断或损害成员利益等行为。这些数量众多的社团法人可以看作政府的合作伙伴和助手，是政府职能转换下移的承接者和公共服务的替代提供者，它们与政府一起行使公共事务管理权，逐渐成为文化行业事务治理中的主体。以下以加拿大图书馆协会为例，介绍加拿大文化社团法人的组织架构、管理机制、主要职能、经费来源及使用。

加拿大图书馆协会(Canadian Library Association，CLA，简称协会)1946年成立于安大略省哈密尔顿，并于1947年11月26日成为《公司法》规定的社团法人组织，得到加拿大联邦政府的确认。协会的会员大都来自大学及学院图书馆、公共图书馆、特殊图书馆(由社团、非营利机构和政府组织)以及学校图书馆。

(一)组织架构

据加拿大图书馆协会网站介绍，协会的最高权力机构是全体会员大会，其选举产

生的执行理事会（Executive Council）全面负责和领导协会的各项工作。执行理事会下设12个委员会（Committees），分管不同领域的具体事务，协助执行理事会实现协会宗旨和目标，为会员创造和提供分享专业知识的机会与平台。协会正是在这些委员会的支撑下，才得以良好运行的。这些委员会分为两大类，分别是：

1. 顾问委员会（Advisory Committees）

为协会提供专业性的战略建议，可根据需要长期设立，也可在咨询完成后撤销。协会现有如下顾问委员会：版权顾问委员会、信息政策顾问委员会、智识自由顾问委员会、为书写困难人群服务顾问委员会、学校图书馆顾问委员会。

2. 常务委员会（Standing Committees）

长期协助协会开展管理工作，由于其功能是协会不可缺少的，因此是常设部门。协会现有如下常务委员会：会议规划常务委员会、选举常务委员会、财政常务委员会、成员沟通常务委员会、任命常务委员会、参与委员会、决议委员会。

另外，协会还设有奖项评审委员会（Awards Juries）和学生分会（Student Chapters）。奖项评审委员会专门负责协会的年度荣誉评选。1999年，协会的第一个学生分会在西安大略大学建立，至今已建立了西安大略大学、阿尔伯塔大学、不列颠哥伦比亚大学、达尔豪西大学、麦吉尔大学、多伦多大学、新斯科舍社区大学7个学生分会。综上所述，协会的组织架构如图2-1所示。

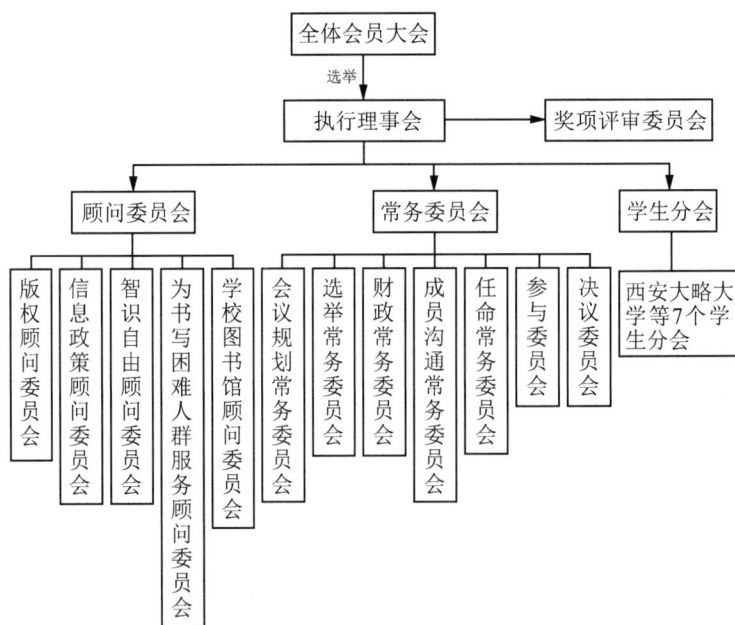

图 2-1 加拿大图书馆协会组织架构图

需要说明的是，在2011年以前，协会由分别代表不同类型图书馆及理事会利益的五大分部组成，分别是：加拿大学校图书馆协会（Canadian Association for School Libraries，CASL)、加拿大高校图书馆协会(Canadian Association of College and University Libraries，CACUL)、加拿大公共图书馆协会(Canadian Association of Public Libraries，CAPL，包括加拿大儿童图书馆协会在内)、加拿大专业图书馆及信息服务协会(Canadian Association of Special Libraries and Information Services，CASLIS)以及加拿大图书馆理事协会(Canadian Library Trustees Association)。在 2011 年协会年会上，全体成员正式讨论并通过了新的协会章程，决定用新型的虚拟网络讨论组形式取代以前的五大分部，不再设立实体分部机构。

(二)管理机制

1. 最高常设管理部门——执行理事会

协会的日常运营管理由执行理事会全权负责。执行理事会依据协会章程、细则及政策来管理和处理协会的各项事务，依据《公司法》和章程细则行使全部权力，是协会的核心行政主体。同时，执行理事会还是协会的"立法"主体，它制定协会的所有政策和规定，并保证其能够有效约束协会及其各职能部门。执行理事会由 7 位成员组成，具体职位包括主席、副主席/当选主席(尚未就职的下届主席)、财务主管、直选委员(共 3 名)和执行理事，每年至少召开两次会议。

2. 顾问与常务委员会

协会的 12 个顾问与常务委员会按照职能设置，分门别类、各负其责地处理协会的内部与外部事务。委员会的构成、服务宗旨、服务条款、服务期限等内容在其各自成立之初就已明确，并写入其部门职责中。所有的委员会的设立均须经执行理事会批准。每个委员会的主席任期均为两年，可以连任一届。主席在任期间全权负责该委员会的事务与管理。委员会的成员原则上不应在同一个委员会连任两届以上。所有的委员会通过其主席按要求向执行理事会负责和报告，其记录应向执行理事会备案，其各项活动均应包含在协会的年度报告中。协会的会议大多对全体会员开放，且欢迎会员参与，但禁止旁听的会议除外。

3. 会员组织与交流——网络讨论组

协会的网络讨论组是由会员定义、驱动的草根性质的专业工作组，是根据会员需求由执行理事会向全体会员大会提出书面请求、表决通过后建立的。网络讨论组的类型有很多，如一种类型的活动、一种材料、一类图书馆、一类图书馆赞助人、一个区域、一个社群、一个工作群体等。所有的网络讨论组都有一个明确的讨论主题或研究兴趣点，并以标签标识，例如商业图书馆、RDA 用户、机构知识库管理员、青少年服务馆员、服务土著人群、乡村图书馆等。会员根据兴趣，选择参加任何一个或多个网络讨论组。执行理事会十分相信并且依赖这些网络讨论组对于所关心问题的专业探讨、研究与建议。一个网络讨论组成立的必备条件是：至少 10 名会员提议、确定一个主持人(版主)、确立职责范围、制订活动计划(短期还是长期依据讨论主题而定)。所有的网络讨论组成立时均须向执行理事会提交一份详细的计划书，内容包括项目大纲、具体计划、经费等，可随时提交。成立网络讨论组的提议必须由一个顾问委员会提出，以确保讨论主题与专业相关且避免重复。长期设立的网络讨论组主持人任期为两年，可以连任一届。主持人向执行理事会负责和汇报工作，所有文档均向执行理事会备案。主持人需参加协会年会并主持分组会议，以保证为讨论组成员创造面对面的交流机会。所有网络讨论组的活动均向所有会员开放。根据章程规定，执行理事会有权在与主持人商议后解散那些活动次数少、不活跃的网络讨论组。网络讨论组的职能及其与执行理事会、顾问委员会的关系如图 2-2 所示。

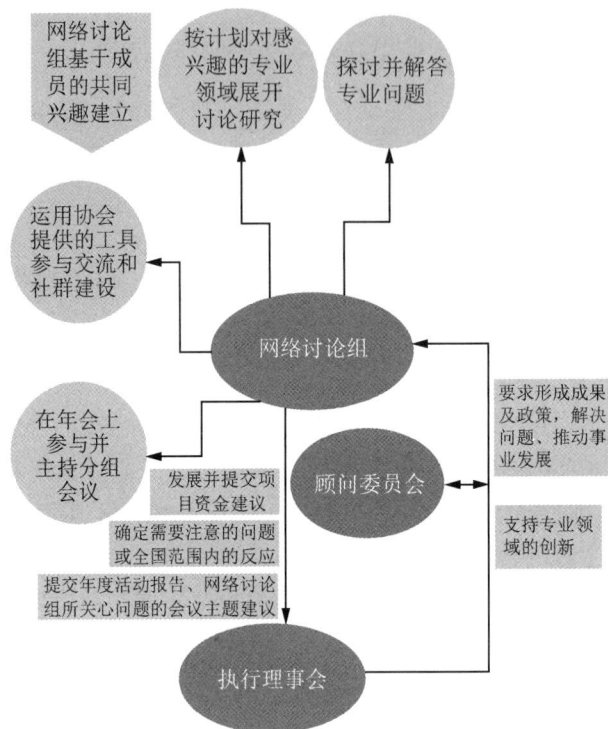

图 2-2　网络讨论组职能关系图

(三)主要职能

1. 策划与举办年会

协会年会采用学术会议与商业展览相结合的运作方式，全称为"CLA 全国会议暨展销会"，是一年一度的全国最大规模的行业性年会，每年的 5 月下旬或 6 月初选择一个加拿大的主要城市召开。

协会设有专门成立的会议项目委员会，专门负责年会从策划到组织实施的各项工作。委员会由两位专业人员担任共同主席（Co-Chairs），另外还有 7 位委员。在会议召开地还设有会议筹备委员会，负责各项准备事宜。另外还有志愿学生协调员参与会议筹备。会议的经费主要来源于赞助商，协会将年会赞助商分为金、银、铜三个级别，并通过多种渠道为其进行广告宣传。

2. 图书馆员职业发展与认证

同美国一样，协会对图书馆员职业资格的认证较为严格。协会接受美国图书馆协会(ALA)定义的专业资质的必要构成条件，即"ALA承认的硕士学历教育"，并以此为从事图书馆员职业的最低学位要求。对于在海外获得学位但想要在加拿大从事图书馆员职业的专业人员，协会认可澳大利亚、新西兰和英国的硕士学位，通过加拿大国际证书信息中心(CICIC)确认学位后，其即可在加拿大从事图书馆员职业，不必再重新学习、考试以获得职业资格认证。针对国内教育，协会在网站上分别列出了成为专业图书管理人员所需的专业教育及培训要求，并链接了相应的大学和项目计划。

已经获得职业资格认证的专业人员也可以寻求进一步的自我发展。协会采取多种形式帮助图书馆员创建自己的事业，有课程、讲座、会议等传统模式，也有"导师计划""实习与工作体验计划"等新颖的模式。其中"导师计划"就是在新人从业初期，由富有经验的导师对其进行一段时间的言传身教。在图书馆员职业生涯的中期，需要向更高的管理领导岗位调整时，导师培养也同样适用。导师培养所采取的形式是多样的，可以面对面交流，也可以通过书、论文、网站等沟通交流。另外，协会网站还设有专门发布招聘广告和找工作的平台，为从业人员提供相关职业信息。

3. 设立荣誉体系和奖励机制

协会为全国广大的图书馆从业人员、尚未毕业的本专业学生以及长久以来支持图书馆事业的群体提供了奖励。协会设有图书馆研究与发展基金，用以支持领域内的理论及应用研究，每年评选一次，采取申请制，由专家参照评选标准进行筛选后确定一位获奖者，奖励金额为1 000美元。另外，协会每年组织种类繁多的评奖活动，在图书领域颁发的奖项包括年度最佳儿童书奖(Book of the Year for Children Award)、加拿大青少年图书奖(Young Adult Canadian Book Award)、阿米莉亚·弗朗西丝·霍华德-吉本插图奖等。

4. 组织学术交流及科研项目

协会联系全国范围内的高校图情专家，定期或不定期举行讲座及研讨会，为会员提供学习和信息交流的平台。协会还负责一些与政府合作的研究性课题或项目，通过这些课题或项目获得一部分政府经费支持。例如协会网站上发布的在2005年年会上提交的针对加拿大图书馆未来人力资源状况的8R's报告，以及与文化遗产部合作开展的为学生提供文化遗产相关行业实习机会的"青年加拿大工厂"项目等。

5. 承担社会责任，开展公共活动

协会在图书馆及信息机构承担的文化、教育、社会和经济功能中扮演重要角色，通过建立社区关系、开展特殊活动等方式彰显其作用。如全国图书馆月活动，将10月定为"加拿大图书馆月"(Canadian Library Month)，目的是帮助公众认识图书馆在加拿大人的生活中起到的重要作用，提升图书馆在公众生活中的地位，同时增进公众的信息意识。该活动每年一个主题，届时会举办吸引公众视线的多种活动。如"用阅读开启你的未来"(Launch Your Future with Reading),旨在鼓励孩子阅读、写作和提问,这一活动还获得了社区关系类的国际最高创新奖。

6. 提供资源,服务会员

协会为其会员生产和提供如下六类资源:(1)年度新闻汇编;(2)*Feliciter* 杂志,是由协会主办的唯一的全国性的图书情报工作杂志(双月刊),内容包括专业性的专题文章以及协会的相关新闻;(3)加拿大图书馆协会文摘,每周五通过电邮发送给会员;(4)资料中心;(5)版权信息中心;(6)博客/Wiki/RSS 源等。

(四)经费来源及使用

作为财政独立、自负盈亏的法人组织,协会的经费主要是通过收取会费和举办展览获得赞助经费两种形式筹集而来,另外还通过与政府及其他机构合作项目、图书销售、办杂志和网站等方式获得部分资金。其中从政府直接获得的经费所占比例很小,仅有部分合作项目资金以及作为非营利组织所享有的税费优惠。协会本着"取之于成员,用之于成员"的原则,将经费通过多种方式回馈于会员单位,如举办年会及展览,以便为会员提供交流平台;提供奖励;创办杂志、网站等以联络会员、促进沟通等。图 2-3 以协会网站上发布的协会 2010 年度运营账目清单为例:

运营账目清单（截至 2010 年 12 月 31 日）		
	2010	**2009**
收入	**$**	**$**
会费	368 114	403 061
会议及展览	609 553	624 324
图书销售	180 057	161 753
杂志及网站	114 425	133 652
投资及其他	30 190	12 960
行政	23 975	9 016
"青年加拿大工厂"项目-文化遗产加拿大	396 835	381 884
特殊用途的资金及项目经费	16 891	16 181
	1 740 040	1 742 831
支出		
会员服务	54 395	89 404
会议及展览	378 497	329 598
图书销售	127 718	123 383
杂志及网站	186 290	177 322
财务	113 914	108 711
行政	516 214	530 714
"青年加拿大工厂"	396 835	381 884
专业发展	——	5 597
管理成本	(41 767)	(53 859)
特殊用途的资金及项目经费	17 052	17 402
	1 749 148	1 710 156
结余	−9 108	32 675

图 2-3　加拿大图书馆协会 2010 年度运营账目清单

由清单可知,协会的主要收入来源于会展、项目和会费收入,此外协会通常会通过做广告和接受社会赞助①来扩充经费；协会的支出则主要集中在行政、科研、会议、网站建设等日常运营所必需的方面。

第二节　多元文化主义与文化立法

一、文化的国家定义

1999 年加拿大议会常务委员会关于文化遗产的调查报告显示，加拿大并没有确定的、单一的、包罗万象的文化定义，经过近两年的商议，委员会也未对文化做出统一定义。但通常认为，传统狭义的文化定义仅仅涵盖了高深的专业艺术和古典音乐，而现代文化定义不仅包含艺术和文化遗产，还应包含广播、文化产业、新媒体等，以及当前的生活方式和公民认同。因此，改进了的文化的国家定义与欧洲理事会的四项文化基本原则相一致，即促进一致性、营造多元化、支持创新、参与文化生活。

加拿大文化政策的目标也无法简单阐述。事实上，联邦政府愿意达到两种效果：令加拿大人之间互相或向世界传递与分享各自的多样性文化经历/体验；令加拿大人生活在一个建立于跨文化理解和公民参与基础之上的包容性社会中。加拿大文化遗产部和联邦文化"组合机构"的使命就是促进凝聚和创新，促使全民参与国家文化和市民生活。所有文化政策、方案和服务等交织连接在一起，是为了稳固和强化加拿大的社会基础。

加拿大统计局在对文化数据进行统计分析的过程中，对文化做了统计学意义上的定义，这一定义相对狭义和精准，不会导致统计结果与其他领域有过多的交集，是相对科学和便于使用的定义方式。该定义详细地规范了文化的范畴，包括行业、机构、产品和服务等内容，并且声明，创意产业和文化艺术产业的内容并不包含在此范畴内（事实上与我国"公共文化"的范畴相对应）。基于上述原则和宗旨，加拿大统计局官网将"文化"定义为：创造性文化艺术活动及其衍生出的实体与服务，以及文化遗产的保护传承。在实际的统计过程中，具体的统计机构和实体对象包括：国家图书馆、公共图书馆、学校图书馆、大学及学院图书馆、博物馆、公共档案馆、历史遗迹及公园、自然公园、省级公园、其他文化遗产、艺术教育、文学艺术、表演艺术、视觉艺术、手工艺品、影视、广播、录音资料、多元文化政策，以及所有与上述内容相关的服务与活动。

---

① 协会制定了专门的社会赞助政策。首先声明协会所接受的赞助均是互利双赢的，即赞助者提供一定资金，而协会则报以多种形式的相应等价回馈，并以由双方代表签字确认的书面协议为凭证。另外，对赞助者、赞助经费来源、赞助经费账户管理以及协会接受赞助的审批流程等做了详细的规定。

二、多元文化中的国家认同

加拿大的《公民考试指南》开宗明义："多元文化是加拿大传统和认同的根基。加拿大人赞扬每个人的才华以及努力工作，尊重多元化并共同和谐生活。"在实行多元文化的历史进程中，加拿大用了 60 余年，先后经历了奠基阶段、发展阶段和制度化阶段，在各族裔力量的博弈下，最终实现了多元文化。

20 世纪以来，随着工业和交通的发展，大量来自东南欧和亚洲的移民涌入加拿大。但直到第二次世界大战后，加拿大社会的发展始终是在英法两大族裔主导下的英法双语和双文化的社会架构下向前推进的，少数族裔处于劣势。当美国在 20 世纪 60 年代爆发"民权运动"和"族裔认同"运动时，这一思潮和运动也迅速传播至邻国加拿大，激发了少数族裔群体对平等权利的诉求意识，最先于魁北克人群体中发起了"平静革命"，并在 1970 年的"十月危机"中达到顶峰。在各方压力下，政府决定通过一项旨在保护英法双语又同时尊重各族裔文化传统的政策。1971 年 10 月，政府宣布决定接受多元文化和多元民族的概念，在加拿大实行多元文化主义政策，并随即出台《双语框架下的多元文化主义政策》。

此后，加拿大进入多元文化主义大发展阶段。在这一阶段中，为使多元文化主义政策得到有效执行，政府设立了很多监督机构，如 1972 年成立的多元文化部。在多元文化部的直接主导下，非官方语言教科书、广播和电视建设得到政府的资助；加拿大民族研究和民族史丛书的出版得到政府的资助；博物馆、公共图书馆、档案馆等文化机构得到政府的专款资助；资助英裔和法裔学者开展多元文化研究，以消弭英/法裔民族对多元文化主义政策的抵触情绪；设立各种非官方语言教育基金会，资助各种与多元文化主义有关的学术研究项目和第三种语言教学等。1982 年，自由党特鲁多政府又重申了多元文化主义政策，并将其写入《加拿大权利和自由宪章》(Canadian Charter of Rights and Freedoms)中。

1997 年，加拿大文化遗产部确立了三大目标：(1)认同感——建立一个使人人都有归属感的社会；(2)公民参与——鼓励公民积极投入到各种社区乃至加拿大的发展中去；(3)社会平等——建立一个确保公平和平等待遇以及尊重和接纳各族人们的国家。从公民身份的角度来看，加拿大追求一种共享的意识形态，强调公民要有对社会和国家的责任感与归属感，要认同加拿大的文化和价值，促进国家团结统一。这些观点从加拿大文化遗产部、公民与移民部和各种委员会的大量文件中传达出来。多元文化主义政策成为吸引加拿大人参与加拿大公共文化的改变和重新定义加拿大政体的一种非常有效的手段。2002 年，为承认和庆祝族裔人口和文化多样性，加拿大联邦政府决定每年 6 月 27 日为加拿大多元文化日。至此，多元文化主义作为加拿大立国之本的制度已经完善。

加拿大政府颁布多元文化主义政策已有近 50 年，由于多元文化主义政策承认各族裔群体平等，尊重各族裔为国家作出的贡献，同时又鼓励少数族裔融入主流社会，赢得了各少数族裔对加拿大的国家认同感，而这种认同感加速了加拿大公平社会的建构。相较于美国式的"熔炉"社会，加拿大成功地建构了一个"马赛克"社会，"马赛克"作为多元文化概念的替代词，在加拿大已是家喻户晓。

三、《加拿大多元文化主义法案》

《加拿大多元文化主义法案》(*Canadian Multiculturalism Act*) 于 1985 年起草，1988 年 7 月 21 日经加拿大议会正式表决通过，使加拿大成为世界上第一个以立法形式明确并实行多元文化主义政策的国家。该法案肯定了多元文化主义是加拿大社会的根本特征，旨在"保护和提高加拿大人的多元文化遗产，同时致力于提高所有加拿大人在经济、社会、文化和政治生活中的平等地位"，其目的是为了确保每个加拿大人都享有文化权利并被平等对待。法案内容主要包括：

(1)确保加拿大的多元文化，并强调这一传统必须被保护。

(2)确保原住民的权利。

(3)确保英语和法语为两种仅有的官方语言，但也允许使用其他语言。

(4)确保每个人的平等权利，无论肤色、种族等差异。

(5)确保少数民族享有其自身文化的权利。

其中，该法案的第三部分详细规定了政府在保护多元文化问题上应采取的政策与所肩负的职责：

(1)充分意识到并提升多元文化主义对加拿大社会文化、种族多样性的影响力，使加拿大社会的全体成员都可以自由地保存、推进和分享其文化传统。

(2)充分意识到多元文化主义是加拿大传统文化的基本特征和标识，并且能够为塑造加拿大的未来起到重要作用。

(3)促进个人和社区全面、公平地融入加拿大社会，使他们不断进步并帮助塑造社会的各个方面，消除他们参与的任何障碍。

(4)认识到社区成员对加拿大社会的贡献，并助力其发展。

(5)确保每个人获得平等待遇和法律的平等保护，同时尊重并珍惜个体的多样性。

(6)鼓励并帮助加拿大的社会、文化、经济和政治制度符合多元文化特征。

(7)加深不同文化背景个体之间的理解，并提高其创造力。

(8)促进对加拿大多元文化社会的认同和欣赏，促进并反思这些文化的演进和表达。

(9)保护并提升除了英语、法语以外的语言的使用，同时强化官方语言的地位和使用。

(10)在官方语言的基础上致力于加拿大多元语言文化的和谐。

从《加拿大多元文化主义法案》的核心内容可以看出，这项法案并非详细规定文化领域具体事务的法律条文，而是在整体上阐述加拿大政府的多元文化主义主张和政策导向的纲领性法律，是加拿大构建社会文化环境与开展各项文化事务的总的指导纲领。

四、文化领域的专门法律

加拿大并没有一部涵盖整个文化领域的基本法，但在具体领域有一系列成文法。加拿大文化领域现行的主要法律共有 16 部，涉及文化范畴中的文化遗产、广播电视、新闻出版、图书馆、博物馆、档案馆、文化产业、艺术家与艺术工作者等诸多领域，分别是：

(1)《文化财产进出口法案》(*Cultural Property Export and Import Act*，1977)。

(2)《加拿大广播电视与通信委员会法案》(*Canadian Radio-television and Telecommunications Commission Act*，1985)。

(3)《加拿大艺术委员会法案》(*Canada Council for the Arts Act*，1985)。

(4)《国家艺术中心法案》(*National Arts Centre Act*，1985)。

(5)《国家电影法》(*National Film Act*，1985)。

(6)《版权法》(*Copyright Act R.S.C.*，1985)。

(7)《加拿大电视影片法案》(*Telefilm Canada Act*，1985)。

(8)《历史遗迹与遗址法案》(*Historic Sites and Monuments Act*，1985)。

(9)《广播法》(*Broadcasting Act*，1991)。

(10)《艺术家地位法案》(*Status of the Artist Act*，1992)。

(11)《加拿大文化遗产部法案》(*Department of Canadian Heritage Act*，1995)。

(12)《加拿大公园部门法案》(*Parks Canada Agency Act*，1998)。

(13)《加拿大旅行与展览赔偿法》(*Canada Travelling Exhibitions Indemnification Act*，1999)。

(14)《外国出版商广告服务法》(*Foreign Publishers Advertising Services Act*，1999)。

(15)《加拿大图书馆与档案馆法案》(*Library and Archives of Canada Act*，2004)。

(16)《博物馆法(修正案)》(*An Act to Amend the Museums Act*，2008)。

另外，在文化以外领域的立法中，也有许多条款或规定涉及文化。如《所得税法》(*Income Tax Act*，1985)中有关国家文化艺术服务组织的抵税金额问题、文化财产认定问题的相关规定；《加拿大投资法案》(*Investment Canada Act*，1985)中关于国外文化投资的相关规定；《隐私权法》(*Privacy Act*，1985)中关于公民文化活动中对个人信息、数据等予以保密与合法披露的相关规定；《就业公平法》(*Employment Equity Act*，1995)中对公民在各个行业就业平等权利的相关规定；《官方语言法案》(*Official Languages Act*，1985)中对文艺作品语言要求的相关规定等。

第三节 "组合机构"与服务特色

一、"组合机构"的性质、功能与运行机制

(一)文化"组合机构"的性质与功能

具体来说,加拿大文化遗产部所制定的战略方针及政策主要依靠其下的诸多运行机构来贯彻推进,这些运行机构被统称为"组合机构"。目前,"组合机构"包含了2个特殊执行机构(加拿大保存技术研究院和加拿大文化遗产信息网)、4个部门机构(加拿大广播电视委员会、加拿大图书馆与档案馆、国家战地委员会和国家电影委员会)、10个"皇家公司"(加拿大艺术委员会、加拿大科学技术博物馆、加拿大广播公司、加拿大人权博物馆、加拿大历史博物馆、加拿大21号码头移民博物馆、加拿大自然博物馆、国家艺术中心、加拿大国家美术馆、加拿大电视电影公司),以及1个行政法庭。

在各类型的"组合机构"中,覆盖范围最广泛、发挥作用最大的是"皇家公司"(Crown Corporations)。所谓"皇家公司",是根据议会通过的特别法案或依照《加拿大商业公司法》成立的完全由政府所拥有和执掌的企业实体,拥有独立法人身份、自治权和独立的财权。这些中介性质的"皇家公司"的运营预算经费大部分来自国家财政拨款,并且每财年通过文化遗产部向议会提交工作与财政报告。可以说,"皇家公司"的组织形式决定了这类国有企业在开展文化事务和活动中比政府部门更具灵活性和便利性,因此得以大量建立和运营。需要说明的是,不仅文化领域如此,事实上加拿大政府各职能部门均设立有大量的"皇家公司",作为其主要的运行载体,贯彻政府方针政策和开展具体工作。

(二)运行机制:"一臂之距"

加拿大在文化领域采取"一臂之距"(Arm's Length)的运行机制,即在政府文化主管部门和具体的文化协会、文化组织之间设置文化"组合机构",扮演文化中介机构的角色,在文化事务中发挥上传下达的作用。

以加拿大艺术委员会(The Canada Council for the Arts,CCA)为例,其设立于1957年,性质为"皇家公司",负责全面管理政府对文化领域的拨款,并向社会筹集资金,通过项目形式支持文化艺术领域的社团或个人,以实现政府的公共文化政策目标。其职能具体包括:为艺术家和文化艺术团体提供资金资助;负责组织艺术家出国访问和安排外国艺术家访加;为能给加拿大文化带来益处的外国优秀艺术家访加提供资助;搜集加拿大艺术家创作的现代艺术品,并组织在国内外的展出;为杰出的本国和外国的艺术家和艺术团授奖;代表加拿大政府执行与外国的艺术交流项目;代表加拿大政

府参加联合国教科文组织的一切活动。加拿大艺术委员会设有 11 人的管理理事会，负责制定委员会的各项政策、项目和预算，每年至少召开三次会议。委员会下设视觉艺术部（Visual Arts）、媒体艺术部（Media Arts）、舞蹈部（Dance）、音乐部（Music）、戏剧部（Theatre）、写作与出版部（Writing & Publishing）六个主要部门，每个部门负责其所对应的文化艺术领域的经费分配。近年来，每年约有 3 700 个艺术团体或个人从加拿大艺术委员会获得不同名目的项目资助。

"一臂之距"运行机制的优势体现在四个方面：一是减少了政府机构的行政事务，实现了政府职能的转变和"管办分离"目标，既保证了政府工作的高效运作，也保证了文化"组合机构"的独立性和权威性；二是政府机构不直接与文化组织和团体发生关系，有利于文化领域的检查监督，进而有效避免腐败的滋生；三是"皇家公司"之类的文化"组合机构"独立于政府，是非政府、超党派的独立中介性组织，成员多为艺术和文化领域的中立专家，其独立履行职能，避免过多受政府行政干预，从而使文化发展尽可能保持延续性；四是由此产生的独立、自由的氛围恰恰是文化艺术酝酿和创造的绝佳土壤，有利于从根本上实现文化的发展和繁荣。

二、公共文化机构的服务理念与服务特色

(一)公共文化机构：多元文化社会中公民教育的基石

在加拿大，多元文化、多元文化主义是公民教育的重要课题。担负公民教育职能的除了学校，还包括图书馆、博物馆、美术馆等公共文化机构，它们同学校共同构筑了多元文化社会中公民教育的基石。

2001 年 9 月，加拿大解释国家图书馆多元文化馆藏和规划的报告出台，主要有如下建议：(1)重塑国家图书馆在支持、提升、协调、提供多语种馆藏与服务上的领导地位；(2)确保国家图书馆馆藏的全面性，其依据加拿大民族特点建立，符合多样性文化传承的需要；(3)发展广泛的在线资源，以支持图书馆为多元文化社区提供服务；(4)参与国际合作，与他国分享加拿大资源，并将丰富的外来资源带进加拿大。目前，多元文化图书馆服务已经在移民人口集中的区域广泛开展，这些服务允许移民与自身文化相联系，同时为他们了解加拿大社会的运作方式、融入新的社会提供必要的信息和帮助，如语言学习课程、公民教育培训、怎样找工作等。

以魁北克省为例，2005 年 4 月，位于蒙特利尔的魁北克国家图书馆开放，标志着新的多元文化服务在全省铺开，并产生重要影响。

1. 多元文化馆藏

与提倡保护移民语言与文化权利的多元文化国家政策相适应，图书馆的多元文化馆藏发展至关重要。调查显示，帕尔克-埃斯坦雄区图书馆的非英文和法文文献馆藏达到总馆藏的 15％，体现了图书馆在保存多民族语言和文化传统方面的努力。

2. 新移民馆藏

提供新移民所需文献的目的，是加快其社会融入的进程。蒙特利尔公共图书馆网络的网页显示，帕尔克-埃斯坦雄区图书馆是唯一一家提供此服务的图书馆。另外，魁北克国家图书馆已经在与魁北克移民局的协议中规划了此类馆藏的收集与发展策略。

3. 语言课程服务

魁北克国家图书馆和帕尔克-埃斯坦雄区图书馆均免费提供电子阅览室，供移民学习语言。尤其是帕尔克-埃斯坦雄区图书馆，移民可在此学习 40 多种语言。另外，帕尔克-埃斯坦雄区图书馆和圣劳伦特图书馆还提供法文文献讲习课程，使移民不仅可以提高法语的使用能力，而且能够与魁北克地方文化保持联系。

4. 与当地移民机构和社区合作

已经与社区组织建立良好关系的帕尔克-埃斯坦雄区图书馆和魁北克国家图书馆为移民定期举办各类文化活动。帕尔克-埃斯坦雄区图书馆设有专门的"联络官"（Liaison agent），作为社区与图书馆的联络纽带，通过协调与社区举办的不同活动及与移民直接联系，为移民的社会融入提供服务。

5. 其他服务

在圣劳伦特图书馆和魁北克国家图书馆，有针对移民寻找工作的培训和资源服务。前者通过教移民怎样准备简历和相关咨询，帮助移民寻找合适的工作机会；后者则与魁北克就业部签有协议，为寻找工作的人们访问不同资源提供便利。帕尔克-埃斯坦雄区图书馆也有针对移民实际需求提供信息的服务。

6. 服务移民的图书馆员

国际图书馆协会联合会《多文化社区图书馆服务指南》中提出，图书馆应通过其雇佣的工作人员反映多元文化社会现状，确保员工真正反映图书馆所服务的不同种族、文化和语言团体。基于此，多元文化地区的图书馆应有认同和服务移民的专业馆员，这类馆员应有耐心并且主动、能够说多种语言、对他族文化持开放与尊重的态度、已经准备好适应移民的需求并为其提供服务等特点。目前，圣劳伦特图书馆和魁北克国家图书馆均有专门的移民馆员。圣劳伦特图书馆的移民馆员共计能够使用 17 种语言提供服务；魁北克国家图书馆则采取与社区合作的方式，从社区雇佣兼职的移民馆员，这些具有多语言能力的馆员定期在图书馆为移民提供服务。同时，图书馆也有针对移民馆员的继续教育培训计划。[①]

(二)公共图书馆的角色与服务创新

加拿大的公共图书馆具有多重角色定位，它们不仅是储藏大量纸本文献的实体空间和保存海量网络资源的虚拟空间，还是社区与民众的社交中心与娱乐场所。图书馆

---

① 朱美华、王月娥：《国外图书馆针对少数族群的多元文化服务——以美国和加拿大图书馆为例》，载《图书与情报》，2012(4)。

帮助用户获取信息、获得知识，实现终身学习，同时也帮助用户掌握获取信息的技能。

1. 多渠道开展公民信息素质教育

20 世纪 90 年代，加拿大政府开展了"链接加拿大人"（Connecting Canadians）计划，旨在消除"数字鸿沟"，使加拿大成为一个信息畅通的国家。加拿大的公共图书馆就是这个计划的重要参与者，公共图书馆的信息素质教育活动对消除"数字鸿沟"起着关键的作用，其成为公民信息素质教育的重要场所。如温哥华公共图书馆将读者分为儿童、青少年、成年人、老年人、英语第二语言者等类型，有针对性地设计了不同的信息素质教育项目，包括图书俱乐部与作者介绍、课程学习班、计算机与互联网培训、展览与表演、讲座、讨论与座谈、其他特殊活动，这样的分类使得读者更容易根据自身情况查找和参与活动。每个活动会在固定的地点进行，而且对参与的读者也有一定要求。渥太华公共图书馆也对开展的活动项目进行了分类，标明开展活动的分馆、活动类型和针对的读者。活动类型包括图书与作者介绍、计算机与互联网教育、家庭作业帮助、学习班、新读者指南、阅读项目、季节性活动、夏季读书俱乐部、特殊活动等，而读者也分为成年人、儿童、家庭、学龄前儿童、青少年等。在众多的活动类型中，计算机与互联网教育被作为提高读者信息素质的一个重要类型，为此，许多分馆开设了计算机及网络教育相关课程。[①]

2. 读写困难症群体服务

加拿大公共图书馆面向读写困难症群体的服务理念较为先进，服务机制相对健全。成立于 2014 年的加拿大公平利用图书馆中心（Centre for Equitable Library Access，CELA），是一个新兴的全国性的公共图书馆服务组织，为加拿大公共图书馆提供咨询、培训和信息支持，帮助读写困难症群体获取和使用图书馆馆藏。CELA 可提供音频书、杂志、报纸和视频等资源，版权清晰、品种丰富，覆盖畅销书、传记、推理小说、文学作品、儿童书籍等诸多领域。目前，渥太华公共图书馆、宾顿公共图书馆、奥里利亚公共图书馆、韦塔斯基温公共图书馆等都是其成员馆，且已经开始向目标读者提供内容多样的服务。如渥太华公共图书馆为读写困难症用户提供 CD、MP3、DAISY、DVD、在线阅读等各类有声读物，在该馆或 CELA 注册的读写困难症用户都可以借"听"或下载。为方便读写困难症用户，渥太华公共图书馆配备了专业的有声读物工作人员。读写困难症用户需在借"听"前向渥太华公共图书馆提交有声读物申请表，申请表审核通过后，工作人员会直接联系申请者，辅助其选择及获取所需的馆藏资料。奥里利亚公共图书馆为读写困难症用户设置了一个无障碍的图书馆网页，读写困难症用户在无法正常使用网站上的辅助技术或格式时，可以直接联系网站工作人员，工作人员将竭力帮助读写困难症用户找到其适用的最佳格式。韦塔斯基温公共图书馆则为读

---

① 苏海明：《国外公共图书馆信息素质教育研究与实践——以加拿大公共图书馆为例》，载《图书馆学研究》，2009(2)。

写困难症用户免费开展一对一的计算机辅导，读写困难症用户只需拨打指定的电话就可以获得专业人士的帮助。[①]

3. 阅读推广活动

加拿大公共图书馆普遍开展形式多样的阅读推广活动，在培养民众阅读习惯、推进全民阅读的过程中起到了重要作用。例如，加拿大最大的公共图书馆系统——多伦多公共图书馆，就常年设有多达 96 个读书会项目，包括图书俱乐部、诗歌会、当下图书、影迷日等。读书会项目在时间安排上尽可能常态化，频次最高的是每周一次，固定在每个星期的同一时间举行；频次次之的是每两周一次，固定在隔周的同一时间举行；频次再次之的是每月一次，固定在每个月的某个星期的同一时间举行。读书会每次活动的持续时长控制在 2 小时以内，且时间点的安排符合当地的作息习惯。另外，读书会的活动内容重视学龄儿童和青少年的阅读推广，也有大量的面向学龄前儿童的故事时间项目。同时，读书会还重视新移民及非英语、法语少数族群的阅读推广。读书会采取的具体形式为深入探讨型与推广休闲型相结合，深入探讨型读书会探讨的图书兼顾流行与经典，主要来自《纽约时报》畅销书榜、各种图书奖或文学奖的获奖或入围作品，同时还重视推荐加拿大特别是多伦多本土作家的作品。[②]

4. 与其他文化机构开展合作，提供免费参观机会

在多伦多公共图书馆，读者只要拥有一张借阅证，就能在其任何一家分支机构得到一张免费参观博物馆或艺术馆的参观证（The Sun Life Financial Museum & Arts Pass，MAP），通常可以满足一家人对一个景点的参观需求，如一张 MAP 允许两个成人和三个儿童在一个星期内参观一次皇家安大略博物馆（Royal Ontario Museum）。MAP 使用后不需要归还，直接由被参观机构回收。持 MAP 可参观的景点还有安大略美术馆、多伦多历史博物馆、安大略科学中心、多伦多动物园等。[③]

5. 志愿者服务体系与制度

加拿大公共图书馆各项服务活动得以顺利进行的一个重要保障，是其强大的志愿者服务体系。志愿者的工作内容包括成人教育、青少年家教和顾问、为学生提供导读服务、图书馆导游、图书排架、热线电话接听、活动组织与秩序维护等。志愿者通常通过网站公开招募，图书馆根据志愿者服务内容的不同设置了较为详细的招募条件，只有符合条件的申请者才有可能得到批准。此外，对志愿者会进行职前培训和在职培训，不仅能提升志愿者服务的工作品质，而且能保障志愿者本身的权益。同时，图书馆还会对志愿者的出勤率、服务态度、工作绩效、工作技能等进行考评。志愿者服务体系与制度的建立，可以使各公共图书馆通过充分利用志愿者来缓解其人员不足的压

① 宗何婵瑞、束漫：《基于 PAPA 角度探讨加拿大公共图书馆"读写困难症"群体服务》，载《图书馆杂志》，2015(10)。
② 陈雨杏：《加拿大多伦多公共图书馆读书会的调查与分析》，载《图书馆学研究》，2015(12)。
③ 杨红梅：《美国和加拿大公共图书馆免费服务探析》，载《图书馆建设》，2010(12)。

力，并能借此优化图书馆员的知识结构，同时还有利于图书馆充分发挥志愿者的专长，开发多层次的服务项目，增加服务种类，提升服务质量。[①]

(三)博物馆、美术馆的服务理念与特点

从整体上看，加拿大博物馆、美术馆实力较为雄厚，业务队伍强，实践经验丰富，藏品和展品数量大且有特色，文物保管规范精当，陈列展示设计富有创意，设施设备科技含量较高，展陈绩效显著，且有与世界各国开展文化合作的经验。具体来说，其服务理念体现在以下四个方面。

1. 以观众意愿决定办馆、办展方向

博物馆、美术馆强调要深深植根于民众，让每一位公民将博物馆、美术馆当成自己休闲、思考的地方。不少博物馆、美术馆通过与相关机构合作，定期在民众间进行调查，全面、及时地了解和掌握民众对博物馆、美术馆的兴趣、意愿和预期，并以此为依据举办展览和开展活动。

2. 展览展示"理念优先"

不少博物馆、美术馆认为，举办展览展示，确定理念(主题)是最重要的。要坚持理念优先，而非展品优先。要以理念统率展览、统率展品，而不是以藏品决定理念。展览理念一旦确定，有藏品支持当然最好，如果藏品不足，要通过更多地收集藏品和借助其他展示方式办好展览。

3. 注重展示方式的创新与多样化

博物馆、美术馆大都以展示现代文明的发展作为其展示方式和宗旨，以从人文到科技的跨学科的多样化表现手法，充分传递展品信息和表现展示理念，并营造人性化的内外环境和氛围，使参观者享有轻松、舒适的参观体验。

4. 注重与社区文化的融合

博物馆、美术馆要与社区文化相结合，表达社区文化，进而能够代表社区文化，成为社区的文化符号。博物馆、美术馆不能只有自己的声音，还要更多地让社区居民来参观和发表见解，与社区居民共同制定展览方案，并由社区参与展品的提供。

加拿大博物馆、美术馆在馆舍建设、布局以及管理、服务和办展实践方面，均有丰富的经验。其主要特点是：

1. 环境、建筑富有特色

加拿大博物馆、美术馆除环境优美、建筑精良、各类软硬件设施配套齐备外，还有如下特色：一是个性突出。不少机构着力显示不同地域、不同风格、不同文化内涵的特点，如博物馆建筑外观有的以原住民图腾面部形象为造型、有的结合遗址将展厅完全建于地下等。二是整体感强。一些博物馆、美术馆对环境、内外建筑进行了"整体

---

① 杨红梅：《公共图书馆志愿者服务探析——加拿大多伦多图书馆给我们的启示》，载《图书馆建设》，2011(3)。

设计"和"整体布展"，使整个馆舍成为和谐统一的内外环境中的"整体展览"。三是多馆"链接"。有的城市在特定区域集中建起一批博物馆、美术馆及文化中心，并将这种博物馆群"链接"起来，使之系列化，以营造博物馆文化的大环境，形成文化内涵更为丰富多元的"超大博物馆"效应，从而吸引更多的不同兴趣爱好的参观者。四是注重人本。博物馆、美术馆遵从人本主义的理念，不少馆舍的内外建筑均有大量的服务性设施设备，形成了人性化的人文环境和参访空间。

2. 科技运用广泛、合理

为了适应提升博物馆、美术馆展陈功能和表现力的需要，馆舍中越来越多地运用了新材料、新技术和新的设施设备。一是建设的各个环节不断采用科技新成果，如场馆建筑、维护的材料、设备，藏品的保管、检测、修复系统，展示手法的加强、改进，信息的收集、传递及办公设备的更新等。二是某些专门的展览大量集中运用了科技手法，如科技馆、儿童馆、文化中心和一些关于自然、探险、科幻等题材的展览，通过人们意想不到的种种装置、设备和手法极力营造展览和演示的奇异效果。三是推出了一批高科技设备，如3D影像、4D影院、文物修复前后资料存储比较系统、文物入藏消毒系统、幻影成像系统、快速成型系统、高性能拍摄设备等。

3. 展示手法富有创意

一是场馆、展厅一体化。不少馆舍对展厅、通道、前厅、休息厅和其他共享空间以及外建筑、环境等进行了整体化的统一设计，并布置了相应的文物、艺术品和场景、造型及各种宣介品，有的还包括藏品库房、藏品处理过程的公开展示，使整个馆舍成为浑然一体的"整体展览"。二是内容展示场景化。有的馆舍陈列展览基本上或大部分以景观复原或人工场景的形式来表现，使各种展品陈列组合有机结合于场景中。三是科技运用合理化。新材料、新技术、新设备在展览中得到广泛、合理的应用，声、光、电等在效果和氛围营造中起到了良好作用。四是藏品展品参观开放化。一些博物馆甚至提出应将所有藏品都向公众开放。五是参访人性化。博物馆、美术馆普遍注重拉近参观者与展览的距离，强调举办展览要符合民众预期，提倡与社区结合，尽可能地吸引参观者参与，尽量使展览与参观者互动，如使展览与表演相结合、开展相关庆祝活动、组织参观者针对展览进行创作、座谈、讲座等，并采用了大量人性化设施，使参观者能轻松、舒适地参访。

4. 科研队伍实力强大

加拿大博物馆、美术馆拥有一支学历高、资历深、富有经验而敬业的专业队伍，办有大量刊物、网站，经常开展各种调研、会议等学术活动，学术成果丰硕。博物馆、美术馆还与大学及研究机构合作，为办馆办展奠定了厚实的学术基础。

5. 市场机制趋于成熟

加拿大博物馆、美术馆所需经费除政府给予一定支持和争取社会捐助(捐助单位可以相应抵税、免税)外，主要依靠本馆通过陈列展览及经营服务等创收，自负盈亏。这些机构实行市场化运作，取得了理想的社会效益和经济效益，有效地解决了经费问题。

6. 承担社会教育职能

加拿大很多博物馆、美术馆都把自己的展馆定位为学校教育的第二课堂，在联邦政府或地方政府主管的机构，这一功能定位更为突出。博物馆、美术馆会根据学校的教学大纲，配合自己的馆藏特色开展若干教育课程项目，向学校公开。学校教师对各个机构所提供的教学服务项目也都很熟悉，会在教学中有针对性地带领学生到不同的机构进行授课。如温哥华博物馆（一家收藏有关温哥华城市历史、艺术、自然等方面藏品的综合性博物馆）针对7—12岁的小学生，开展了12种和学生课程相对应的学习温哥华城市历史的课程项目。这些项目大都是互动性的，让学生在动手的过程中了解温哥华的历史和文化，每年大约有1万名学生参与学习。[①]

【本章小结】

加拿大公共文化服务的管理与运行受"自由主义"以及"小政府、大社会"等理念影响，政府在确立了"多元文化主义"的国家方针与发展政策后，采取"一臂之距"机制，通过文化"组合机构"来落实和开展具体的文化管理及文化活动。这些"组合机构"又通过与大量社团法人类机构、组织采取多形式、多途径的合作，在不同领域形成服务网络，触角深入社区，遍布民众身边。

公共图书馆、博物馆和美术馆等公共文化机构被视为公民教育的基石，肩负着构建多元文化主义社会的重任。这些机构开展了大量生动具体、细致入微的工作与活动，体现了"多元、公益、均等、民享"的原则，促进了加拿大人对民族与文化多样性的认同。加拿大政府在文化治理中秉持的"既不能不管，又不能多管"的原则，加拿大各级各类公共文化机构万变不离其宗的"以人为本"的服务理念，对我国的公共文化服务尤其是民族地区的公共文化服务有启发和借鉴意义。

【本章思考题】

1. 加拿大"多元文化主义"下的公共文化服务对理解文化认同、文化包容有什么启发？

2. 加拿大的文化"组合机构"对完善公共文化治理方式有什么借鉴意义？

3. 加拿大的文化社团法人在公共文化服务中发挥什么作用？

4. 加拿大图书馆协会的管理机制对完善我国行业协会治理方式有什么借鉴意义？

---

① 张玉茜：《加拿大博物馆社会教育的特点及启示》，载《中国纪念馆研究》，2015(2)。

第三章　英国公共文化服务

英国全称"大不列颠及北爱尔兰联合王国",是由大不列颠岛上的英格兰、威尔士、苏格兰,爱尔兰岛东北部的北爱尔兰以及一系列附属岛屿共同组成的一个岛国,国土总面积 24.4 万平方公里,总人口 6 600 万。2017 年国内生产总值 2.622 万亿美元,人均 3.97 万美元。[①]

欧洲文化政策网站介绍,在英国,文化是一个宽泛的概念,涵盖文化艺术、文化遗产、图书出版、新闻广播、电影电视、体育、旅游、表演艺术、视觉艺术、音乐、舞蹈、戏剧、文学、娱乐、园林、建筑、工艺、时装等方方面面。英国实行的是"一臂之距"原则下的三级文化管理体制,由政府、准自治的非政府公共文化机构和各种行业性的文化联合组织共同管理文化事务。

为了保持文化的创新和活力,结合本国文化发展特点,英国推出了多元文化政策、创意文化政策、文化教育政策、文化传播政策与文化价值评估政策。英国的公共文化服务有较为完备的法律政策保障体系,主要分为两类:一类是重要法律中对公共文化的规定,如《地方政府法》《国家彩票法》和税法;另一类是文化部门立法,如历史文化遗产保护法,图书馆与博物馆法,电影、电视与电信法,表演艺术与音乐法。

受利物浦当选"欧洲文化之都"产生的影响,英国 2009 年推出了"文化之城"评选活动,这种用文化来引领城市的经济社会发展、激发文化再造力的方式,对我国发展文化事业有借鉴意义。概念店与社区中心是英国有代表性的文化机构,其产生背景、基本情况、经费来源、运行管理对我国公共文化机构建设都有借鉴意义。

---

① 数据参见国家统计局编:《中国统计年鉴(2018 年)》,北京,中国统计出版社,2018。

第一节 "一臂之距"理念下的文化管理体制

一、"一臂之距"的内涵

"一臂之距"是英国文化发展管理模式的基本原则。在"一臂之距"原则指导下，英国采取的是三级文化管理体制（如图 3-1 所示）。

数字、文化、媒体和体育部（Department for Digital，Culture，Media and Sport，DCMS）是英国主管文化的行政机构。在"一臂之距"原则下的三级文化管理体制中，DCMS 主要负责宏观管理，它制定文化政策并掌管财政拨款，但不干预文化政策的具体执行。准自治的非政府公共文化机构如英格兰艺术委员会（Arts Council England，ACE）作为中介机构，享有决策咨询权和政策执行权，具体管理文化事务，负责执行本领域文化政策和分配政府对文化事业的拨款，其职责的行使不受上级部门的干预。各种行业性的文化联合组织如英国图书馆与情报专家学会、英国博物馆协会、旅游委员会、广播标准理事会等，直接管辖文化艺术团体和文化事业机构。

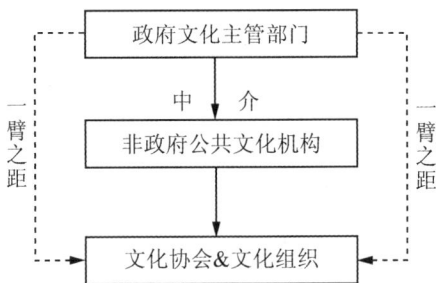

图 3-1　英国三级文化主体示意图

二、数字、文化、媒体和体育部

据英国政府网站介绍，数字、文化、媒体和体育部管辖的范围包括文化艺术、传媒广播、电影电视、图书出版、体育和旅游事业等，负责制定和监督实施文化政策，并管理全国文化经费的统一划拨。

在英国，文化管理最初是不设官方机构的，1940 年成立的音乐和艺术促进委员会（The Council for the Encouragement of Music and the Arts，CEMA），是英国第一个为艺术发展提供支持的国家机构。1946 年在 CEMA 基础上成立的大不列颠艺术委员会（The Arts Council of Great Britain，ACGB），被认为是世界上第一个通过"一臂之距"原则分配政府资金的艺术机构。当时苏格兰、威尔士、北爱尔兰都有各自的艺术委员会，隶属于英国艺术委员会。1962 年，北爱尔兰艺术委员会（The Arts Council of

Northern Ireland)宣布成为独立机构。第二次世界大战后最初 20 年，由政府部门为大不列颠艺术委员会提供经费支持；从 1965 年开始，由教育和科学部（Department for Education & Science）为大不列颠艺术委员会提供经费支持。1992 年 4 月 11 日，国家遗产部（The Department of National Heritage）成立，对全英的艺术、博物馆、图书馆、媒介、体育和旅游等各项文化事业进行统一管理。1994 年，英国艺术委员会的职责开始下放到英格兰艺术委员会（The Arts Council of England）、苏格兰艺术委员会（The Scottish Arts Council）和威尔士艺术委员会（The Arts Council of Wales）三个分支部门，加上北爱尔兰艺术委员会，英国四个地区都有了自己的艺术委员会，作为三级管理体制中的中间级，具体职责是管理艺术经费、执行本领域的文化政策和分配政府对文化事业的拨款。1997 年 7 月 14 日，国家遗产部更名为文化、媒体和体育部（Department for Culture，Media and Sport），2017 年 7 月 3 日又更名为数字、文化、媒体和体育部。

三、非政府公共文化机构

非政府公共文化机构是英国"一臂之距"管理原则下的产物，处于中间级，分配来自国家彩票（The National Lottery）的经费，向艺术和文化事业发展提供支持，在决策和管理上不受政府干预。

（一）英格兰艺术委员会

英格兰艺术委员会是数字、文化、媒体和体育部管辖下的非政府公共文化机构，它是英国文化艺术领域最大的投资者，为艺术、博物馆、图书馆活动提供经费支持。英格兰艺术委员会分配来自政府的公共经费以及国家彩票基金，目的是让艺术、博物馆、图书馆成为每个人生活的一部分。它的前身是大不列颠艺术委员会，1994 年大不列颠艺术委员会被分成三个独立部分，其中之一就是英格兰艺术委员会。2002 年，主管艺术基金分配的英格兰艺术委员会与 10 个地区艺术委员会合并，创立了新的艺术资助和发展机构，名称改为 Arts Council England，简称 ACE，中文名仍为英格兰艺术委员会。欧洲文化政策网站显示，自 2011 年 10 月 1 日开始，英格兰艺术委员会接手博物馆和图书馆事业的发展。

英格兰艺术委员会官网介绍，其总部下设宣传交流部、艺术部、艺术规划和投资部、资源部，分别设立全国委员会和 9 个地区委员会，全国委员会通过地区委员会与艺术家、地方政府和组织保持联系。为了沟通与学校、社区的联系，英格兰艺术委员会还在地方设立了 10 个中间机构作为联系的纽带和桥梁。2007 年，英格兰艺术委员会展开了一场关于艺术价值的讨论，并提交了总结报告《人们想从艺术中得到什么》（*What People Want From the Arts*），对中间机构在创造公共价值上发挥的重要作用进行了论证。

(二)英国电影协会和英国电影委员会

英国电影协会(British Film Institute，BFI)于1933年依据皇家特许状(Royal Charter)设立，属于慈善组织性质，对英国国家和地区的电影事业提供支持，对电影税收抵免进行认证，管理电影媒介计划。BFI的意图就是确保每个人尤其是青少年能够享受到多种类型的电影资源，其向电影生产者、传播者、教育者及电影票房发展和研究提供国家彩票基金资助。2000年英国电影委员会(The UK Film Council)成立后，首先就建立了英格兰投资基金(The Regional Investment Fund for England)，增加英格兰地区的电影投入，用于电影生产、教育、展示、培训及地区服务，直接促成了英格兰区域屏幕机构(The Regional Screen Agencies)的设立，为人们享受更广泛的电影资源提供了机会。2010年，为了减少基础设施支出，英国电影委员会的职责被转移到了英国电影协会。

(三)"创意苏格兰"

"创意苏格兰"(Creative Scotland)的官方网站称，它的前身是苏格兰艺术委员会和苏格兰荧屏(Scottish Screen)，是支持苏格兰的艺术、荧屏和创意产业，服务于在苏格兰从事艺术、荧屏和创意产业的个人和组织的国家机构。

苏格兰艺术委员会成立于1967年，隶属于英国艺术委员会，1994年成为独立机构，致力于艺术组织发展，由苏格兰政府资助。2001年苏格兰行政院发布的文件《苏格兰文化》(Scotland's Culture)指出，新的苏格兰政府认为当前的文化政策缺少战略性与连续性，不同的文化机构成立于不同的年代，因而在制定政策方面会有不同的时代背景与政策倾向。[①] 为使苏格兰文化更好地得到政策支持，2005年，发布在"创意苏格兰"网站上的《我们的下一个主要事业：文化委员会的最终报告》(Our next major enterprise：Final report of the cultural commission)提出，将苏格兰艺术委员会并入到一个机构或一些机构中，整合资源，使苏格兰艺术委员会不只资助艺术发展，还要帮助更广泛的文化领域中的实践者与参与者。2010年7月，"创意苏格兰"成立，苏格兰艺术委员会解散。作为英国"一臂之距"管理原则下的产物，"创意苏格兰"负责统筹苏格兰的艺术、荧屏和创意产业的发展，分配来自政府和国家彩票的经费，向在文化领域参与和活动的个人和组织提供支持，在决策和管理上不受政府干预。

发布在"创意苏格兰"网站上的"十年规划"是"创意苏格兰"的一项重要文化政策，又名"释放潜力，拥抱渴望——艺术、荧屏和创意产业贡献共享计划"(Unlocking Potential，Embracing Ambition-a shared plan for the arts，screen and creative industries 2014—2024)，对艺术、荧屏和创意产业在2014—2024年期间的发展提出了五个目标：

---

① *Scotland's Culture*，Edinburgh，Scottish Executive，2006，p. 7.

（1）艺术、荧屏和创意产业领域内的优秀作品和改革创新得到认可和重视。

（2）每个公民都可以参与和享受艺术和创意体验。

（3）居住环境和生活的质量因想象力、追求和对潜在创造力的理解得到转变。

（4）通过提升多元、精湛、互通的领导力和劳动力让灵感得以实现。

（5）苏格兰成为一个与世界紧密相连的、独一无二的富有创造力的地区。

依据"十年规划"，"创意苏格兰"在其网站上每年均推出一个年度计划，年度计划主要制订"创意苏格兰"当年的经费、工作重点及评估标准。"创意苏格兰"的重点项目之一是建立一个以艺术性和创造力为导向的评估框架（Artistic and Creative Review Framework），从而创立与受到"创意苏格兰"定期资助的组织的公开对话，评估这些组织所产出作品的艺术性和创造力。"创意苏格兰"的另一个重点项目是创意学习与青年计划（Creative Learning and Young People），包含苏格兰艺术品（ArtWorks Scotland）、创造力返现（CashBack for Creativity）、创意学习计划（Creative Learning Plan）、创意学习网络（Creative Learning Networks）、创意门户（The Creative Portal）、青年就业计划（Youth Employment Programme）、青年音乐计划（Youth Music Initiative）七个子项目。展示苏格兰（Showcasing Scotland）是"创意苏格兰"在其网站上提出的又一个重点项目，包含苏格兰＋威尼斯项目（Scotland ＋Venice）、苏格兰周（Scotland Week）和西南偏南音乐节（South by South West Music Festival，SXSW）三个子项目。这个项目由"创意苏格兰"、苏格兰国家画廊和英国文化协会苏格兰办事处三方合作推进。"创意苏格兰"与苏格兰政府合作组织每年一度的在世界不同国家举办的苏格兰周，包括音乐、摄影和戏剧等文化活动，这个融商务、政治和旅游元素于一体的聚会，旨在向世界展示苏格兰是一个适宜居住、观光游览、学习与投资的文化圣地。西南偏南音乐节是世界大型音乐节，在这个音乐节上，"创意苏格兰"联合苏格兰音乐产业协会推出苏格兰音乐展示作品。

四、协会组织和基层文化机构

各类行业性协会组织和基层文化机构位于三级文化管理体制的底层，负责国家公共文化政策的具体实施，在法律上具有独立性。其虽受政府的委托，但能够在接受财政文化拨款的基础上独立履行给公众提供公共文化服务的职能。据英国政府网站统计，在英国，这类组织和文化机构有 373 个。

（一）英国图书馆与情报专家学会

英国图书馆与情报专家学会（Chartered Institute of Library and Information Professionals，CILIP）是代表英国图书馆员和其他信息情报从业人员的行业组织，总部设在伦敦。CILIP 的前身是成立于 1877 年 10 月 5 日的英国图书馆协会（Library Association，LA），它的成立使英国图书馆走上了专业化的道路。LA 最初实际上只是公共图书馆协会，后来在其不懈努力下，1926 年成立了英国专业图书馆和情报机构协会（Association of Special Libraries and Information Bureaux，ASLIB），1937 年成立了学校图书馆协会，1950 年成立了国立和大学图书馆常设会议（SCONUL），以及档案学家协会、情报科学家协会等，涵盖了不同类型的图书馆。这些协会既隶属于 LA，也相对独立。LA 在图书馆从业机制方面发挥了重要作用，其从 1880 年即开始注重图书馆员的教育和培训工作。1884 年确定统一的教学大纲，1885 年举行第一次图书馆专业资格考试。1898 年，英国政府为 LA 颁发了皇家特许状，授权其审查考核图书馆从业人员的资格并颁发资格证书。1909 年，LA 建立了全国图书馆合格专业人员注册制度。1930年，LA 将英国图书馆助理馆员协会（Library Assistants Association）并入，成为专业馆员资格认定的唯一机构。1958 年，一些在科技领域从事情报工作的专业人员从 LA 脱离出去，成立了英国情报科学家学会（Institute of Information Scientists，IIS）。1998年，LA 和 IIS 共同出版《我们专业的未来：关于图书馆与情报专业新组织的建议》。2002 年 4 月 1 日，LA 和 IIS 合二为一，统一后的机构名为英国图书馆与情报专家学会。

（二）博物馆协会

英国博物馆协会（Museums Association，MA）成立于 1889 年，是世界上成立最早的博物馆协会。据英国博物馆协会官网统计，截至 2016 年 8 月，MA 拥有 7 500 余名个人会员、约 600 家机构会员，以及 260 余家团体会员。会员会费是 MA 的主要经费来源。除此之外，MA 也接受来自政府的资助。MA 的会员均来自博物馆、美术馆和文化遗产机构。MA 的目的就是通过分享知识、发展技能、激发创造和提供领导，体现博物馆在社会中的价值，为在博物馆领域内工作的人员提供发展机会。

MA 的管理机构是 MA 董事会（MA Board），成员来自英国博物馆，由会员选举产生。董事会的职责是对会员负责，确保协会履行自身使命，完成既定目标。协会官网公布的 2015 年 9 月 MA 出台的政策文件《博物馆改变生活》（*Museums Change Lives*）强调，MA 在经费不断缩减的情况下依然不放弃改变公众生活的理念，始终将为公众提供高质量的公共服务作为自己工作的核心。这一理念被写入 2015 年的协会道德规范之中，赢得了大众的赞扬。

2011 年 MA 建立了 Esmee Fairbarin 收藏基金（the Esmee Fairbarin Collections Fund），主要针对核心藏品之外的限时收藏，为期三年，每年的资助金额为 200 万英镑。协会官网数据显示，2014—2016 年这个基金继续存在，资助金额降为每年 100 万英镑。凡是关于馆藏保存、馆藏评价、馆藏发展的项目都可以申请此经费。MA 每年向博物馆、美术馆和文化遗产机构提供资助 2 次，约有 50 个项目在 9 轮资助中获取了经费。为了让大众获取具有原创性、及时性、真实性的高质量文化艺术遗产资讯，MA 创办了纸质期刊《博物馆杂志》（*Museums Journal*）和在线信息发布平台"博物馆实践"（Museum Practice）。

第二节　公共文化政策与相关法律

一、公共文化政策

(一)多元文化政策

移民的进入使得英国由单一民族国家逐渐成为一个具有文化多样性的国家。为了处理好社会主流文化与不同族群文化之间的关系，让移民更好地融入主流社会、增强归属感和认同感，有效实现社会整合，英国出台了多元文化政策。

2000 年出台的《种族关系修正法案》(*Race Relations Amendment Act*，2000)要求所有的公共团体包括英国的四个艺术委员会在内，要通过制定的政策和实践活动来促进民族平等。博物馆、图书馆和档案馆委员会创建了国家文化多样性服务网，通过地区文化协调员和地区文化项目，如文化多样性清单项目(Cultural Diversity Checklist)提供支持、建议和相关培训。英国博物馆协会的调查统计显示，1993 年到 2008 年，博物馆工作人员中黑人、亚裔和其他少数民族的比例上升了约三倍。

英格兰艺术委员会将文化多元放在了自身工作的最前沿，制定了少数民族平等计划，将多样性融入组织机构自身当中，鼓励和支持受政府资助的团体积极实施民族平等政策。"分贝"——提升英国文化多元艺术的声音项目("Decibel"—Raising the Voice of Culturally Diverse Arts in Britain)，就是英格兰艺术委员会资助的项目，目的是提升非洲、亚洲和加勒比地区艺术家的知名度，促进多元文化发展。2007 年的"分贝展示"项目(Decibel Showcase)、2008 年的"分贝遗产"项目(Decibel Legacy)均为此项目的后续项目，这些项目为少数民族艺术家提供了一个展示和推广自己的舞台。

苏格兰艺术委员会优先在可见性、创新能力、主流文化三个领域促进文化多样性，比如对爱丁堡谜拉嘉年华(Edinburgh Mela)和格拉斯哥等地特殊节日的资助、鼓励主流文化机构发展文化多元项目、向少数民族在职者提供培训。北爱尔兰艺术委员会在 2006—2011 年战略规划中制定了少数民族艺术策略，将发展多元化艺术项目、加强区域社群的对话和理解、减少社会不平等和社会排斥作为奋斗目标。

(二)创意文化政策

创意产业的蓬勃发展是英国文化崛起的重要特征，推动英国成为仅次于美国的世界第二大创意产品生产国。为了提升英国的文化影响力、重塑英国形象，1993 年英国"国家文化艺术发展战略"以《创造性的未来》为题正式提出创意产业的创造性内涵。在国家政策的推动下，从电影到时装，从游戏到软件，从音乐到多媒体，从广告到建筑，英国的创意产业创造了 710 亿英镑的价值，推动了经济发展，提供了就业机会，成为英国重要的支柱产业。英国政府还在其网站上推出了名为"英国运动"(The Great Britain Campaign)的国际营销运动，旨在向世界展示最好的英国，欢迎世界参观英国，来英国学习和做生意。英国贸易投资总署(UK Trade & Investment，UKTI)在 2014 年 6 月发布了报告《英国创意产业——国际策略，推动英国创意产业的全球增长》(*UK Creative Industries—International Strategy Driving Global Growth of the UK Creative Industries*)报告，提出英国创意产业的国际发展策略[①]，指出政府和产业部门应如何密切合作面对各方面的挑战，让英国创意产业在全球经济中处于领先地位。该策略提出了三个主要目标：

(1)到 2020 年创意产业服务出口翻倍，增长到 310 亿英镑。

(2)UKTI 支持的创意公司数量翻倍(由 2013—2014 年的 7 500 家增长到 2020 年的 15 000 家)；行业和贸易机构的合同数量翻倍。

(3)增加英国创意产业全球入境外国直接投资，到 2020 年增加 50%。

(三)文化教育政策

英国政府非常重视文化教育(艺术与设计、舞蹈、戏剧、电影制作、音乐等形式)的开展，尤其是中小学生文化教育的普及，以期以文化艺术拓展人生、改变未来，让所有人成为文化和艺术的终身参与者，同时为创意和文化产业发展奠定基础。

数字、文化、媒体和体育部与儿童、学校和家庭事业部是文化教育推广的两个主要部门。由政府出资，两部门合作，创办了一系列让儿童和青少年增加文化体验的项目，统称为"发现你的才能"(Find Your Talent Programme)。这些项目的目标就是丰富孩子们的艺术实践，让他们在成长过程中获得艺术才能发展的机遇。"发现你的才能"项目每周为孩子们提供 5 个小时的校内及校外的高质量艺术体验，2010 年该项目被取消了。2009 年 9 月至 2010 年 9 月是英国国家音乐年，通过学校和当地政府的努力，截至 2011 年，已有 200 万名小学生学会使用一件乐器。2013 年 3 月至 2015 年 3 月，教育部和数字、文化、媒体和体育部投入 2.9 亿英镑用于文化教育活动。学校、地方当局、"一臂之距"成员以及其他的文化教育提供者一起来改进学生文化艺术教育的质量。数字、文化、媒体和体育部将大部分资金投入到博物馆、美术馆、艺术组织、图书馆等文化部门，让其为儿童和青少年提供参观、学习的机会。为了加强与学校、社区及博物馆、图书馆等文化机构的联系，英格兰艺术委员会成立了一个由 10 个中间机构组成的合作网络，此外还与青少年音乐(Youth Music)、舞蹈机构(The Dance Agencies)和国家青年剧院(The National Youth Theatre)等为儿童和青少年提供艺术表演的国家机构合作。其中"艺术标记"(Artsmark)和"青少年艺术奖"(The Young People's Arts

---

① 发展策略中所提到的创意产业主要为以下 9 个领域：(1)广告和宣传推广；(2)建筑；(3)工艺品；(4)设计(产品设计、形象设计、时装设计)；(5)电影、电视、影像、广播和图片；(6)IT、软件和计算机服务；(7)博物馆、图书馆和美术馆；(8)音乐、视觉与表演艺术；(9)出版发行。

Award)是两个著名的学校艺术教育方案。

(四)文化传播政策

为了将英国打造成为国际性文化和艺术中心,英国政府非常重视本国文化的宣传与推广。他们将未来十年的发展重点放在能够吸引国内外游客的产业上,如主题公园、博物馆、水族馆、水上游乐园和家庭娱乐中心。为了更好地宣传本国文化,英国政府于1998年专门成立了政府艺术收藏部(The Government Art Collection,GAC),在本国的政府大楼及国外的省会城市中对艺术品进行展示,藏品共计135 000件,涵盖了16世纪至今的英国艺术家的绝大多数作品。2016年2月,英国推出了"艺术英国"(Art UK)项目,计划向其互联网平台上载英国的油画收藏,供世界各地的人们浏览、欣赏。"艺术英国"最初名为"公共目录基金会"(The Public Catalogue Foundation),是一个慈善机构,它的前身是英国广播公司旗下一个名为"你的绘画"(Your Painting)的网站,"艺术英国"接手该网站并进行拓展。网站显示,"艺术英国"的经费主要来自英格兰艺术委员会、苏格兰政府和一家私人慈善基金会,还有数以千计的组织和个人捐赠,这是一个政府和社会力量合作向全球传播英国传统文化艺术的项目。

(五)文化价值评估政策

作为由国家公共经费资助的文化部门,若想在经济紧缩的情况下证明艺术和文化在地区重建、吸引游客、发展个人才能和创意、改进健康和提升幸福指数上发挥的重要作用,就需要对文化艺术进行评估,给决策者提供参考。早在20世纪80年代英国中央政府艺术资助经费出现缩减时,对文化部门的价值评估就成为引人关注的问题,对于如何使用科学的方法对文化价值进行评估的后续讨论一直在持续。

英国衡量文化价值有两个通行方法,分别来自约翰·霍尔顿和戴维·思罗斯比。一是将文化价值理解为工具价值、制度价值和内在价值;二是把文化的经济价值和内在价值联系在一起,将文化价值解构为审美、精神、社会、历史、抽象和真实价值等方面,认为文化价值能够与经济价值分离,通过人们的价格和意愿接受的偏好来表述。据英国政府网站介绍,2010年12月15日,Dave O'Brian博士和经济与社会研究委员会(Economic & Social Research Council)、艺术与人文研究委员会(Arts & Humanities Research Council)共同提交了《评估文化价值:给文化、媒体和体育部的报告》(*Measuring the Value of Culture:A Report to the Department for Culture,Media and Sport*)。该报告提出主观幸福感/收入补偿评价方法(Subjective Wellbeing/Income Compensation Approach),以及叙述性偏好法(Stated Preference Methods)中的条件价值评估法(Contingent Valuation)[①]。

---

① 条件价值评估法是基于现代经济学的消费者剩余理论和福利经济学原理,通过对假设市场的消费者偏好的调查来探知研究对象价值的重要评价方法。它是近10年来广泛应用的关于公共物品价值评估的重要方法。

二、公共文化相关法律

(一)重要法律中关于公共文化的规定

1.《地方政府法》

英国是一个有地方自治传统的单一制国家,它的地方政府制度具有悠久历史,早在中世纪就已建立起郡一级的地方机构。1948 年的《地方政府法》第 132 条明确规定,地方政府资助文化和艺术的经费总量应占政府公共支出的 6%,所有的地方政府都被鼓励发展文化事业。

2.《国家彩票法》

20 世纪 90 年代中期出现的国家彩票,为英国文化事业的发展注入了新的资金来源。1993 年,英国颁布《国家彩票法》(*The National Lottery Acts*,1993),确立了国家彩票发行的合法性,并于 1994 年 11 月 19 日首次发行国家彩票。英国政府对文化事业的支持不是大包大揽,而是鼓励文化机构自己创收、争取社会赞助,一般政府资助不超过其收入的 30%,其余部分需自筹解决。在英国,国家彩票基金是英格兰艺术委员会的主要资金来源之一,另一个来源为政府补贴。据英国政府网站统计,从 2012 年 4 月起,国家彩票基金的资助份额开始增加,从整体经费来源的 16.67% 上调到 20%。详见表 3-1。

表 3-1 英格兰艺术委员会 2010—2015 年度的资金来源及金额

单位:英镑

资金来源	2010—2011 年度	2011—2012 年度	2012—2013 年度	2013—2014 年度	2014—2015 年度
政府补贴	450 000 000	388 000 000	359 000 000	348 000 000	343 000 000
彩票资助	151 000 000	182 000 000	243 000 000	260 000 000	262 000 000

数据来源:Policy paper 2010 to 2015 Government Policy:Arts and Culture。

3. 税法

为了鼓励私人机构和个人对文化、艺术事业的捐助,英国出台了税收减免政策。2000 年 4 月起,英国政府实行"不列颠赏赐"(Get Britain Giving)政府计划,计划的制定紧随《慈善税收法》(*Charity Tax Law*),做出鼓励私人捐赠、增加慈善机构税收优惠的决定。这个政策一定程度上增加了在艺术、博物馆、文化遗产方面的资金数量。

伴随着 2006 年《金融法案》(*Finance Act*,2006)的通过,电影业获得最新的税收优惠。一部电影符合下列条件,就能获得税收优惠:由英国电影制片公司制作;计划公映;符合已经修订的电影法案,接受英国电影协会管理;至少四分之一的消费预算在英国完成。影片成本小于或等于 2 亿英镑的电影将享受额外的税收减免措施。电影业的税收优惠减免政策只适用于在英国制作和消费的电影。

1947 年《接受替代法》(*The Acceptance in Lieu Scheme*)实施，个人可通过捐赠文物、艺术品、建筑物等来替代遗产税、资本转让税。据统计，仅 2006—2007 年间，在该法案的税收优惠政策鼓舞下，英国获得了价值 2 530 万英镑的文物。图书出版领域对于一些艺术家的作品实行零税率的优惠。2002 年，欧洲法院制定了对剧院、博物馆、文化遗产和其他文化组织的入场费税收豁免的决定。税务局对以从事创作为生的人，如诗人、作曲家和剧作家等也有税收上的优惠，如果他们能证明自己收入波动较大，因创作周期较长造成在创作期间收入较低，那么可以在一定时期内免税。

1989 年通过的《援助法案》(*Gift Aid Act*，1989)规定，非营利组织从事文化遗产的维护，可申请税收减免，1 英镑可以享受 28 便士的优惠(即 28％的优惠)。该法案主要用以改善海关审核流程，减轻行政负担。为了鼓励个人捐款，英国于 2011 年 3 月 23 日实施新的税收政策，从 2012 年 4 月开始，将自己遗产的 10％捐赠出来的个人有权获得遗产税减少 10％的税收优惠。

(二)文化部门立法

1. 历史文化遗产保护法

英国是文化遗产大国。在英国，受保护的文化遗产主要指古代建筑、历史街区、纪念物、遗址遗迹、文物及美术工艺品，无形的文化遗产及民俗文化遗产不在法律保护之列。

英国的遗产保护大致经历了四个阶段：第一个阶段从 1882 年《古迹保护法》出台到第二次世界大战爆发，这是起步阶段；第二个阶段从第二次世界大战结束开始，一直到 1984 年英格兰历史建筑和纪念物委员会成立，这是法规不断完善和保护内容不断深入的阶段；第三个阶段大致从 1985 年到 2000 年遗产体制改革发起，这是规划系统中保护内容的渗透和完善阶段；第四个阶段从 2000 年的研究报告《场所的力量：历史环境的未来》公布至今，这是遗产保护改革阶段。[①] 其中涉及的主要历史文化遗产保护法如下：1882 年的《古迹保护法》及其 1900 年的修正案，1913 年的《古建筑加固和改善法》及其 1931 年的修正案，1933 年的《城市环境法》，1944 年的《城乡规划法》及其 1968 年、1972 年的修正案，1953 年的《古建筑及古迹法》，1962 年的《城市生活环境质量法》和《地方政府古建筑法》，1967 年的《城市文明法》及其 1974 年的修正案，1969 年的《住宅法》，1983 年的《国家遗产法案》，1987 年的《规划(指定建筑与保护区)法》，1990 年的《登录建筑和保护区规划法》(该法属于《城乡规划法》的一部分)和《规划政策指南：考古政策与规划》，以及 1994 年的《规划政策指南：规划与历史环境》。

早在 1882 年，根据《古迹保护法》，英国在政府内部专设了"古迹巡防员办公室"，这是英国以政府名义设立的第一个文化遗产保护机构。1970 年，文化遗产保护

---

① 杨丽霞：《英国文化遗产保护管理制度发展简史(上)》，载《中国文物科学研究》，2011(4)。

工作由环境部负责，具体负责历史文化遗产保护工作的单位是"古代遗址与历史建筑理事会"，环境部派出的各地方办公室则主要负责当地文化遗产的保护。1984 年，英国成立"英格兰遗产"，取代"古代遗址与历史建筑理事会"的大部分职能。1992 年，国家遗产部成立，成为英国文化遗产保护工作的主管单位。1997 年，国家遗产部更名为文化、媒体和体育部，仍负责本国文化遗产的保护。在该部下分设 8 个顾问委员会，分别为政府的文化遗产保护工作提供技术咨询。除此之外，还有专门的社团组织对英国文化遗产进行保护，可以分为两类：一类负责文化遗产的维护，如国民信托、苏格兰国民信托、建筑遗产基金等；一类负责有关文化遗产环境变更、遗址维护及文物、古代建筑购入等方面的咨询工作，如英国考古评议会、古代遗址学会、古代建筑保护学会等。

2. 图书馆与博物馆法

英国的图书馆事业起步早、发展快，法律体系完善，从第一部图书馆法颁布至今已有 300 多年的历史。1708 年颁布的《英国教区图书馆的更好保存法》（*An Act for the Better Preservation of Parochial Libraries in England*），是英国迄今最古老的一部图书馆法，它规范了英国教区图书馆的建立，这部法律至今有效。1850 年英国议会通过了《公共图书馆法(1850)》（*Public Library Act*，1850），这是世界上第一部全国性公共图书馆法。为了改善图书馆的服务，1947 年制定了《公共图书馆法（1947）》（*Public Library Act*，1947），这是一部过渡性质的图书馆法，继承了过去图书馆法的精髓，又有随时代发展的新内容。1857 年，在坎贝尔勋爵(Lord Campbell)的推动下，英国议会通过了《淫秽出版物法》（*Obscene Publications Act*），该法案禁止销售淫秽出版物，并规定了对此类物品的查收和销毁方式。1964 年的《公共图书馆与博物馆法》（*Public Libraries and Museum Act* 1964)是一部崭新的图书馆法，它不仅强调图书馆的服务，还鼓励公共图书馆之间的合作。1972 年《大英图书馆法》（*British Library Act*，1972)施行，这部法律最大的贡献就是成立大英图书馆。1979 年《公共借阅权法案》（*The Public Lending Right Act*)通过，该法案给予英国作者因公共图书馆免费出借他们的作品而获得报酬的法定权利。1992 年《公共图书馆调查程序法则》[*The Public Libraries* (*Inquiries Procedure*)*Rules*，1992]公布，这是针对图书馆调查而制定的一部专门法律。2003 年英国议会通过了专门的出版物缴存法《2003 法定缴存图书馆法》（*Legal Deposit Library Act*，2003)，这是英国首部关于图书馆出版物法定缴存的专门法律，不仅对传统印刷出版物的缴存进行了规定，对电子出版物的缴存也做了一些原则性的规定。除了上述国家层面的法律外，英国的四个地区英格兰、苏格兰、威尔士和北爱尔兰也出台了地区性图书馆法。

英国是博物馆的发祥地，是世界上博物馆最发达的国家之一。1753 年议会法案（*Act of Parliament*)就批准建立英国国家博物馆——大英博物馆。1759 年，大英博物馆正式对外开放。1845 年英国议会通过《博物馆法》(*The Museums Act*，1845)，该法规定在人口超过 1 万的地区向每人征收 2.5 便士来支持公共博物馆事业的发展。在此法案的推动下，英国博物馆的数量不断增加，20 世纪末达到 295 座。1963 年议会通过女王签署的《大英博物馆法》，规定大英博物馆理事会为大英博物馆的法人团体，拥有大英博物馆的管理和控制权。1983 年《国家文物法案》(*The National Heritage Act*，1983)通过，规定英国遗产部(English Heritage)为英国文化遗产保护机构，并将四个地区的重要建筑及历史遗迹按照一定的重要等级依次列出，共计 375 000 处。

3. 电影、电视与电信法

英国对电影、电视等视听产品实行分级审查的历史可以追溯到 1909 年的《电影法》(*The Cinematograph Act*)，负责分级审查的机构是英国电影分级委员会(British Board of Film Classification，BBFC)。从 1909 年开始，英国的地方政府就依据《电影法》对公映电影实行许可证制度。此后颁布的其他法律，如 1922 年通过的《电影放映法》(*Celluloid and Cinematograph Film Act*，1922)、1952 年的新《电影法》(*Cinematograph Act*，1952)和 1982 年修订的《电影法》[*Cinematograph*(*Amendment*)*Act*，1982]都强调了电影的安全和审查。1952 年的新《电影法》规定，未经分级的影片不得进行展示和广告宣传，电影进行展示、宣传和放映时必须显示其分级标志，并禁止儿童观看不适合他们的电影；1982 年修订的《电影法》规定，在商业性俱乐部放映的所有影片都必须经过审查、分级。这两部法律后来合并为 1985 年的《电影法》(*The Cinemas Act*)，该法要求电影的审查遵循有关刑事方面的法律规定，如 1964 年出台的《淫秽出版物法案》禁止在拍摄电影时伤害动物或有表现残害动物的镜头。1932 年通过的《星期日娱乐法》(*The Sunday Entertainments Act*，1932)被 1972 年出台的《星期日电影法》(*The Sunday Cinema Act*，1972)和 1985 年的《电影法》修订，专门规定了星期日电影院的开放和使用。1984 年通过的《录像制品法》(*The Video Recordings Act*)规定，所有销售或出租的录像制品必须经过内政部授权的机构进行分级审查。内政部把分级审查的职权授予了英国电影分级委员会。

在英国，关于电影的经费资助也有相关法律规定，如 1932 年的《星期日娱乐法》就建立了"星期日电影放映基金"(Sunday Cinematograph Fund)，鼓励把电影作为一种娱乐的手段加以利用和发展，这个基金就是电影协会最初的经费来源。1949 年的《英国电影委员会法案》(*The British Film Institute Act*，1949)规定将议会的一部分资金转给委员会。1957 年的《电影法》(*Cinematograph Films Act*)建立了英国电影基金机构，负责为英国电影制片人、国家电影财团、英国电影委员会等机构以及儿童电影制作、电影制片人培训等活动提供经费支持。1981 年通过的《电影财政征收法案》(*The Film Levy Finance Act*)对参展商和相关机构的财政征收做了统一规定。

英国是欧洲最早引入电信竞争机制的国家，也是世界上最早实现电信自由化的国家之一。为顺应欧盟新的规制框架的要求和电信业技术变革、业务融合的发展趋势，英国议会于 2003 年批准并通过新的《通信法》(*The Communications Act*，2003)，其取代 1984 年的《电信法》成为英国电信规制的基本法律。《通信法》的一个主要内容是成立通信管理局(The Office of Communications，OFCOM)，取代并整合了五家管制机构——广播标准委员会(The Broadcasting Standards Commission)、独立电视委员会(The Independent Television Commission)、电信管制局(Office of Telecommunications，OFTEL)、无线管制局(The Radio Authority)和无线通信局(The Radiocommunications Agency)，成为英国唯一的独立通信管制机构，改变了电信业多头管理的分散体制。《通信法》还废除了 1990 年《广播法》(*The Broadcasting Act*，1990)对特定广播经营者的外资限制，并废除了对宗教团体所有权的限制。[①]

4. 表演艺术与音乐法

早期的基督教对戏剧演出是百般指责的，特别是星期日的演出，因为这分散了对宗教礼拜的热忱。为了给表演艺术一个更广阔的空间，英国出台了一系列星期日法案，如《星期日庆祝法》(*The Sunday Observance Act*)、《星期日娱乐法》(*The Sunday Entertainment Act*)、《星期日剧院法》(*Sunday Theatres Act*)等。1932 年出台的《星期日娱乐法》放松了对星期日放映电影的限制，允许电影院在星期日营业，但规定电影在放映前需由地方当局发放放映许可，并附加其"认为适当"的条件。1968 年《剧院法》(*The Theatres Act* 1968)出台，废止了宫务大臣和戏剧脚本审查制度，禁止淫秽及色情演出。如果剧本中的言辞或举动涉及淫秽、种族仇恨、挑衅或破坏和平等因素，将受到民事局的起诉。

2003 年《许可法》(*The Licensing Act*，2003)颁布，这是一部对酒精、娱乐和夜间提神物品进行规范的法律，2005 年 11 月开始在英格兰和威尔士生效。这一法律综合了六种许可制度来规范娱乐活动，监管酒精及夜间提神物品。在新的法律体系下，不再单独对每一项公共娱乐项目进行审查，转由一个专门的机构对酒精和现场音乐表演、戏剧、舞蹈、电影放映等常规性娱乐活动进行审查。《许可法》取代了之前颁布的一系列"星期日法"以及《剧院法》中的部分条款，放宽了对音乐和表演艺术的审查，结束了"一个酒吧两个演出者法则"(Two in a Bar Rule)[②]。2009 年年底，《现场音乐法案》(*The Live Music Bill*)改变了之前的许可制度，观众少于 200 人的现场音乐表演可以免除许可申请。

---

① 续俊旗：《英国新通信法解读》，载《人民邮电报》，2003-10-14。
② 即酒吧可以不经过特定部门的许可，允许两个表演者整晚进行化装表演。

第三节 特色服务项目

一、"文化之城"

2008 年，英国城市利物浦当选"欧洲文化之都"(European Capital of Culture)，为这座城市带来了巨大的社会和经济效益。之后的"文化奥林匹亚"(the Cultural Olympiad)，开创了在一个特定城市或区域持续举办长达一年的国家文化活动的模式。受"欧洲文化之都"和"文化奥林匹亚"启发，英国政府开展"文化之城"(UK City of Culture)评选活动，入选城市获得为期一年的文化宣传活动机会。"文化之城"由英国政府管理，是英国全国范围内的项目。该活动自 2009 年启动，每四年评选一次，2013 年伦敦德里(Derry/Londonderry)被评为首个"文化之城"，2017 年赫尔河畔金斯顿(Kingston upon Hull)当选"文化之城"，考文垂(Coventry)当选 2021 年"文化之城"。当选"文化之城"的城市将获得举办一年文化活动的机会，由此为城市发展带来机遇，主要表现在吸引更多的游客，带动当地经济发展；增加城市的媒体兴趣，带动旅游业的持久发展；增强社区居民的凝聚力；提高专业艺术水平。"文化之城"评选活动的目标是鼓励用文化创意作为城市发展变革的催化剂，促进了新的交流与合作，激发了文化创意。"文化之城"为当地文化提供了展示的平台，也向世界展现了英国文化的多样性。

2013 年，北爱尔兰城市伦敦德里当选英国第一个"文化之城"。伦敦德里是一个拥有丰富文化资源的城市，尤其是在音乐和文学方面具有明显优势，诗人谢默斯·希尼(1995 年获诺贝尔文学奖)、剧作家布莱恩·弗里埃尔、歌曲作家菲儿·柯尔特、艺术家威利·多尔蒂都诞生于此。2013 年恰好是伦敦德里建市 400 周年，据《温哥华太阳报》网站报道，借助当选"文化之城"的契机，伦敦德里在一年的时间内举办了 140 多项文化活动，其中最令人激动的就是特纳奖(Turner)[①]的颁发和英国皇家芭蕾舞团(The Royal Ballet)访问北爱尔兰。伦敦德里 2013 年参选"文化之城"的宣传口号是"通过文化链接各地人民"，彰显了文化促进人民交往、民心相通的价值。

二、伦敦概念店

概念店(Idea Store)是伦敦的一个独特的事物，它不仅提供图书馆服务，还开办社区学校，设立研讨空间、电脑教室、展示空间和舞蹈空间等，并配有休闲设施[②]，是将

---

① 特纳奖是英国当代视觉艺术大奖，由英国泰特美术馆创立，是西方世界争议最大的当代艺术奖项之一。

② 吴建中：《走向第三代图书馆》，载《图书馆杂志》，2016(6)。

信息、学习和图书馆融为一体的综合性社区文化设施。

（一）伦敦概念店概况及成立背景

伦敦哈姆雷特区共有5家概念店，采用连锁经营的模式，遵从统一的形象设计和内容要求。据概念店网站介绍，第一家概念店2002年5月对外开放；Whitechapel是第三家概念店，2005年9月22日开放，是最具代表性也最有名的概念店。

5家概念店的成立是哈姆雷特区对传统图书馆服务的一次变革，它们将公共图书馆与具有现代技术和设备的学习空间融合在了一起。对哈姆雷特区居民的调查显示，人们对于简单的图书馆服务和陈旧的设施设备不满意，他们要求提高服务质量，希望有现代化的设施设备，提供多形态、多样化的文化服务。1999年3月，文化、媒体和体育部首先提出了"概念店"的理念。为了满足本地居民的需求，哈姆雷特区决定投资2 000万英镑建立概念店。基本要求是概念店坐落在社区中央，靠近大型超市或商店，方便居民到达和使用。概念店提供包括图书馆、学习和信息服务的一站式服务，以满足不同人群的需要。

概念店的目标价值追求主要体现在两个方面。一是消除隔阂。哈姆雷特区有22万人，一半是非白人族裔。该区有全英1/4的贫困人口、22％的失业工人，民众识字和计数能力低于全国平均水平，同时，这里也有繁荣的港区、高度集中的媒体和金融服务公司，以及豪华的水边公寓。在哈姆雷特区，贫富分化严重、人群隔阂突出，政府希望通过概念店的空间和服务加强族裔融合、强化文化认同。二是回应民意。调查显示，哈姆雷特区只有20％的居民使用本地图书馆。居民最希望从图书馆得到的是便利的到达方式、优越的地理位置和较长的开放时间，从而得到获取教育服务的机会。哈姆雷特区委员会秉持消除族群隔阂、回应公众需求的原则，制定《哈姆雷特区终身学习发展战略》(*Lifelong Learning Development Strategy for Tower Hamlets*)，促成了概念店的诞生。

（二）概念店的活动

概念店开展常规活动和特色活动，以满足不同年龄段、不同兴趣爱好人群的需求。常规活动丰富多彩，如讲故事、读书会、工作坊等。此外，每家概念店都会根据自己的优势，在不同时间段内开展一些特色活动，如Bow概念店的"国家故事周"(National Storytelling Week)；Chrisp Street概念店的"制作你自己的2013年日历"(Make Your Own 2013 Calendar)；Whitechapel概念店的"大屠杀纪念日会谈"(Holocaust Memorial Day Talks)等。概念店的特色活动大多针对儿童和青少年，以阅读活动为主，辅以手工制作活动。

（三）概念店的经费来源

概念店网站数据显示，概念店的经费过去主要来源于哈姆雷特区政府，还有一些公共和私人机构的捐赠，近年来主要靠租赁场地、在线课程（如创意写作课，10周课

90 英镑)等获取。除此之外就是经营中出现的资源传递费用、逾期罚款费用、资源丢失补偿费用及参观访问收入等。

1. 场地租赁费用

概念店可以提供场地和设备的租赁服务。每个概念店都有供租用的学习室和展览大厅，以及必要的设施设备。慈善机构、社区和志愿团体租用概念店的场地享受 5 折优惠。图书馆开放时间内，一个能容纳 120 个站位、50 个座位的展览大厅，租金为每小时 50 英镑；一个能容纳 60 个座位的学习室，租金为每小时 25 英镑。在闭馆期间，租金价格会有所调整。

2. 图书、音像传递费用，逾期罚款及丢失补偿费用

图书、音像传递费用和逾期罚款费用，也是概念店的经费来源之一。伦敦图书馆联盟(London Libraries Consortium，LLC)和概念店之间的图书预约和传递是免费的，LLC 之外的馆际互借是收费的，16～64 岁的成人为每册/件 5 英镑，65 岁以上的老年人是免费的。在哈姆雷特区内，视听资料的请求是免费的，请求以外的服务则要收费，16～64 岁的成人为每盘/套 5 英镑，65 岁以上的老年人免费。图书、CD、只读光盘(CD-ROM)的借阅是免费的，借阅期限为 3 周，逾期罚款。16～64 岁的借阅者为每天 20 便士，最高罚款限额为 10 英镑；65 岁以上(含 65 岁)的老年人免罚。哈姆雷特区所有的 DVD 借阅是免费的，借阅期限为 1 周，逾期罚款；16～64 岁的借阅者为每天 1 英镑，最高罚款限额为 10 英镑；65 岁以上(含 65 岁)的老年人免罚。上网和使用电脑等基础服务是免费的，打印则收费，A4 黑白打印每页 10 便士，A4 彩打每页 26 便士。会员卡丢失补办，儿童 50 便士，成人 1 英镑。自助影印办卡费是每人 1 英镑，A4 黑白打印是每张 10 便士，A3 黑白打印是每张 20 便士，A4 彩打是每张 1 英镑；发送传真是每页 60 便士，接收传真是每页 12 便士。如果借阅的资源丢失，要按照规定进行赔偿(见表 3-2)。

表 3-2　LLC 图书及音像资料丢失的赔偿费用(2015 年 1 月制定)

资源类型	赔偿费用/英镑
成人小说	9.00
成人非小说	14.50
儿童小说	8.50
儿童非小说	8.50
音乐 CD	9.50
有声读物	25.00
儿童有声读物	20.00
视听语言课程	30.00
DVD 中的 E 类	22.00

资源类型	赔偿费用/英镑
DVD 中的 U 和 PG 类	22.00
DVD 中的 12 分类	22.00
DVD 中的 15 分类	22.00
DVD 中的 18 分类	22.00
馆际互借	30.00
大英图书馆借阅	120.00

数据来源：Idea Library Learning Information Charge Made for Lost Items。

3. 参观访问收入

概念店出现后，访问人数增加。旗舰店 Whitechapel 概念店每周访客超过 1.5 万人次，参观访问收入成为概念店的经费来源之一。概念店的参观访问共有 4 种方式，收费情况如下：(1)依据参观标识引导的自主访问免费；(2)导游带领参观，每小时收费 150 英镑，再加上增值税；(3)半天参观，只参观一家概念店，对概念店的发展策略和理念进行讲述，还包括问答，总共收费是 600 英镑加增值税；(4)全天参观，参观 2 家及以上概念店，对概念店的发展策略和理念进行讲述，还包括问答、提供相关参考材料，总共收费是 1 000 英镑加增值税。

三、社区中心

(一)英国的社区中心

社区中心(Community Center)是为社区居民提供康乐、文化、社会事务服务以及社区中心的会员开展集体活动、获取社会支持和公众信息的公共场所，也是社区政府办公及开会的地方。社区中心的概念即源于英国，原意是镇政府办公的地方，亦是居民进行大型活动(如婚礼、庆典)的地方。

中心的社区中心一般以本地区居民为主要服务对象，以团体为单位开展活动。社区中心一般利用自己的设备和空间优势，为社区居民提供聚会和社交的机会与公共空间。在英国，社区中心一般是举行婚宴、生日会、家庭聚会、会议等大型社交活动的理想场所，同时还开展宗教活动。

每个社区中心都有不同的功能空间，用于满足社区居民的不同活动需求。如聚会和开展活动的大厅、召开会议的会议室、进行户外活动的花园和露台、存放衣物的衣帽间、储藏设备和资源的储存室、供居民停放车辆的停车场、供居民放松小憩的咖啡馆，还有无障碍通道和卫生间。此外，最具特色的就是差不多每个社区中心都有自己的厨房，里面有各种炊具及餐具，以方便居民烹饪和就餐。

社区中心的经费来源一般有三个：国家的经费资助、本地教堂的赞助以及其他合作伙伴的支持。除此之外，社区中心的房屋可供租用，收取的租金就作为维护社区中心运营的补充经费。

社区中心一般都是由社区委员会进行管理的。为了减少运营费用，委员会成员一般是本地的志愿者。中心还积极鼓励志愿者加入社区中心的服务。社区中心的会员多为本地居民，每年都会聚会，讨论社区中心未来的发展规划。

(二)Kingsgate 社区中心

Kingsgate 社区中心位于伦敦城，1982 年成立 Kingsgate 社区委员会。Kingsgate 社区中心在其网站上介绍，它的建设目标是"满足社区居民的需求"（Serving the Needs of Local Community）。经过 30 余年的发展，到 2018 年，Kingsgate 社区中心已经能够为居民提供 45 种不同的服务和活动，并致力于 5 个长期项目的发展。

Kingsgate 社区中心的活动按服务对象的年龄进行了划分，针对儿童和青少年的有儿童影视剧团、作业俱乐部、学前教育、音乐与活动、高年级美术、芭蕾舞班和毛绒玩具俱乐部等；针对老年人的有健康俱乐部、绘画艺术班和集体舞会等；针对成人的有烹饪班、陶泥班、缝纫班、创造性写作班和 ESOL 班（针对其他语种民众的英语课程）等。为了提升社区居民的信息素养，Kingsgate 社区中心提供计算机入门和办公软件操作的培训，确保居民能够自主使用计算机。Kingsgate 社区中心内还曾开办过幼儿园，服务于社区内 5 岁以下的儿童及其家庭。幼儿园的教师都经过资格认证且接受过紧急护理和安全防护的培训，在儿童早期教育和抚养上有丰富的经验。幼儿园的课程和活动的设置符合早期学习目标，包括个人、社会、情感的发展、身体的发展、交流和语言的发展、文学、数学、世界知识、艺术和设计等方方面面。

Kingsgate 社区中心由 Kingsgate 社区委员会管理，成员均为在本地生活或工作的社区居民，日常服务由工作团队和志愿者提供。Kingsgate 社区中心鼓励志愿者加入，志愿服务包括发放宣传页、摄影、园艺种植、装饰、调研、做活动、资金筹集，还有网络宣传。志愿者可以根据自己的特长在线填写志愿服务申请表，Kingsgate 社区中心会根据每个人的特长分配工作。50 岁以上的志愿者可以将自己的志愿服务时间记录到时间账号中，兑换相关礼品。志愿服务的时间每周至少一小时，每月至少一天。

Kingsgate 社区中心每年都能从伦敦的卡姆登郡获取一定数额的拨款，还通过各种慈善机构募集善款。此外，办公空间和中心功能空间的出租也是维持中心正常运营的经费来源之一。Kingsgate 社区中心有一个主厅、一个小厅、两个会议室、一个咨询室和一个艺术工作室，温馨友好的环境和设备优良的空间可以满足不同的需要，如组织活动、举办孩子的生日派对、召开会议、举办婚宴等。中心不同的功能空间都对外租售，不同的对象和空间有不同的收费标准，明列公示。

【本章小结】

英国通过对文化艺术事业"一臂之距"的管理机制，实现了政府职能的转变和"管办分离"的目标。非政府公共文化机构将政府资金间接地分配给基层文化协会、文化组织或个人，达到科学分配、公平对待、协调管理的目标。这种间接管理模式，是英国各级政府管理文化艺术事业的准则。"一臂之距"管理机制正在为越来越多的国家如澳大利亚、加拿大、丹麦、芬兰等所采用，其原理和原则对我国的公共文化服务管理有启发意义。

英国的公共文化政策围绕移民国家的国情、未来的发展战略与方向、艺术普及与教育的需要、自身存在的价值等重大问题，制定了多元文化政策、创意文化政策、文化教育政策、文化传播政策、文化价值评估政策，以此满足公共文化发展的需要。英国在一些重要的法律文件中规定了以多种方式对公共文化服务的经费加以保障，如在《地方政府法》中规定地方政府资助文化和艺术发展的经费比例，在《国家彩票法》中开辟了公共文化发展的资金来源，在税法中通过税收优惠政策鼓励民间机构和个人对文化艺术事业的捐助。此外，英国针对历史文化遗产保护，图书馆与博物馆，电影、电视与电信，表演艺术与音乐等领域都有专门的立法，文化法律体系较为完善。

三个典型的案例——"文化之城"、伦敦概念店与 Kingsgate 社区中心，是具体了解英国的公共文化服务的切入点。"文化之城"对我国当下大力推进的"文旅融合"有参考意义。伦敦概念店与芬兰赫尔辛基中央图书馆（又名"颂歌图书馆"）有异曲同工之妙，颠覆了人们对传统图书馆的印象，展现了一个融阅读、学习、集会、交流、体验、休闲等多种功能为一体的新空间，体现了公共空间融合发展的趋势。Kingsgate 社区中心类似于我国的基层综合性文化服务中心，其服务、活动、管理对打通公共文化服务"最后一公里"有借鉴意义。

【本章思考题】

1. 英国文化艺术管理的"一臂之距"原则对我国深化公共文化体制机制改革、推进"政事分开、管办分离"有何借鉴意义？

2. 英国以什么方式拓展公共文化服务经费来源、强化公共文化服务经费保障？

3. 思考英国文化法律与体系的基本构成和主要特点。

4. 英国"文化之城"、伦敦概念店与社区中心的服务、活动和管理对我国的公共文化服务有什么启示？

第四章　德国公共文化服务

德意志联邦共和国(die Bundesrepublik Deutschland)，简称德国，是位于中欧的联邦议会共和制国家，国土总面积 35.7 万平方公里，总人口 8 270 万。2017 年国内生产总值 3.68 万亿美元，人均 4.45 万美元。[①]

德国文化事业发展的主要责任在地方政府，在尊重各州文化领域自主权的基础上，由文化与传媒事务专员总体协调全国的文化事业。德国是一个多民族聚居的国家，也是一个移民大国，因此从联邦政府、州政府到地方政府都出台了许多促进多元文化融合发展的政策，如联合国教科文组织德国委员会(German commission for UNESCO)制定的关于促进国家多元文化融合发展的重要规划——《多样与合作行动计划(2013—2016)》，采取以"和而不同、和谐为本"为主要特征的文化多元主义(Kultureller Pluralismus)政策。对于特殊群体，德国也有相应的特色公共文化服务，例如城市社区面向难民群体开设的"融合课程"(integration classes)。

近年来，由于联邦政府和地方政府都面临较为严重的财政压力，德国各级政府逐步削弱对公共文化设施、项目运行管理的直接责任，转而通过各种方式鼓励社会力量参与公益性文化事业，主要模式有：非营利机构提供公益性文化服务、文化共济会为低收入者提供免费欣赏公共文化演出和参与公共文化活动的机会、联邦和地方文化基金会资助各类文化活动。德国社会文化中心的"一臂之距"管理运营模式和汉诺威的街头艺术活动，是德国公共文化社会化发展较为典型的两个案例。

柏林是德国的首都，以文化和创意之城而著称；鲁尔区是德国也是世界最重要的工业区，20 世纪 70 年代开始调整工业结构与布局，通过发展文化产业、创意产业带动了地区文化复兴，提升了地区整体文化实力。一个是战后的文艺复兴，一个是工业城市的成功转型，柏林和鲁尔区的公共文化服务代表了两种通过文化带动城市发展的类型，具有一定代表性及借鉴意义。

---

① 数据参见国家统计局编：《中国统计年鉴(2018)》，北京，中国统计出版社，2018。

第一节 管理体制与政策的德国特色

德国由独立的联邦州和自治市组成，各联邦州和自治市都有自己的文化政策和文化机构。联邦宪法规定，德国各级政府在文化事业上具有不同的职责。联邦宪法第 28 条肯定了市级政府在地方级别文化事务中的地位，各联邦州的宪法进一步明确了市级政府具体的文化职权。联邦宪法第 30 条规定，文化事业发展的主要责任在地方政府，地方政府需要制定具体的文化政策来推进当地文化事业；联邦州政府是文化领域主要的责任机关，负责决定本州的文化政策、向文化机构提供资金、支持地区文化项目等。

一、公共文化管理体制

德国没有统一的文化行政机构。20 世纪 50 年代，联邦德国建立了各联邦州的文化教育部长联席会议制度。1998 年，联邦政府正式设立了文化与传媒事务专员（Federal Commissioner for Cultural and Media Affairs）。之后，联邦议会又设立了文化与传媒事务委员会（Committee on Cultural and Media Affairs），作为文化与传媒事务专员的咨询部门。

（一）文化与传媒事务专员

文化与传媒事务专员的主要职责是负责统筹协调德国各州的文化政策，加强制定设计联邦的文化发展框架，并代表德国与欧盟文化事务官员接洽，参与制定欧洲文化发展框架。在尊重各州文化领域自主权的基础上，德国由文化与传媒事务专员总体协调全国的文化事业。德国联邦政府网站介绍，文化与传媒事务专员推动了 2016 年《文化财产保护法》的出台，该法从全国层面对艺术品交易、国家文化财产以及国外艺术品等予以法律保护。同时，文化与传媒事务专员还积极与欧盟磋商合作，协同欧盟其他成员国加入欧盟"保护艺术家创作自由"计划，为在德国境内的文化从业人员提供更加灵活、自由，氛围更融洽的公共艺术空间。

此外，德国还有数量众多的非官方艺术家联盟和文化产业组织，其中最具有代表性的有德国艺术理事会、德国音乐理事会等，它们在德国文化事务管理中也占有重要地位。联邦政府创建了独立的超联邦组织和附属于联邦的公法组织机构，如电影推广基金会、联邦档案馆、德国图书馆等，还在联邦层面建立了其他行政机构，如歌德学院、德国大学校际交流所等。[1]

（二）地方政府的文化管理部门

德国的州政府和市级政府是文化事业的主要责任主体，但不同的州和城市之间公

---

[1] 曹德明：《欧美文化政策研究》，北京，时事出版社，2015。

共文化的发展状况差异较大，故在文化政策的制定和实施方面也存在较大不同。德国地方政府普遍建立有统一的文化管理部门。

在州政府层面，德国16个州均设有处理文化事务的议事委员会，负责本州的文化发展事务，并设有由文化部门、教育部门、文化事务专员以及具体部门共同参与的常务联席会。各州都有自己的文化部门，负责州立剧场、博物馆、收藏馆以及一些私人文化组织的事务，但管理方式和法规不尽相同。为了协调各州利益，每五年召开一次州际文化部长会议，促成联邦和各州把一些共有的文化制度形成公约，并在此基础上成立了国家科研规划推广委员会、普鲁士文化遗产基金会、科学委员会、州际文化基金会等。①

市级政府一般设有市政文化管理部门，大型城市设文化事务专员（Kulturdezernenten），负责本地的各类文化项目、文化机构，如图书馆、博物馆、剧院、音乐学校等。市级公共文化事务由本地的城市联合会、乡镇联合会、文化事务专员以及具体部门共同参与。州政府和市级政府共同负责本地的公共文化发展，对本地的项目和活动进行资助。

(三)财政支持

根据经济合作与发展组织（Organization for Economic Co-operation and Development）的统计，2012年至2017年，德国联邦、州、市三级政府对全国娱乐、文化和宗教（Recreation，culture and religion）的公共支出呈现出逐年上升的趋势，增幅约为60.91%，占当年GDP的比例也从0.750%提升至1.015%，提升了0.265个百分点（见表4-1）。

表 4-1　2012—2017年德国娱乐、文化和宗教的公共支出

年份	用于文化等方面的公共支出/百万欧元	当年GDP/百万欧元	用于文化等方面的公共支出占当年GDP的比例/%
2012	20 681	2 758 260	0.750
2013	29 030	2 826 240	1.027
2014	30 520	2 938 590	1.039
2015	31 142	3 048 860	1.021
2016	32 285	3 159 750	1.022
2017	33 277	3 277 340	1.015

数据来源：Government expenditure by function。

德国2009—2011年间经历了较为严重的金融危机，2013年以来大规模削减公共财政支出②，但德国对于文化领域，尤其是公共文化领域的财政支持力度不减反增，足见

---

① 曹德明：《欧美文化政策研究》，北京，时事出版社，2015。
② 杨解朴：《"德国2010年：经济和政治形势"报告会综述》，载《欧洲研究》，2011(2)。

德国比较重视文化发展。

二、公共文化服务理念与政策

(一)文化政策体现地方分权理念

德国的文化政策建立在联邦体系基础上,遵循权力分散、权力下放和多样化的原则。[①] 一直以来,德国公共文化政策的制定和实施具有四大目标:文化认同、文化遗产保护、文化多样性、文化参与。让更多的人参与和享受公共文化服务,使公共文化服务惠及更多国民,也始终是德国公共文化事业发展的最高目标。

德国文化政策主要体现了地方分权理念。从联邦到地方,彼此在文化活动和文化项目上相互合作、共享、交流。德国的整体文化事业都在宪法的框架下运作和发展,但为了保持和体现各级政府的文化特色和文化能力,州政府、市级政府、文化机构、艺术团体等之间又存在着竞争关系。在德国文化事业发展中,政府既要体现其在公共领域的国家责任、保证文化事业的可持续发展和良好运行,又要防止过多干预文化活动和文艺团队。德国宪法第五条第三款既规定了艺术和文化发展的自由权,又明确指出其需要政府的领导和指引。据德国文化国务部网站介绍,德国大部分文化设施是由地方政府资助修建的。表4-2统计了截至2015年德国拥有的公共文化设施机构数量。

表 4-2　德国全国公共文化设施机构数量统计(2015 年)

公共文化设施机构	数量
公共图书馆	8 800 个
博物馆	5 570 个
美术馆	630 个
剧院、音乐厅	820 个
专业院团	130 个
联合国教科文组织世界遗产名录	37 处

数据来源:Cultural facilities。

(二)文化多样性视角下的公共文化服务

据德国移民局网站统计,德国城市人口约30％具有移民背景,仅德国第二大城市汉堡就生活着200多个少数民族。2015 年,德国外来人口接近 860 万,占到了全国人口的 10％以上。因此在很大程度上,多元文化的保存、发展、和谐共处成为德国文化事业需要不断思考和探索的命题。由于广大移民在价值观、文化背景、生活方式、行为方式和思维方式等多方面与德意志民族的差异,出现了代表德意志民族的"主流文

[①]　李庆本、吴慧勇:《欧盟各国文化产业政策咨询报告》,104 页,郑州,大象出版社,2008。

化"和属于移民的"非主流文化"并存的局面。① 近年来，德国地方政府已经注意在文化多样性背景下有效地提供形式丰富、内容多样的公共文化服务，以满足不同背景、不同年龄、不同社会阶层的移民背景人士的文化需求，更重要的任务是通过文化让各族裔能够和谐共存，促进社会和谐稳定发展。

德国从联邦政府、州政府到地方政府都出台了许多促进多元文化融合发展的政策，如联合国教科文组织德国委员会制定并发布在其官网上的关于促进国家多元文化融合发展的重要规划《多样与合作行动计划(2013—2016)》。这些政策一是鼓励各地结合本地实际情况，加强对本地多元文化的研究和调查，从城市层面出台促进地方多元文化融合的政策；二是在地方性文化发展规划中明确提出，地方政府有责任和义务向生活在本地区具有不同文化背景的群体——尤其是当地的图书馆、博物馆、剧院等文化机构提供文化设施、文化服务和相关的文化资源等；三是在地方的各类文化类社会组织，尤其是地方性的文化咨询机构和文化行政部门中适当增加移民背景人士的任职数量和比例，让具有不同背景的移民人群在文化领域有更多的话语权等。

1. 移民群体的公共文化服务

德国根据联合国和欧盟的相关要求，在吸收其他西方移民国家经验的基础上，结合本国实际，逐渐形成了以"和而不同、和谐为本"为主要特征的文化多元主义政策，该政策的推行大大促进了移民文化机构的发展，图书馆、博物馆、少年科技馆、歌剧院等机构增加了体现文化多元的内容和服务，一方面可以帮助保护移民的文化、宗教传统和文化遗产，另一方面也有助于增进主流社会对移民文化的了解，促进德国社会的文化整合。②

1990 年，"土耳其移民档案中心暨博物馆"(Documentation Centre and Museum of Migration from Turkey Association)在科隆建立，重点搜集与土耳其劳工相关的历史资料。2002 年，该机构开始搜集来自意大利、西班牙、葡萄牙、希腊、南斯拉夫、摩洛哥、突尼斯、韩国、越南、莫桑比克和安哥拉移民的资料及文化遗产，并更名为"在德移民档案中心暨博物馆"(Das Dokumentationszentrum und Museum über die Migration in Deutschland)。该机构的目标是为移民后裔保存文化遗产，并使其为德国公众所接受。据该机构官网统计，如今其拥有关于移民的书籍、报纸、电影记录、录音、图片等档案十万多份，并在柏林、科隆、杜塞尔多夫等城市举办了移民类大型历史和艺术展览上百场次，如"神圣的家：土耳其移民 50 年"(Divided Home：50 Years Migration from Turkey)纪念展、"文化的多样：胜利！"(Diversity Wins!)、"共享的记忆"(Shared Memories)、"移民之路"(Route of Migration)、"移民的三代人"(3-generations-por-

---

① 陈洪文：《浅论德国多元文化主义的萌发》，载《科教导刊》，2011(2)。
② 岳伟、邢来顺：《移民社会的文化整合问题与统一后联邦德国文化多元主义的形成》，载《史学集刊》，2012(3)。

traits)等。

不来梅州政府网站介绍，2005年8月8日，欧洲最大的移民主题博物馆（Deutsches Auswandererhaus）暨德国移民中心（German Emigration Center）在不来梅成立，因其在德国移民文化保存和文化服务方面的巨大贡献，2007年获得"欧洲博物馆年度奖"（European Museum of the Year Award）。该博物馆由联邦政府、不来梅州政府和欧洲区域发展基金会项目（European Regional Development Funds program）共同提供资金支持，聘请专业组织运维，主要功能有三项：一是移民史展览；二是以德国为核心的当今世界各地区移民状况展示；三是移民论坛。德国移民中心大量运用先进的数字化等科技手段，为参观者提供身临其境的体验，激发了德国民众参与和了解不同文化元素的热情。此外，德国移民中心还免费提供移民家谱查询。移民家谱数据库将一百年来德国的合法移民的信息数字化，为每个想了解自己家族移民经历的人提供帮助。

还有相当多的博物馆开始对移民文化进行保护和展示，如2001年，由犹太建筑师设计的纪念柏林犹太人历史与文化的博物馆（Jüdische Museum Berlin）向公众开放，并成为原柏林博物馆的组成部分。德国还注重移民文化的研究和探讨，举办了"移民历史遗产保护：德意志联邦共和国需要移民博物馆"论坛。柏林的世界文化博物馆还曾经组织过德国"主流文化"和各移民文化之间的"多元对话"，普鲁士文化遗产基金会的国家博物馆则注重移民起源的研究。

2. 公共文化机构为难民提供基本文化服务

据半岛电视台网站统计，2015年，德国接纳了超过110万名难民；2016年年初，又有超过5.1万名难民在德国登记。大量难民的涌入给德国的政治和社会带来前所未有的挑战，也给德国的融入政策带来巨大压力。除了要为难民提供语言学习、教育培训外，迫切需要解决的是多元社会的文化冲突。这两年进入德国的难民大多为中东和北非的穆斯林，其中青年男子占很大比例。穆斯林文化与德国的传统文化存在较大的差异，而这种差异恰恰是社会冲突甚至暴力犯罪的诱因。长期以来，德国社会一直在为难民的融入做着各种努力。

（1）城市社区开设难民"融合课程"。联邦政府支持在城市社区开设针对难民和移民等外来人口的"融合课程"，课程内容主要包括德语、德国社会的基本情况以及基本的就业、生活、学习技能等，其中生活技能部分涵盖了文化信息素养和社会文化教育等多个方面。联邦政府还为女性难民、青少年难民、老年难民等特殊人群提供专题课程。成年难民在完成至少660个学时、青少年难民在完成至少960个学时的课程学习后，可参加课程结业考试，获取"融合课程结业证书"（Zertifikat Integrationskurs），以便在移民、就业等方面获得优先权。德国联邦移民和难民署（Federal Office for Migration and Refugees）成立专门的评估委员会（Evaluation Commission），对课程进行监管和评估。根据德国联邦移民和难民署网站的统计，仅2015年就有近20万名移民和难民完成了课程学习，多集中在德国中西部城市和地区。

（2）公共图书馆为难民提供服务。在德国境内，各地公共图书馆在原有服务的基础上专门提供了针对难民的基本服务。据歌德官学院网介绍，柏林公共图书馆是全德国首个为难民提供免费借阅证的图书馆，难民无需经过移民和难民署的许可即可自由办理图书馆借阅证，并能享受与柏林市民同样的公共阅读服务。不来梅城市图书馆和埃朗根城市图书馆为难民提供德语学习机，以方便难民进行德语学习；杜伊斯堡城市图书馆和格拉绍城市图书馆的馆员为难民提供多语种服务，以减少交流障碍；莱比锡城市图书馆定期为难民提供一系列阅读和交流活动，将图书馆打造成为难民的文化体验、语言学习、知识交流空间；马格德堡城市图书馆定期组织儿童难民参与图书馆活动，并分享和交流自己对家乡的记忆；科隆各公共图书馆都专门为儿童难民提供学习课程和课外活动，并配备有专门的导师对儿童难民进行辅导；慕尼黑国际青年图书馆为难民提供创客空间；汉堡城市图书馆组织当地志愿者对难民进行德语课程辅导。德国国家图书馆网站还声明，德国境内的难民可享受与德国公民基本相同的公共阅读服务。

第二节　公共文化服务社会化发展

公私合作模式（PPP）和文化机构/组织私有化，是目前德国公共文化服务社会化发展的明显趋势。虽然德国当前的大部分公共文化机构尤其是国家级剧院、博物馆等仍然以国家投入和运营为主，并将之视为加强国家"上层建筑"、增强文化认同的重要手段，但近年来，由于联邦政府和地方政府都面临较为严重的财政压力，导致全国范围内掀起了一场降低政府财政负担的改革。在这一背景下，联邦政府和地方政府对公共文化设施、项目运行管理的直接投入越来越少，转而通过各种方式鼓励和邀请包括各类社会团体、个人甚至商业组织在内的社会力量参与公益性文化事业。[①] 借助社会力量兴办公益性文化事业的做法，在规模相对较小的文化机构中运用广泛。

一、公私合作促进公共文化服务社会化发展

现阶段，德国公益性文化机构和文化活动承接主体多元化，有许多非营利文化组织、机构、协会、俱乐部、民间团体和个人等"第三方"来参与承接由政府投资的文化机构的管理运营，并在政府与文化机构之间设置类似于英国"文化理事会"的中介机构。这类中介机构由文化艺术专业人士组成，负责政府与文化机构之间的沟通。德国"一臂之距"的文化管理模式在政府与社会之间寻求一个权力的平衡点：一方面指导文化机构保证政府文化政策的实施，另一方面在保持文化机构自由独立运行的情况下接受监督。现在，公益性文化事业领域公私合作比较著名的机构有莱比锡的巴赫档案馆（Das Bach-

---

① 樊鹏：《文化与强国：德国札记》，112 页，北京，清华大学出版社，2015。

Museum Leipzig)、波恩的贝多芬故居(Beethoven-Haus Bonn)、马尔巴赫的德国文学档案馆(Deutsches Literaturarchiv)、法兰克福的歌德博物馆(Goethehaus Frankfurt)、纽伦堡的德国艺术与文化国家博物馆(Germanische Nationalmuseum in Nürnberg)等，这些机构能够从联邦政府和各州市政府获得足以保证其基本运营的财政补贴。

从责任主体看，社会机构承担的是政府的委托责任，公共文化机构发展的责任仍然由政府各个部门承担。将公共文化机构的运营职责转交给社会机构的做法主要存在于联邦和各州层面，市一级的公共文化机构仍从属于政府的文化行政管理部门。[①] 据欧洲文化政策网站介绍，当前，德国文化事业公私合作领域的政策支持主要包括：促进首都柏林地区文化机构的发展，支持德国的文化外交活动，优化利用各类政府文化基金会的资金和项目，支持版权和税收方面的政策和法律制定，加强对文化艺术从业人员的保障，支持文化艺术从业人员自主创业，促进文化教育和文化创意产业发展，提高文化资产、文化设施的使用效率，扩大市民对文化的参与，推动文化多样性、文化交流，促进多元文化和谐共存，注重文化基础设施的建设。

德国的所得税法规定，以促进公共事业发展为目的的捐赠可以减免一定比例的税收，在特殊情况下，公共文化活动和非营利性活动免收增值税。减免税政策鼓励了私人资金的进入，近年来，德国文化领域私人资金与公共资金的投入比例基本为1：4。[②]

二、注重提升民众文化消费水平

德国文化政策还注重从需求层面提升民众的文化消费能力。为了提高低收入者、年轻人和儿童的文化消费、文化参与程度，德国各州均采取了一些行之有效的措施。

德国第一家文化共济会于2009年在马尔堡建立，为低收入者提供免费欣赏公共文化演出和参与公共文化活动的机会。马尔堡文化共济会的做法很快被柏林、汉堡、德累斯顿、哥廷根、吉森等城市效仿，甚至一些农村地区也通过这种做法来支持当地的低收入者参与文化活动。[③] 如北莱茵-威斯特法伦州的"文化背包"项目，州政府每年为该项目提供300万欧元，支持10～14岁的儿童参与文化活动，帮助儿童获得演出和文化机构的低价或免费门票。在德国各类文化消费中，戏剧和音乐为主要消费项目(见图4-1)。据德国DOV网站统计，在不来梅和汉堡，戏剧和音乐类文化消费分别占到了文化消费的48.3%和48.4%；在柏林，戏剧和音乐类文化消费占到了市民所有文化消费的52.3%。此外，根据德国联邦统计局网站《2014文化财政年鉴》(Kulturfinanzbericht 2014)，2005—2012年间，德国每个家庭每年用于文化娱乐方面的开支从2 787欧元增长至2 940欧元，其中电视、网络、戏剧、电影这四大类文化消费项目的增幅最大，

---

① 樊鹏：《文化与强国：德国札记》，114页，北京，清华大学出版社，2015。
② 李庆本、吴慧勇：《欧盟各国文化产业政策咨询报告》，110页，郑州，大象出版社，2008。
③ 联文：《德国：针对性政策为文化创意产业护航》，载《中国文化报》，2016-07-18。

7 年间达到 20%～30%。虽然德国家庭文化消费的总额在增加，但文化消费占每个家庭年度总支出的比例从 2005 年的 11.6% 下降至 2012 年的 10.6%（见图 4-2）。德国政府提升民众文化消费水平的另一重要杠杆就是税收。德国对大多数文化产品实行 7% 的增值税率，以减轻文化消费者的经济负担。[①]

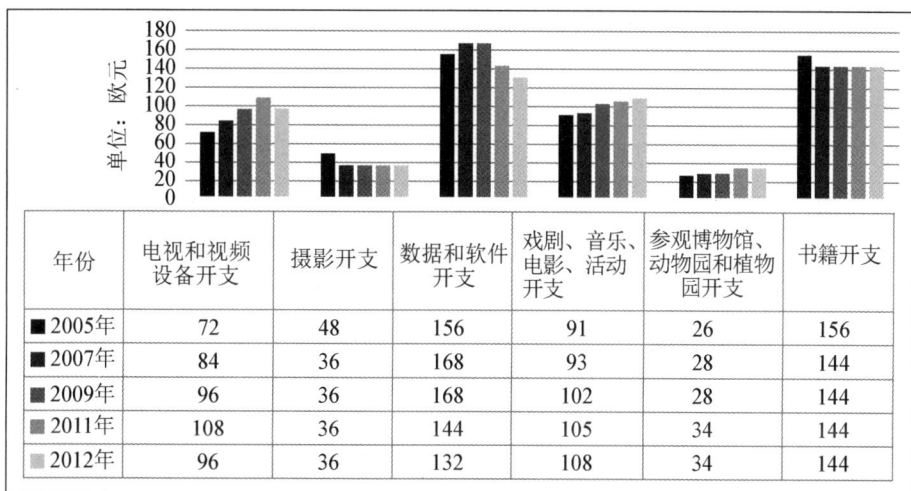

年份	电视和视频设备开支	摄影开支	数据和软件开支	戏剧、音乐、电影、活动开支	参观博物馆、动物园和植物园开支	书籍开支
■ 2005年	72	48	156	91	26	156
■ 2007年	84	36	168	93	28	144
■ 2009年	96	36	168	102	28	144
■ 2011年	108	36	144	105	34	144
□ 2012年	96	36	132	108	34	144

单位：欧元

图 4-1　2005—2012 年间德国家庭部分文化消费开支金额

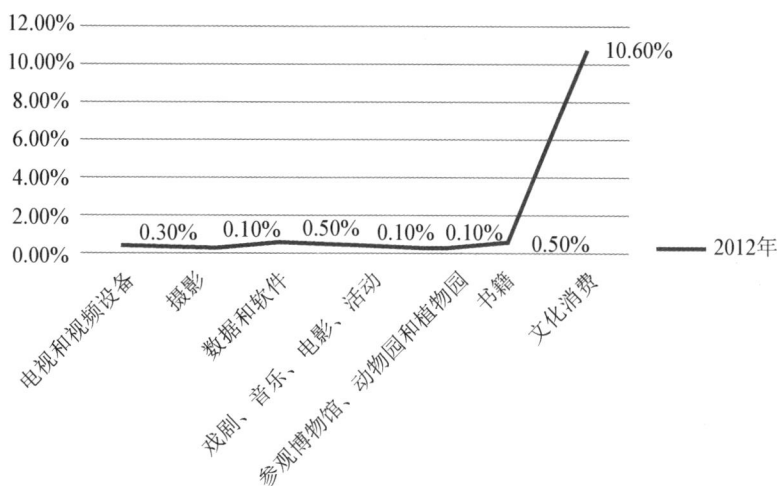

图 4-2　2012 年德国家庭部分文化消费开支占家庭当年总开支的比例变化情况

三、文化基金会

德国的文化基金会主要分为国家基金会和私人基金会两类，其中，国家基金会又

---

① 联文：《德国：针对性政策为文化创意产业护航》，载《中国文化报》，2016-07-18。

包括具有和地方合作性质的州际文化基金会(Kulturstiftung der Länder)和具有联邦性质的联邦文化基金会(Kulturstiftung des Bundes)，这是两类最重要的以国家资金建立、具有非营利性的大型文化基金会。

自第二次世界大战以来，德国私人基金会以每10年增长一倍的速度发展，在德国文化生活和文化体制中扮演着十分重要的角色。

(一)联邦文化基金会

1. 联邦文化基金会

20世纪70年代，联邦德国首次提出应当以普鲁士文化遗产基金会为参照成立国家级的文化发展基金会。2000年，德国首任国家文化事务国务秘书提出了建立联邦文化基金会的建议，以在正规财政预算外支持文化项目，且不破坏各州的文化自主权。联邦文化基金会最终于同年3月21日成立，成为联邦政府的独立机构。基金会章程明确提出，其任务是为促进联邦、柏林、波恩的文化和其历史有关项目的实施，这些领域是联邦政府的职责，不属于各州的文化范围。

联邦文化基金会成立后，成为联邦政府层面促进文化艺术发展的一个重要机构，其资助范围主要包括两方面：一是一般性计划项目。基金会根据阶段发展的需要设定重点主题，推出相应项目，如著名的德语文学在线(Litrix.de)就是该项目之一。二是创新性文化项目。联邦文化基金会如今已发展成为欧洲最大的文化基金会之一。

2. 普鲁士文化遗产基金会

德国最早具有文化基金会性质的机构是成立于1957年7月25日的普鲁士文化遗产基金会(Stiftung Preußischer Kulturbesitz，SPK)，它是第二次世界大战后联邦德国文化政策的产物，其宗旨是保护和传承普鲁士王国的建筑、艺术品、档案和图书馆遗留物，包括柏林国家博物馆、国家图书馆、普鲁士国家机密档案馆等。基金会的首要任务是将第二次世界大战后四处散落的藏品重新汇集到柏林。20世纪90年代以来，基金会对柏林博物馆进行了总体规划和修缮。

据普鲁士文化遗产基金会网站介绍，普鲁士文化遗产基金会设监督委员会、执行委员会和咨询委员会。监督委员会负责拟定基金会的工作原则和路线，划定重点资助领域，审核基金会资产管理以及年度资金使用等几乎所有重大的事项。监督委员会由来自6个方面的14位成员组成：政府方面包括文化与传媒事务专员，外交部代表1名，财政部代表1名；议会方面包括联邦议院代表；各州方面包括由各州教育和文化部门联席会议任命的联盟代表，代表各州的意见；以及各自治市的代表2名，州际文化基金会主席，由联邦政府任命的2名长期从事文化艺术事业的杰出代表。执行委员会由监督委员会任命，成员包括一位艺术总监和一位执行总监。执行委员会负责基金会的日常运作，执行监督委员会的意见和项目规划，同时向监督委员会提出中期预算等。经监督委员会2/3的成员同意，可以罢免执行委员会的任何一位成员。咨询委员会主要由活跃于各艺术领域的杰出人员组成，由监督委员会任命，监督委员会通常会委托各专业协会或组织推荐合适的人选。咨询委员会主要就基金会的发展和项目运作向监督委员会和执行委员会提供各种专业意见和论证。

(二)地方文化基金会

首都柏林的地方文化基金会最为活跃。2000 年，由柏林各区联合发起，成立了专门负责公共文化领域各类专项财政拨款的区文化基金会（Bezirkskulturfond），该基金会的成立被认为是促进区公共文化和公共文化服务的必要措施，它在大力促进柏林公共文化的整体发展、提升首都地区文化软实力方面起到了不可替代的作用。政府文化基金年均用于公共文化发展的预算约 51 万欧元，由区地方文化咨询委员会和评审委员会来决定经费分配。

区文化基金会是推动区公共文化服务发展的重要抓手。以米特区文化基金会为例，其给予单个文化艺术项目的资金支持可达 1 万欧元，资助项目和类型具有形式丰富、覆盖面广的特点。除了对首都文化基金会的项目进行更进一步和具体的资金支持、项目拓展、效果保障之外，区文化基金会的另一重要职责就是负责推动和发展区内公共文化服务领域的薄弱项目、资助欠发展的公共文化艺术类型、弥补区内公共文化服务的"短板"，致力于在全区范围内构建全面发展、共建共享的公共文化服务体系。

此外，据柏林市政府网站介绍，长期支持和促进米特区公共文化发展的还包括联合文化和教育部门促进区公共文化艺术教育的文化教育项目基金（Projektfonds Kulturelle Bildung），发展区域内欧洲文化、发展和团结欧盟成员国区域文化的欧洲基金会（Europäische Fonds）等，区公共图书馆也成立了推动文学、写作、阅读发展的柏林作家基金会（Berliner Autorenlesefonds）。它们在文化、教育、社会发展等众多领域推动着米特区、柏林甚至整个德国的公共文化发展，为国家和地区公共文化服务能力的提升提供资金支持、项目保障，为地区公共文化的发展提供长久的可持续动力。

在德国，除了州际文化基金会和联邦文化基金会这两类具有国家机构性质的文化基金会外，还有一些重要的补充性私人文化基金会。私人基金会有独立的法律地位，目前的法律将私人基金会定位为"合法且值得信赖"。

私人基金会在欧洲和德国具有悠久的历史。两德统一后，许多私人基金会开始与新政府一道大力援助民间文化基金会工作。不同于纯粹的国家文化基金会这种"公权力"部门形式，私人基金会通常由数个出资者共同成立，其中往往有一个是政府部门。例如，德国古迹保护基金会（Deutsche Stiftung Denkmalschutz）就是同时整合了政府与民间的资金和力量，以私人基金会的法律形式存在。它作为最有效率的中间人，在古迹保护工作上发挥了很大作用。以不来梅的格哈德·马克思基金会（Gerhard Marcks Stiftung）为例，这一基金会是德国最古老的私人基金会之一，起源于三位德国艺术家在 20 世纪 60 年代想为自己的作品和收藏找一个永久保存之地。1968 年，他们决定将自己创作和收藏的最重要的作品都托付给一个非营利组织——一个与不来梅美术馆和不来梅自由市有关的青年基金会。如今这一基金会已经发展成为不来梅地区最重要的私人文化基金会，对地区文化事业发展作出了杰出贡献。

四、公共文化服务社会化管理运行案例

(一)德国社会文化中心的"一臂之距"管理运行模式

1. 基本情况和服务理念

自 1970 年起，联邦德国开始在城市社区、郊区和农村陆续建立社会文化中心(Soziokultureller Zentren)。据德国社会文化中心网站统计，截至 2016 年，德国境内有 470 个社会文化中心，50％分布在有 10 万以上人口的城市。该网站同时介绍，社会文化中心秉承"文化来自大众，服务大众"(Kultur von allen, fur alle)的宗旨，服务对象涵盖不同年龄、不同社会阶层、不同族裔的人群，重点为儿童、青年人、残疾人以及中老年人提供公共服务，服务内容包括戏剧、音乐、文学、舞蹈、电影、视觉艺术等。许多社会文化中心还专设残疾人辅助康复诊所、老年人看护家园、儿童和家庭辅助室、图书室、电子阅览室等，提供丰富的公共社区活动。其服务理念可归纳概括为以下几点：让更多的人参与和享受文化表演，挖掘和激发其文化艺术潜能；为文化艺术爱好者和专业从业人员提供课程教育和学术交流；搭建涵盖文化、艺术、教育等的综合性大文化平台；提供项目和活动，促进文化多元化发展。

社会文化中心在社区层面走向综合，提供各类公共服务，早已成为开展公共文化服务活动的重要场所。德国许多地方的社会文化中心如今已经成为当地居民、俱乐部、社团交流的公共空间。从中心的硬件来看，一般都有舞台，有为临时性文化项目安排的空间，也有社区家庭庆祝活动场地。据欧洲文化交流协会网站统计，每年约有 2 400 万名德国人参加社会文化中心的活动，使之成为德国公共文化体系的重要组成部分。该网站还显示，德国从 2011 年起将每年 10 月 24 日定为"社会文化日"(Tag der Soziokultur)。

2. 社会化管理运行模式

根据德国社会文化中心网站的介绍，社会文化中心是德国在全国范围内建立的由国家投资、社会组织"一臂之距"管理运行的公益性文化机构网络。图 4-3 显示了社会文化中心管理运行模式，以及如何通过该网络建立起与国家机构、公共财政之间的关系。社会文化中心在各联邦州设有地区工作站，每个工作站有若干会员负责综合协调本区域内社会文化中心的工作。联邦层面设有一个非营利性质的社会文化中心联邦协会(Bundesvereinigung)，总部在柏林，协会管理者由地区工作站会员选举产生。该协会负责社会文化中心的政策协调、信息通报等工作，更重要的是通过德国文化咨询委员会(Deutscher Kulturrat)获得文化与传媒事务委员会的政策扶持和公共财政资金。[①]

德国文化咨询委员会成立于 1980 年，是德国各类文化艺术团体的总协会，由中央

① 樊鹏：《文化与强国：德国札记》，117～118 页，北京，清华大学出版社，2015。

财政补助，但机构运作完全独立。该组织代表了全德范围内 234 个文化艺术社团，其任务为整合各类型文化艺术团体的意见和政策诉求，并代表这些团体同文化与传媒事务委员会进行沟通。社会文化中心联邦协会就是该组织的会员之一，截至 2015 年，该协会有近 90％的资金来源于联邦政府与所在地方政府的公共资金的资助。[①]

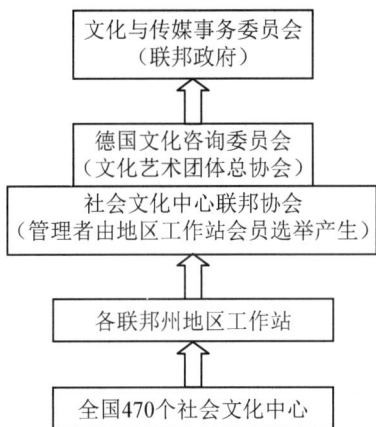

图 4-3　社会文化中心管理运行模式图

(二)汉诺威街头艺术：社会力量参与公共艺术

1970 年开始于汉诺威的街头艺术活动，是政府积极促成公众参与公共艺术的尝试。在政府放手之后，这种尝试在公众的推动下形成了一种新的艺术生态。虽然这种艺术生态下的公共艺术在发展的过程中伴随着争议，但正是由于政府、艺术家和公众这三股立场不同的力量之间的摩擦，最终打磨出汉诺威区别于其他国家主导城市公共艺术发展的公共艺术形态。[②]

1. 艺术从业人员提议型的公共艺术发展模式

公共艺术项目中的艺术工作者，主要指与项目执行者对接的从事艺术行业的专业人员，包括具体策划者、设计人员、创作者等。艺术工作者的角色主要是根据项目发起机构的要求，策划具体事宜或申请参与公共艺术项目，进行艺术创作。公共艺术不仅是公共空间的艺术品，更要与空间、大众产生互动。在汉诺威，艺术从业人员提议型的公共艺术发展模式是指由艺术家团体、机构发起并提议，经过国家机构采纳并保障实施的公共艺术项目，也有民间机构接受艺术工作者提议并赞助的公共艺术项目。这一模式的产生与艺术工作者及团队的切身利益关联度高，同时也要求相关机构有较强的社会责任意识及参与提高和改善城市的公益心。

---

① 樊鹏：《文化与强国：德国札记》，117～118 页，北京，清华大学出版社，2015。
② 陈迪：《公共艺术的公众参与机制研究——以汉诺威街头艺术活动为例》，硕士学位论文，中央美术学院，2016。

2. 企业捐助型的公共艺术发展模式

在汉诺威的街头艺术活动中，捐赠也是公众参与活动的方式之一，其以艺术作品和兴建文化机构为主，以民间机构和企业最为活跃。一般是民间机构根据国家的奖励性政策法规的规定和自身的工程项目捐出一定比例的金额，或在作品创作方面对公共艺术活动进行资助。例如，汉诺威巧克力公司曾多次对街头艺术活动进行捐助，包括购置艺术品捐给市政府，还和汉诺威艺术协会筹资成立了博物馆。

第三节 大都市与转型城市的公共文化服务

一、柏林的公共文化服务

柏林是德国的首都，根据柏林统计机构网站统计，柏林面积 891.1 平方千米，人口 363.4 万(2018 年)，来自 186 个国家的移民生活在这里，国内生产总值约 1 366 亿欧元(2017 年)。历史上，柏林是普鲁士王国(1701—1870)、德意志帝国(1871—1918)、魏玛共和国(1918—1933)、纳粹德国(1933—1945)的首都。第二次世界大战结束后，柏林被一分为二，1961 年修筑的柏林墙(Berliner Mauer)彻底将东柏林和西柏林割裂开，直至冷战结束，东西德统一。两德统一后，柏林通过文化来复苏城市生机，以文化和创意之城而著称。据统计，2015 年有 2 万多名专业艺术家生活在柏林，16 万多人从事着地区文化创意及相关领域的工作。无论从文化、政治、传媒还是科学领域来看，柏林都称得上是世界级的文化大都市。发布在柏林城市发展网站上的《柏林 2030 城市发展规划》(*Stadtentwicklungs-konzept Berlin* 2030)中，提出要充分利用首都地区现有的博物馆、图书馆、剧院、旅游景点、历史文化遗迹、文化中心等公共文化和教育资源，考虑各区居民人种、国别和信仰的差异，在保证基本公共文化服务供给的前提下，通过整合资源、新建设施、改造旧址等措施，提升公共文化服务的覆盖率和辐射范围。

(一)公共图书馆服务

据统计，柏林共有 88 家公共图书馆(含公共阅读室、移动图书馆等)，年均图书借阅 2 300 多万册次，年人均图书借阅达 6.81 册次(见表 4-3)。公共图书馆全年共计举办 6 400 余项活动，包括儿童读书节、谈话、阅读、展览等。公共图书馆作为重要的教育资源和平台，尽可能地鼓励青少年提高阅读能力、培养阅读兴趣、使用图书馆资源，这也使得图书馆成为柏林最富有教育和文化气息的公共文化机构之一。全市公共图书馆的近 200 名工作人员(含兼职)为了给读者提供更好的服务，也在继续提高专业知识技能。同时，每年都不断地有信息学、图书情报专业的年轻人投入图书馆这项事业中，充实和壮大着柏林的公共图书馆。

表 4-3　2010—2012 年柏林公共图书馆、书店及书籍出版情况

项目	数量
公共图书馆	88 家
年均图书借阅	2358 万册次
年人均图书借阅	6.81 册次
书店	245 家
年均书籍出版	93 124 册

柏林市民可以在区图书馆总馆借阅艺术作品,在雨果·海曼图书馆(Hugo Heimann Bibliothek)借阅年轻人所热衷的音乐、游戏等。全市最大的有声电子图书馆菲利普·谢弗图书馆(Philipp Schaeffer Bibliothek)是公共图书馆的一个重要补充。此外,共有 69 个互联网中心为市民提供图书馆网上服务,公共图书馆也实现了 Wi-Fi 全覆盖,以方便读者使用网络。同时,柏林各公共图书馆一直积极与学校、早教机构等各类教育机构开展合作,提供阅读和识字辅导等服务,成为教育教学资源的一个重要补充。在德国文化国务部、柏林州中心图书馆(Zentral-und Landesbibliothek Berlin, ZLB)、柏林 12 区及欧盟的支持和促进下,柏林公共图书馆设施和服务得到极大改善,德国 voebb 网站 2016 年发布的数据显示其年均接待读者 900 万人次,40 多万人登记注册了图书馆的各项服务。公共图书馆服务已经成为这座城市不可或缺的文化生命力之一。

1. "学习岛":青少年、儿童的社区学习中心

柏林城市发展网站介绍,"学习岛"是由社区与当地公共图书馆、学校图书馆及相关组织合作,在社区中设立的针对青少年、儿童的小型学习中心,以帮助他们的课外学习,激发他们的学习兴趣和探索精神。"学习岛"紧密围绕学习和阅读开展活动,是一种能够有效地在社区这样一个生活区域范围内推广阅读、帮助学生课外学习的模式。

柏林市政府网站介绍,一些公共图书馆还为社区学生提供作业辅导服务。如 Helene-Nathan 图书馆提供从小学至高中的课后作业免费辅导服务,报名的学生由社区居民调查委员会(Bewohnerbefragung)来分配组别,每一位图书馆员负责辅导 6 名学生的课后作业。据统计,约 90% 的学生为移民,由于语言和学习能力的差异而需要此类课后辅导。这些学生可以从柏林"社会城市基金"(Soziale Stadt)中获得额外的奖励和补助。此外,公共图书馆还开设了诸多针对学龄前儿童、学龄儿童的"亲子中心"和"视听说自学中心"(Selbst-Lernzentrum),提供一些培养学龄儿童良好学习习惯、增进家长与孩子沟通的项目。

2. 为成年人提供语言学习和就业指导

柏林首都功能核心区米特区与图书馆合作,为社区的成年人提供"继续教育学习"(Volkshochschule Berlin Mitte)项目,重点为希望进一步深造的成年人提供语言学习课

程。"继续教育学习"项目配备有相应的"导师",以一帮一或一帮多等模式,灵活地为前来参加学习的成年人提供学习指导。如 Luisenbad 图书馆有运作得相对较好的"跟我说"(Talk to me)语言课程,为许多希望继续学习的年轻人提供了宝贵的知识财富。此外,"继续教育学习"项目还帮助居民尤其是移民提高人际交往技巧和口头表达能力,以使他们更好地融入社会,同时指导他们如何提高工作效率,增强工作能力,并为他们提供就业指导。

(二)博物馆、美术馆深入社区、走进生活

根据 SMB 网站统计,柏林拥有 421 家美术馆、158 家博物馆和 42 家各类展览馆,联合国世界遗产 3 处,共展出 7 000 多位艺术家的作品,年到访人次排名前五的博物馆和美术馆访问量总和达到 470 多万人次(见表 4-4),奠定了柏林国际艺术和文化之都的地位。柏林美术馆(Berlinische Galerie)、汉堡火车站当代艺术博物馆(Hamburger Bahnhof Museum for Contemporary Art)、KW 现代艺术机构(KW Institute for Contemporary Art)、柏林两大艺术社团 NBK 和 NGBK 等文化艺术机构都积极通过一系列高质量的文艺鉴赏活动,不断致力于柏林公共文化艺术事业的发展。

表 4-4　2010—2012 年柏林博物馆、美术馆和文化遗产情况

项　　目	数量
国家级博物馆	18 家
其他类博物馆	140 家
美术馆	421 家
年到访人次排名前五的博物馆和美术馆访问量总和	4 718 729 人次
每日到访人次排名前五的美术展访问量总和	1 653 人次
联合国世界遗产	3 处
其他历史文化遗址	8 689 处

同时,文化事务部不仅提供政府财政支持,还提供文化参考咨询和市场服务,一定程度上促进了私人博物馆的发展,根据柏林国家博物馆网站统计,其数量在逐渐增加。博物馆、美术馆为柏林市民提供了内容丰富、形式多样的活动项目。

1. 老年人服务项目

柏林公共博物馆与社区和德国工会开展一项名为"交友中心"(AWO-Begegnungszentrum)的项目,免费为留守老人提供服务,包括传统的医疗、健康锻炼(游泳、跑步)、餐饮等服务,还有城市旅行、博物馆参观、景点游览等项目,着力从精神文化角度为老年人提供健康服务,以提升他们的生活满意度。

2."博物馆之夜"

"博物馆之夜"(Lange Nacht der Museen)活动为市民和游客提供了一段参观博物馆的特殊旅程:从晚上 6 点至凌晨 2 点,只要乘坐博物馆任一专线大巴车,便可以根据

当晚的线路依次参观沿途的博物馆、美术馆、画展和博览会。柏林市政府网站介绍，1997年第一届活动举办时，只有12家博物馆加入此项目；2014年第17届活动举办时，加入"博物馆之夜"的博物馆、美术馆、画展和博览会数量已达到170家，提供的公共文化服务内容甚至包括了音乐会、表演欣赏、阅读、绘画体验、看电影等。活动的举办使柏林各博物馆、美术馆等文化机构的访问量得到了很大的提升。

3. 纪念馆

犹太人纪念馆(Denkmal für die ermordeten Juden Europas)占地19 000平方米，馆内记录了所有已知被纳粹迫害的犹太人的名字。柏林也以展览和教育等多种形式来悼念第二次世界大战中被杀害的犹太人。柏林墙纪念馆(Berlin Wall Memorial)是为纪念1989年柏林墙倒塌而建立的，该馆使用了许多先进技术。如参观者可以免费下载应用程序"柏林墙"，通过"柏林墙互动地图"获取智能导游。该应用程序已经被广泛用于德国国民教育，并于2011年和2012年分别获得了德国国家广播电视台和当代波茨坦研究中心颁发的国家"政治奖"(Politikaward)和"教育传媒大奖"(Bildungsmedienpreis)。

丰富的文化艺术和创意活动是柏林文化能享誉世界的重要支撑。世界文化城市论坛网站显示，柏林年均举办大型音乐舞蹈类活动111场、戏剧表演6 900多场、节庆活动96场，184.5万人次参加了各类文化艺术活动，公共文化服务覆盖人群比例达40%。各种文化活动极大地带动了柏林文化旅游产业的发展。

二、鲁尔区的公共文化服务

(一)鲁尔区公共文化服务的基本情况

鲁尔工业区(Ruhr Industrial Base)位于德国西北部的北莱茵-威斯特法伦州，面积4 400平方千米，现有人口540万，其中有60多万移民和外来人口。

19世纪的鲁尔区是煤炭和钢铁的重要生产基地，区内城市密集，人口达570万，占全国人口的9%，核心地区人口密度超过每平方公里2 700人。区内5万人口以上的城市有24个，其中埃森、多特蒙德和杜伊斯堡人口均超过50万。20世纪60年代开始，联邦德国煤炭、钢铁工业遭遇了严重的经济危机，鲁尔区约90%的煤炭、钢铁工厂倒闭。麦迪逊邦网站显示，20世纪70年代，鲁尔区开始调整工业结构，发展第三产业，优化生态环境，注重通过文化创意产业来带动地区文化复兴，提升地区的整体文化实力。据欧盟官网统计，截至2011年，鲁尔区全区53座城市共拥有约100座音乐厅、200座博物馆、120个剧院、100个文化中心、250个节庆活动、19所大学、1 000个工业纪念遗址、3 500处工业遗迹，约有文化创意公司1.3万家、7万多名从业人员。到2015年，鲁尔区的文化产业群已有企业4.6万家、雇员15.7万人，年销售额达320亿欧元，成为一个充满文化艺术活力的大都会。

(二)以"欧洲文化之都"为契机，促进文化发展

欧洲文化政策网站介绍，埃森及其所在的鲁尔区作为一个整体当选2010年"欧洲

文化之都"，以此为契机，鲁尔区提出了"改变，通过文化——文化之中的改变"（Change through Culture-Culture through Change）的文化发展口号，打造"多中心的文化都市新格局"，使其从一个煤钢工业基地转型为具有"欧洲文化之都"光环的现代城市。鲁尔区主要采取了以下做法。

1. 产业结构转型，助力城市文化建设

鲁尔区对原有的煤炭、钢铁产业实施技术改造，并通过改建、合并、转让等多种形式整合煤炭、钢铁企业。为配合城市环境和文化氛围的营造，鲁尔区还十分重视生态修复，以改善投资环境。首先，成立环境保护机构，在法律上作了严格规定；其次，在技术上采取严密措施，建立回收有害气体装置，在主要河流上建立了完整的供水系统和污染净化系统；最后，开展植树造林，美化环境，建立大量风景优美的产业园区，吸引企业落户。[①]

为了更好地谋划未来鲁尔区的产业升级与城市功能转型，北威州政府发起实施了"未来鲁尔"倡议，这是该州历史上首次出台一个跨部门、跨城市的地区发展战略。该战略提出了鲁尔区产业升级与城市功能转型的方向，确定了"创意代替计划"的理念和"知识密集型产品与服务决定鲁尔区的未来"的思路，并制定了从教育政策到经济政策再到基础设施政策的综合性配套政策，力争将鲁尔区打造成为欧洲的主要创新中心之一。

鲁尔区还非常重视高科技发展和产学研结合。20世纪60年代以来，鲁尔区先后建立了一批高校和科研机构，大公司普遍建立自己的科研机构，并重视中等专业技术学校建设。在政府资金支持下，鲁尔区几乎所有城市都建有技术开发中心。同时，鲁尔区十分重视技术的市场化建设，所有高校和研究机构都有技术转化中心。据麦迪逊邦网站描述，鲁尔区已成为德国重要的信息技术中心之一。

2. 打造城市博物馆群

鲁尔区利用当选2010年"欧洲文化之都"这一契机，将更多文化内容注入老工业基地之中，从而赋予了旧工业区新的文化生命力，推动了社会、经济结构和城市空间的同步发展。经过改造，废弃的工厂没有成为城市锈迹斑斑的伤痕，而是被州政府成功地与本地的文化产业联系在一起，改造成为景观公园、休闲娱乐场所，或工业博物馆、文化艺术与设计中心等。据麦迪逊邦网站统计，2016年鲁尔区有近200家博物馆，鲁尔区艺术博物馆网站还以图片的形式对它们进行了标注，包括啤酒、当代艺术、工业、历史博物馆等。鲁尔区观光旅游机构网站介绍，埃森的"关税同盟煤矿工业区"（Welterbe Zollverein）这个世界上最大的煤矿工业基地变成了联合国教科文组织的"世界文化遗产"，拥有德国最大的煤矿工业展示展览馆、工业遗址、360°鲁尔区全景展示等。麦迪逊邦网站介绍，它全方位、多角度地展示了鲁尔区的发展和演变历史。在鲁尔区还形

---

① 杨忠武：《德国鲁尔：从煤钢工业基地到欧洲文化之都》，载《中国改革报》，2010-07-08。

成了工业遗址旅游之路（Route der Industriekultur），覆盖了 25 个工业旅游景点、6 个国家级博物馆、13 个工业小镇，以及一条 700 公里的自行车骑行道。

3. 建设德国最大的工业专业图书馆

鲁尔公共图书馆（Bibliothek des Ruhrgebiets）收藏了大量德国重工业、矿业和能源、世界工人运动研究、社会运动史、社会学以及 19 世纪和 20 世纪的经济和历史等书籍，是德国最大的工业专业图书馆。除了书籍，鲁尔公共图书馆还拥有丰富的 17 世纪和 18 世纪工业发展历史特藏和珍贵文献资料。波鸿大学网站介绍，设立在鲁尔公共图书馆的鲁尔研究中心档案馆（Documentation Centre of Research for the Ruhr）能够在线免费向公众提供工业发展、社会运动、矿业、重工业、诗文集、专著、杂志等电子资源。

4. 多城互动，丰富文化活动

鲁尔区的公共文化活动由鲁尔区地方文化办公室（Kultursekretariat）统一安排。

（1）音乐节。鲁尔区每年举办上百个音乐节，著名的有鲁尔钢琴音乐节（Klavier-Festival Ruhr）等。根据鲁尔区地方文化办公室网站统计，作为"世界上最重要的钢琴音乐节之一"，鲁尔钢琴音乐节在 3 个月的时间内要举办近 80 场活动。围绕音乐活动，音乐节委员会每年能够获得大约 100 万欧元的资金支持。麦迪逊邦网站介绍，在位于鲁尔区的德国第七大城市多特蒙德，有 100 多个爵士乐团，每年定期举办爵士音乐节、电子音乐节。此外，鲁尔经典音乐、赫恩老音乐节、杜伊斯堡"梦想时光"音乐节、奥德赛公路音乐节等都是鲁尔区吸引大量市民参与的公共艺术节。

（2）戏剧节。麦迪逊邦网站介绍，鲁尔区在一年四季举办不同主题的戏剧节，并以工业遗址作为戏剧表演的"天然舞台"。同时，许多城市十分注重培养下一代人对戏剧的传承和发展。鲁尔区的第一座儿童剧场建立于 2006 年。哈根专门为在校学生和年轻人设立了"年轻的舞台"（Junge Bühne Hagen）戏剧项目，为他们提供一个培养文化艺术兴趣和展示自我的平台。

（3）狂欢节。麦迪逊邦网站介绍，狂欢节基本上每个季度一场，每场持续 3 个小时，能吸引约 2 万名当地市民参与。每个季度的狂欢节都有不同的主题，包括文学、宗教、艺术等，且鲁尔区内不同城市之间互派人员和节目进行交流，增加城市、区域之间的文化互动。其中，工业文化之夜（Die Nacht der Industriekultur）是世界上最大的工业文化节，在鲁尔区 20 个城市、48 个活动场地同时举行。

【本章小结】

德国的文化政策遵循在联邦体系基础上的权力分散、权力下放和多样化原则。由于德国是移民大国，多元文化的保存、发展、和谐共处成为德国文化事业需要不断思考和探索的命题，大量难民的涌入也给德国的政治和社会带来前所未有的挑战。因此，让更多的人参与和享受到公共文化服务，让公共文化服务惠及更多国民，促进不同民族、宗教、文化背景的人的和谐共生，是德国公共文化服务的核心使命。

德国文化部门和公共文化机构针对移民群体和难民群体制定、设计了一系列政策和服务项目。面向移民群体的服务项目有德国移民中心建设，德国博物馆对移民文化的保护和展示，移民文化研究等；面向难民群体的服务项目有城市社区"融合课程"，图书馆为难民提供形式多样、内容丰富的针对性服务等。这些服务项目增进了德国主流群体对移民、难民文化的了解，为特殊群体融入德国社会创造了条件。德国面向特殊群体的公共文化服务理念和方式，对我国公共文化服务中的特殊群体服务有启发意义。

德国的公共文化服务社会化发展有自身特色。政府和社会力量合作建设公共文化设施，政府通过文化共济会促进文化消费，联邦政府和地方政府普遍建立促进文化发展的基金会。社会文化中心的"一臂之距"管理运行模式，汉诺威街头艺术的成功实践，对当今我国公共文化服务的社会化发展实践具有启发意义。

柏林的公共文化服务，代表了国际化大都市的较高水平。鲁尔区以"欧洲文化之都"为契机、以文化为引领的城市转型发展的实践，为老工业区的产业结构调整、发展转型提供了样板。

【本章思考题】

1. 德国促进公共文化服务社会化发展的主要做法有哪些？对我国的启发和借鉴意义主要体现在哪些方面？

2. 德国社会文化中心的管理运行模式有什么特点？

3. 与德国首都柏林的公共文化服务相比，我国一线城市的公共文化服务的优势和差距主要表现在哪里？

4. 思考和总结鲁尔区以"欧洲文化之都"为契机、以文化为引领促进产业结构调整、城市转型发展的经验。

第五章　法国公共文化服务

法兰西共和国(République Française)，简称法国，是一个本土位于西欧的半总统共和制国家。国土总面积 54.9 万平方公里，总人口 6 712 万。2017 年国内生产总值 2.58 万亿美元，人均 3.85 万美元。[①]

法国是著名的文化大国，法兰西民族是一个崇尚艺术、热爱自由的民族，在长期的历史发展过程中，文化和艺术成为法兰西国家形象的重要代表。大革命时期，即使是在动荡的政局下，法国也没有忽视对文化的关注，先后设立了国家档案馆、国家图书馆和中央艺术馆三个重要的文化机构。1959 年，法兰西第五共和国戴高乐政府首次颁布了关于成立文化事务部的法令，任命安德烈·马尔罗为文化事务部部长，这标志着法国政府从之前仅仅依靠设置在教育部之下的美术处来对文化事业进行单一、零散的监管和资助，转向了构建系统的公共文化管理体制和政策体系，法国开始有了"完整的文化政策"。此后的法国历届政府均非常重视文化事业的发展，认为应该把文化权利作为一项基本福利赋予法国公民，使人人都能平等进入文化机构、平等参与并享受文化产品及其服务。经过五十多年的发展，法国形成了"公共投入为主，国家扶持、地方支持、多方合作"的文化发展模式，各级政府共同出资，协商制定目标，以契约方式保证目标的实现，促进了文化事业的繁荣与发展。[②]

法国的公共文化服务有较为完善的法律政策保障。宏观来说，法国的公共文化服务有宪法做后盾。虽然目前法国并没有一部关于文化的综合性法律，但针对文化专门领域的立法却为数不少，大体涉及图书馆、博物馆、表演艺术、文化产业、文化遗产等 25 个领域，也有专门针对某一具体文化部门的法律，涉及视觉艺术、应用艺术、表演艺术、文化遗产、文学、建筑等多个部门。法国的公共文化服务从总体上看，体现了注重服务创新和国际化发展的特点。

[①]　数据参见国家统计局编：《中国统计年鉴(2018)》，北京，中国统计出版社，2018。

[②]　张敏：《"法国模式"应对金融危机下的文化事业》，载《法国研究》，2010(1)。

第一节　管理体系与管理特色

一、文化管理体系

法国在中央政府层面设立了专门的文化通信部（Ministry of Culture and Communication，MCC），对全国的文化艺术事业进行管理。根据欧洲文化政策网站的介绍，其主要职责包括制定文化政策与法规、编制年度文化预算、管理和使用文化经费、保护文化遗产、管理国家重点文化设施与团体、促进艺术创作与文化普及、开展国家文化交流等。其组织架构如图 5-1 所示。

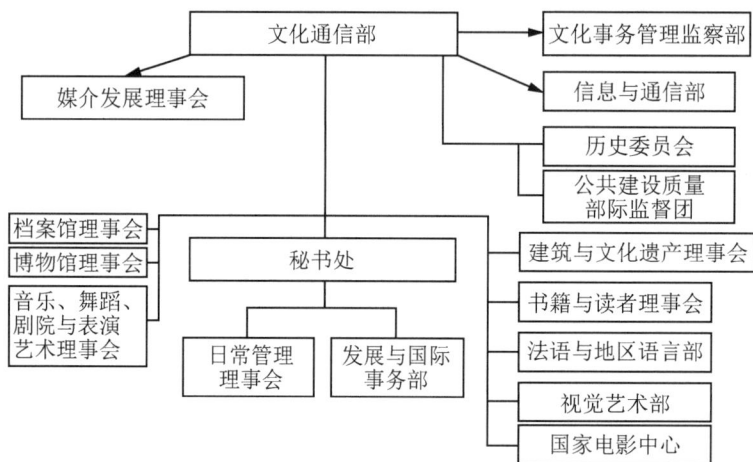

图 5-1　法国文化通信部组织架构图

另外，文化通信部还设有直属文化事业单位（Cultural Institutions under National Jurisdiction）和国家公共事业单位（Public Institutions of the State）两类事业机构，加强与辅助其文化管理与服务职能。直属文化事业单位直接附属于文化通信部管理中心，其功能是在全国范围内进行文化管理、技术研发、生产供给文化产品、提供文化服务与活动等，有国家档案馆、研究与修复中心、国家建筑与文化遗产图书馆等。国家公共事业单位是在国家监管下的文化事业机构，拥有独立的法律地位、管理权与财政权，有国家博物馆、国家艺术中心、国家研究院、国家艺术学校等。

法国的行政区划按照层级分为 13 个大区、96 个省、322 个省区、1 995 个县，以及 36 529 个市镇。人口最多的三个市镇（巴黎、马赛、里昂）又划分为市区——巴黎 20 个、马赛 16 个、里昂 9 个。从 20 世纪 60 年代末开始，文化通信部在各个大区逐步设立与其相对应的文化主管部门，称为大区文化事务管理局（Direction Régionale des Affaires Culturelles），归属中央派驻各大区的最高行政长官区长（Préfet）领导，具体事务则由文化通信部负责，以监督地方政府落实国家文化政策法令，促进地方各项文化事业的发展。其机构组成和文化通信部类似，也分设文化遗产、建筑、博物馆、音乐、戏剧等各部门，负责本地区文化艺术事业的创作、生产、推广和培训等，工作人员为政府公务员编制。大区文化事务管理局下又分设省文化事务管理局（Direction Départementale des Affaires Culturelles），职责包括落实政府的文化政策、协调政府和地方的关系、制定地方文化发展规划、管理文化经费、组织和监督文化活动与服务的开展等。省以下的文化单位则由各地方政府自行决定机构设置、人员和经费情况。

文化通信部及其下属的大区文化事务管理局和各省的省文化事务管理局形成了纵向的、有层次的管理体系。在此基础上，各市镇的文化官员或文化机构根据自己的特点和民众需求，开展各种文化活动，活跃市民文化生活，形成了生机勃勃、富有特色的市镇文化氛围。市镇文化的蓬勃发展，为法国成为文化大国提供了坚实的基础和源源不断的活力。这一层层递进的金字塔体系不仅有利于文化通信部所设立的各种规范、标准得以最大限度地实施，为文化事业的发展提供科学、专业的指导和支持，也使得文化通信部和地方行政区划单位——大区、省、市镇在文化领域的沟通更加顺畅和便利，有利于保护和发扬地方的文化创意，为法国文化事业的发展不断注入新鲜血液。

二、文化管理特点

(一)采取集中管理方式

法国政府并没有像英国、美国那样通过中介性质的非政府组织进行文化管理与经费投入，而是直接由文化通信部统筹全国文化事业发展，建立从中央到地方的文化管理部门，对重点文化设施、骨干文艺院团和艺术院校等机构直接管理和拨款，也对一些重要文化活动直接提供资助。在法国，卢浮宫博物馆、凡尔赛宫博物馆、国家图书馆、公共信息图书馆、蓬皮杜国家文化艺术中心、巴黎国家歌剧院、国家舞蹈中心等机构均直属文化通信部管理，建筑学院、巴黎国家高等音乐舞蹈学院、国家高等戏剧艺术学院、国家高等装饰艺术学院、国家高等美术学院等院校也均归文化通信部直属。公益性文化事业机构和文艺院团所需经费完全或大部分由政府负担，中央政府财政拨款可占到巴黎国家歌剧院等主要国家院团的总收入的 $66\%\sim80\%$ 不等。[①]

(二)实行文化分权政策

法国也存在文化发展不平衡现象。法国著名的文艺团体均集中在巴黎，如巴黎国家歌剧院、法兰西喜剧院、国家交响乐团等。国家重要的文化活动大部分在首都举行，

---

① 卢娟：《国外政府文化资助模式及对中国的启示》，中华人民共和国文化和旅游部网站，http://www.mct.gov.cn/whzx/bnsj/zcfgs_bnsj/201112/t20111206_821540.htm，访问日期：2021-04-14。

这里的国际性文化交流活动也很频繁。相比之下，外省的文化设施和文化活动相对较少，有些地区缺少必要的文化设施，群众文化生活也不够活跃。除了巴黎和外省的文化发展不平衡外，城市和乡村、市区和郊区的文化发展也体现出不平衡的特点。大部分文化设施建在城市，市区居民比郊区居民有更多的参与文化活动的机会。为改变这种不平衡，法国于1983年制定了《地方分权法》(*Law of Decentralisation*)，以立法形式推进文化分权政策。所谓文化分权政策，就是将文化活动、资金和设施分散到全国各地，而不是集中在巴黎。希拉克总统于1995年上任不久便宣布了两项重要决定：在他任职期间，一是不在巴黎开工大型文化工程，二是把文化经费提高到国家财政预算的1％。随后文化通信部也宣布了两条重要措施：一是十年内政府2/3的文化投资用于外省，二是重要的文化设施大部分建在外省。同时，还加快了地方分权步伐，把职责和经费分散到大区中的地方部门，加强中央与各级地方政府间的合同式协作，从而使地方政府管理2/3的国家文化投资。法国政府的目标是努力实现三个平衡：巴黎和外省的平衡、城市和乡村的平衡、市区和郊区的平衡，以使生活在各地的公民都有平等享受文化生活的权利。[①]

(三)政府投入比重较大

法国政府始终认为，如果不能保证文化领域的财政预算，即便把文化权利写入宪法，也只是一纸空文。因此，法国历届政府都坚持为文化发展提供较为充足的资金保障，对一些国家文化机构、团体以及与国家有合同关系的文化团体，每年给予固定额度的补贴。法国政府对文化的资金投入比例较高，这在西方国家当中是不多见的。在国家财政预算中，文化投入多年稳定在1％左右[②]，2017年为1.1％[③]。即使在法国经济发展较为缓慢的时期，文化通信部的经费预算也没有减少。

(四)以契约方式进行目标管理

法国政府对资金和项目的监管不是通过简单的行政手段，而是通过签订文化协定的契约形式，这也是法国文化管理的特点之一。中央政府在为文化建设提供经费的同时，与相关部门和文化机构签订了各类合同，如与大区政府签订的合作计划合同、与直属文化事业单位签订的国家项目合同、与文艺院团签订的演出契约合同等。政府利用多种形式的合同，对其资助的部门、单位和机构、团体进行契约式监管，以确保投入经费的使用效果，实现政府的管理目标。

---

① 苏旭：《法国文化》，13页，北京，文化艺术出版社，2001。

② 卢娟：《国外政府文化资助模式及对中国的启示》，中华人民共和国文化和旅游部网站，http://www.mct.gov.cn/whzx/bnsj/zcfgs_bnsj/201112/t20111206_821540.htm，访问日期：2021-04-14。

③ 数据来源：2016年法国国家财政预算报告(*LE BUDGET DE L'ÉTAT VOTÉ POUR*，2016)。

第二节　文化法律体系与财政补助政策

从 16 世纪起，法国就形成了王室扶持资助艺术家和艺术创作的传统。在长期的历史发展中，文化成为法兰西国家形象的重要代表。尽管关于文化的内涵、文化的政治化以及文化政策的目标和可行性的讨论层出不穷、难有定论，但是在法国人看来，扶植和保护文化事业的发展是政府不可推卸的责任。

1959 年 7 月 24 日，法兰西第五共和国政府首开先河，颁布了关于成立文化事务部的法令，标志着在文化领域，政府从以前单一、零散的资助扶持转向构建系统的管理体系。经过几十年的发展，法国的文化政策形成了鲜明的特色，这就是以中央和各级地方政府的公共投入为主导，鼓励社会性文化资助和文化产业发展，以保障和促进文化的多元化发展，实现文化享有的社会平等，以文化促进社会融合。这一具有法国特色的文化政策被称为"法国模式"，以区别于欧洲其他国家的文化政策模式，更与美国"无为而治"的管理模式相对应。

一、文化法律体系

法国与公共文化相关的法律比较多，总共分为三个层次：一般立法、文化立法和部门立法。一般立法如宪法、税法、社会保障法、劳动法等，是每个部门制定规范/标准的依据；文化立法是针对文化领域的立法，如对档案、电影、视觉艺术和文化产品的立法；部门立法则主要是针对某一个具体部门制定的法律，如视觉艺术和应用艺术部、文化遗产部等。

(一)一般立法

一般立法即法国的基本法律，适用于各个领域。根据欧洲文化政策网站的介绍，1958 年 10 月 4 日颁布的《法兰西第五共和国宪法》(*Constitution of the 5th Republic*)是法国的根本大法。宪法规定"公民享有平等的获得教育、职业和文化的权利"，这是每个公民都能平等、自由地享受到法国及国外优秀文化成果的根本保障。

税法的适用具有普遍性。在法国，所有商品和服务的正常税率为 19.6%，文化领域享受税收减免的优惠，如图书、数字和音视频艺术作品的增值税降至 5.5%，出版和印刷业以及艺术表演团体前 140 场演出的增值税降至 2.1%，海外演出则降至 1.05%。针对现代艺术领域还有一个更进一步的优惠条款：如果购买了当代艺术家的原创作品，20 年后就可以减免等于当初作品价格的税款，前提是购买者需要向公众公开展示购买的作品。

针对艺术家和作家，法国从 1977 年 1 月 1 日起开始实施一种专门的社会保障政策：在他们从事工作第二年的年末，就可以享受到同带薪工人一样的社会保障金。艺术家和作家多为自由职业者，长期以来社会保障水平较低，这一政策本质上是为文化艺术创造者解除了后顾之忧。

(二)文化立法

法国目前还没有涵盖文化领域各方面内容的综合性法律，其文化立法主要是针对文化领域的具体方面，涉及图书馆、博物馆、表演艺术、文化产业、艺术教育、版权、文化遗产等 25 个领域，如《文化遗产法》《博物馆经费法案》《保护及修复历史遗迹法》《古迹保护法》《法国国家图书馆政令》《公共图书馆法》《法定呈缴本法》《著作权法》等。这些分门别类的文化立法，对促进各个领域发展起到了积极作用。

(三)部门立法

部门立法主要是针对某一具体文化艺术部门制订的法律，目前主要涉及视觉艺术、应用艺术、表演艺术、文化遗产、文学、建筑等。最具有代表性的是艺术领域的《百分之一艺术法令》，规定为了加强对音乐、戏剧和视觉艺术的扶持，每个新建、改建和扩建的文化设施项目需将建设经费总额的 1% 用于设施建造的艺术作品。《百分之一艺术法令》于 1951 年生效，为了确保法令的落地，政府还专门成立了"百分之一艺术委员会"(1% for Arts Commission)。

二、公共财政补助政策

在文化事业经费投入方面，法国强调文化的特殊性，强调文化建设的社会价值远远高于经济价值，坚持以公共财政投入为主，尽量使文化事业的发展免受经济市场化的影响。具体来说，法国对于文化事业的财政投入分国家和地方两级，主要实现方式是：在国家层面，中央政府先对文化通信部进行财政预算拨款，再由文化通信部对首都和其他大城市的重要文化设施和文化活动给予财政拨款；在地方层面，各大区、省和市镇政府通过文化事业专项预算，对本地区的一些重要文化设施和文化活动提供财政支持。

中央政府财政投入分为"文化"和"媒体与文化产业"两部分，前者主要用于公益性文化领域和机构，后者则主要用于文化产业范畴。近年来，由于欧债危机、国内财政赤字等因素的影响，中央政府文化经费投入呈下降趋势。根据法国国家财政预算报告，2014 年法国国家财政预算支出分配中，公共文化和文化产业的份额在所有领域中分别排在第 21 位和第 26 位，属于中下游水平。2014 年法国国家财政预算总支出为 4 073.68 亿欧元，其中公共文化服务的支出为 25.89 亿欧元，文化产业的支出为 8.11 亿欧元，分别占预算总支出的 0.64% 和 0.2%。两者相加占预算总支出的 0.84%，而 2012 年和 2013 年的这一比例分别是 1.07% 和 0.98%。[①]

---

① 数据来源：2012、2013、2014 年法国国家财政预算报告。

第三节　图书馆博物馆服务创新发展

一、公共图书馆服务

(一)设施、资源、保障与服务创新

法国早在1945年就建立了相对完善的图书馆管理体制，成立了图书馆与阅读管理局，负责管理国家图书馆、大学图书馆、各省外借图书馆和一些重要的公共图书馆。法国还有大学图书馆馆长联谊会和法国图书馆员协会等5个专业性协会。法国的许多公共图书馆是根据1803年1月28日的法令设立的，该法令规定将原来的中心学校图书馆划归城镇所有，由此产生了第一个全国性公共图书馆网络。第二次世界大战以后，法国图书馆事业快速发展，公共图书馆建筑面积每10年翻一番，许多地区建立了公共图书馆总分馆体系，如巴黎公共图书馆体系就有86个分馆。大致说来，公共图书馆的经费约80％由地方政府提供、约20％由中央政府提供。法国的公共图书馆的藏书较为丰富，总量为4 500万册，共有手稿16万件、古版书9 158册和16世纪出版的图书7万册。最重要的公共图书馆有第戎、图卢兹、特鲁瓦、格勒诺布尔和里昂等市的市立图书馆，馆藏超过50万册的公共图书馆有10个。法国的公共图书馆由市政当局建立并管理，全国共有1 000多个。在2万人以上和1万人以上的城镇中，分别有99％和93％建有公共图书馆。仅在巴黎市区内，就有108个面向公众开放的图书馆，包括81个公共图书馆和27个大学图书馆。公共图书馆80％～90％的经费由各级政府提供，其他经费来源包括公司或个人捐助、办理借书卡所交的少量费用、经营网吧或咖啡馆的收入、租借投影仪和复印机等设备以及举办一些培训获得的收入等。

流动图书馆服务是法国的一道风景线。早在1921年，法国就建立了第一个汽车流动图书馆。1981年，在文化管理部门的支持下，每一个省都购置了流动图书车，从而使图书馆服务的触角延伸到乡村、山区和牧区。法国在省一级设有外借中心图书馆，这类图书馆一般不接待个人借阅，馆内不设阅览室，主要是利用流动图书车等为设在乡村地区的服务网点配送图书。以阿尔代什省外借中心图书馆为例，它只有采编室和车库，看不见阅览室和书库，依靠一辆辆装饰漂亮的流动图书车送书下乡，还通过组织作家访问、举行音乐会和主办展览等活动使乡村文化生活变得更加丰富多彩。近年来，流动图书馆服务不断创新，出现了蓝色流动图书馆、婴幼儿流动图书馆、艺术流动图书馆和音像流动图书馆等多种类型的专题服务。例如，蓝色流动图书馆专门为老年人提供阅读服务，或是送书上门，或是请老年人到车上听音乐或上网；音像流动图书馆专门提供视听服务，配有CD、唱片和磁带2万多种，由一位懂音乐的馆员管理。法国的流动图书馆服务形式多样、内容丰富、方式创新，深受公众欢迎。

(二)打造社会"第三空间"

法国的图书馆体现了向公共文化活动空间发展的趋势。在巴黎周边几个比较新的卫星城,公共图书馆都与剧院、展览馆或音乐厅等文化设施建在一起,强化了公共文化服务的综合吸引能力。图书馆正在朝工作场所和家庭之外的社会"第三空间"方向发展,在传统的图书借阅服务之外,大力拓展读书会、研讨会、展览和培训等服务形态。在这个公共空间里,有专门供人交流、畅谈的地方,可以使用手机,也可以吃东西,甚至可以玩电脑游戏。这种更加开放的服务趋势正在变为图书馆服务的常态。

2014年6月在巴黎东南郊落成开放的克雷泰伊图书馆是一个典型案例。这个图书馆占地4 400平方米,藏书14万册,有可随时上网的电脑84台。建筑物采用透明设计,力求模糊内部和外部之间的区别。图书馆有音乐室,配有数字钢琴,可以戴耳机使用。图书馆组织形式多样的活动,包括阅读、电脑运用、学习编织篮子、从事胶刻、制作幻灯片以及举办音乐会等,还有支持就业和扫盲的团体,与当地有关部门合作开展工作,社区诗歌爱好者和知名诗人同台朗诵、切磋交流。图书馆还配有咖啡馆,这里甚至常常被青少年"占领"。克雷泰伊图书馆馆长表示,"图书馆的使命是教人们如何成为好公民,提高鉴赏能力,选择适合自己的休闲活动,与他人一起参与社会生活"。在离克雷泰伊10千米的巴黎二十区,路易丝·米歇尔图书馆于2011年对外开放,有15名馆员。这个图书馆被誉为"社会融合典型",馆长说,他们最引以为豪的是,这里不仅有丰富的藏书,还有美丽的公共花园和社区居民自己经营的电影院。图书馆认为,其首要目标是将自身打造成居民生活中心,图书馆员应首先把自己当成社会工作者。

二、博物馆服务

法国是一个博物馆大国,博物馆不仅数量众多,而且在文化和社会生活中扮演着重要角色。其中具有较大影响力的主要是公共博物馆,隶属于国家或地方政府。各类民间协会或者私人所有的博物馆也为数众多。依据2002年1月4日颁布的《法国博物馆法》,获得国家承认并享有"法国博物馆"称号的公共博物馆共有1 218个。

法国的公共博物馆诞生于法国大革命时期。19世纪初期,以卢浮宫为代表的法国公共博物馆成为共和政体文化的窗口、艺术和审美的园地、自由和平等观念的摇篮。19世纪,法国许多重要城市都纷纷建立了博物馆。第三共和国时期,甚至把博物馆看作"另一种形式的教育"。20世纪中叶,随着第五共和国的成立,公共博物馆的制度化和体系化得到加强。20世纪70年代末以来,法国公共博物馆迎来了大发展。根据文化通信部的统计,2009年,1 000多个公共博物馆共接待了5 619.7万名参观者,仅卢浮宫的参观人数就突破了800万。

(一)多角度满足参观者需求

随着经济全球化的发展,踏进博物馆大门的参观者往往来自不同国家。调查显示,外国游客占卢浮宫参观人数的 70%，占凡尔赛宫参观人数的 80%，其中中国人占比越来越高。参观者的日渐多元化要求博物馆必须提供多样化、多角度的服务，以满足参观者的不同需求。如卢浮宫发现，远道而来的游客参观时往往直奔最著名的展品，如油画《蒙娜丽莎》和雕塑《米洛斯的维纳斯》等，这一现象在团体游客或家庭游客中更为常见。伴随着外国参观者的增多，对博物馆的语言翻译、礼品商店、餐厅和休息空间提出了新的要求，因为许多参观者都是一早入馆后便待上一整天。调查还显示，博物馆参观者的平均年龄在下降。例如，奥赛博物馆的参观者 30% 在 26 岁以下，卢浮宫的参观者一半在 30 岁以下。这些新变化都要求博物馆必须提供相适应的服务，多角度满足参观者需求。

(二)数字产品研发与数字空间建设

近年来，法国的公共博物馆加速推出数字产品、打造数字空间，让参观者在步入大厅前就有机会把博物馆信息加载到智能手机或平板电脑上。卢浮宫与日本 DNP 公司合作，1998 年就开始研发"卢浮宫网络空间"(Cyber Louvre)，之后对卢浮宫藏品进行图像存档、研发能够高清拍摄卢浮宫藏品的录像设备、建设卢浮宫的外文官方网站等。特别值得一提的是，"卢浮宫—DNP 博物馆实验室"结合 DNP 尖端的信息图像处理系统，有效地将博物馆藏品展示与解说系统相结合，使博物馆、艺术品和参观者之间形成无缝对接关系，创造了数字时代的智能化随机讲解系统。

第四节　公共文化的国际传播

法国既是历史文化大国，也是具有重要国际影响的大国，其文化外交卓有成效。法国是最早有意识地将文化手段付诸外交的国家之一，在世界各国推广法国文化，提高法国文化影响力，积极运用软实力思维，加强与世界各国和地方政府间的文化交流与合作，通过其文化外交战略不断拓展影响范围，并形成显著特点。

一、理念与政策

(一)对外政策与文化要素结合

早在 17 世纪，法国已经将文化要素纳入外交考量之中。时任宰相黎塞留及其继任者马萨林有意识地指派一些人文学者或文化名人担任法国驻外大使，如此一来，他们既可以借助自己在文化领域的知名度更好地提升法国的形象，又可以在对外沟通和交流时采取更加灵活的手段以弥补或缓和强硬政治可能带来的消极结果。有学者认为，法国真正开始推行现代意义上的文化外交政策，始于 1959 年法国著名作家安德烈·马尔罗出任戴高乐政府第一任文化事务部部长。马尔罗当时提出，文化事务部的职能不应局限于负责国内文化事务，也应包括海外的文化事务。如今，法国已在全球建立起一个由文化机构和文化中心、法语联盟、学术机构组成的庞大的文化网络。截至 2010 年 3 月，法国在全球 92 个国家设立了 145 家文化机构和文化中心，开展了各种形式、丰富多彩的文化活动。

(二)政府主导与社会参与结合

法国以国家名义资助和推动文化发展的传统一直延续至今，并逐渐树立起国家作为文化事业管理者的形象。法国政府在构建文化软实力方面的主导作用主要体现在两方面：在国内，通过财政拨款、出台法律规范、制定保护政策等措施，由文化通信部实际运行文化事业的管理职能；在国外，依托于驻外使馆和文化机构，特别借助于为推广和传播法语而在国际上建立的文化交流平台，开展对外宣传工作，落实对外文化交流项目。

与此同时，经济全球化极大地丰富了参与者的种类，个人、企业、团体、机构、非政府组织等越来越频繁地活跃在国际舞台上，成为法国对外文化传播和交流的积极参与者。以 2005 年为例，在法国外交部和文化交流部的对外文化传播框架内，5 000 家艺术机构和公司在近 140 个国家和地区开展了 1 500 多个文化项目。

(三)继承传统与鼓励创新结合

构建文化软实力有两个非常重要的条件：一是拥有丰富的文化资源，二是保证资源的可持续利用。前者取决于国家所掌握的文化资源以及发扬和继承传统的能力，后者则取决于国家补给和吸收新的文化营养的能力。从文化传统的角度看，法国无疑蕴藏着巨大的文化宝藏。自 12 世纪以来，法国就因其在艺术、文学、哲学、思想乃至美食领域的瑰丽色彩而吸引了来自全世界的目光。法国在保护和传承文化遗产方面所做的努力，从文化通信部和外交部这两个主要负责文化传播工作的政府部门近 20 年来所推行的一系列文化政策中可见一斑。

法国文化通信部自成立以来，便将扩大艺术和建筑遗产以及增加当代新创作品作为重要任务之一，并为此实行了若干特殊政策。虽然在不同时期政策的名称有所不同，但其实质和目标是一致的。20 世纪六七十年代，出现了"文化行动"的概念，"文化之家与文化行动中心"(Les Maisons de La Culture et Les Centres d'Action Culturelle)应运而生。20 世纪 70 年代初，代之以"文化发展"的概念，旨在将文化融入每个人的生活中，也就是要求国家必须保证每个人都有运用文化的权利。自 20 世纪 80 年代开始，"文化发展"成为文化通信部推行整体文化政策的基石，主要表现在三个方面：第一，所有艺术文化学科都被纳入文化发展的考量范围；第二，开展跨部门合作，特别是与负责农业、教育、青年和体育、家庭、司法、旅游等事务的政府部门合作，使文化要素遍布国家参与活动的各个领域；第三，与地方行政机构开展合作，加强地方行政机构在推动文化活动上的职能作用。

在"文化发展"的背景下，法国文化通信部积极推动文化的多样性发展，相关政策主要涉及以下几个方面：支持发展中国家的文化发展；鼓励和引导艺术机构、艺术公司在世界各地开展文化项目；通过开办文化活动在法国国内提高外国文化的接受度；继续提升对法语的宣传；为来法国求学的外国学生提供更好的服务；通过国际研讨会的形式积极促进法国参与思想讨论；继续提高法国艺术创造和艺术遗产在国际上的知名度；加强视听领域（影视、音乐）的对外宣传活动等。文化多样性已成为法国构建文化软实力的政策核心，也得到了国际社会的普遍认可。这一政策本身就体现了法国继承传统与鼓励创新结合的特点。

二、机制与模式

法国对外文化合作行动的开展，借助的是其在全球的庞大文化传播网络。经过长期打造，法国如今已成为拥有最完善的对外文化传播渠道的国家。法国的国际文化合作推广机制架构可以用"一部三网"进行概括："一部"指外交部（MAE），"三网"指遍布全球的文化行动合作处（SCAC）、法国文化中心（Institut Français）以及法语联盟的传播网络。法国政界曾用"无与伦比"来形容该系统，并把其视为维护法国"文化大国"地位的基本工具。

为推进国际文化合作交流的顺利开展，在外交部的领导下，该系统主要进行了两方面的改革。

(一)政府职能的强化

外交部在推动法国对外文化合作进程中起主导作用。从 1909 年开始，法国政府在外交部设立专门的文化推广机构，先后进行了 7 次改革。法国驻外使领馆下属的文化行动合作处是在目标国实施文化合作策略的行动者。目前，在 163 个与法国建立双边外交关系的国家中，设立文化行动合作处的就有 161 个，员工总数超过 6 000 人，构成了法国政府在海外推进文化合作的基础网络。文化行动合作处的主要职责之一是负责文化合作项目的设计、组织和实施，并着重从五方面展开：(1)在了解地方文化行为主体的前提下，发现对方的需要及意愿，以发掘更多潜在的合作领域；(2)为合作双方的接洽提供便利，创造合作的机会，并保证合作双方的质量和实力；(3)邀请当地文化界的知名人士、节目编导、文化传播者及文化产品管理者访问法国，为他们精确选择项目进行对接；(4)寻找合作的共同视角，以增进合作的一致性；(5)积极与地方政府沟通，获得对合作的支持。可见，作为外交部的海外行动网络，文化行动合作处注重发展与当地文化团体及政府的互动关系，积极寻找文化合作契机，以推进法国与目标国文化互动的持续深入开展。

(二)合作机制下的推进

作为法国对外文化传播行动的主导者，外交部注重与其他相关政府部门的紧密协作，并与这些部门保持频繁的沟通与联系。文化通信部凭借其在文化领域的专业性，成为对外文化合作行动战略制定的重要参与者，并在海外项目的管理及发展规划的设计方面发挥积极作用。为配合外交部的海外行动，文化通信部还为文化网络的拓展提供编制职位及资金支持。在合作机制下，以外交部为主导的各政府部门的行动得以有步骤地协同进行。

作为法国对外文化合作的"新行动者"，法国文化中心可视为新时期法国文化对外宣传系统合作机制下的产物。该中心成立于 2011 年，受外交部的领导及资助。文化通信部和教育部是中心的合作伙伴，参与其发展目标及行动计划的制定，并协助一些项目的实施。根据 2011 年 2 月的统计，法国文化中心巴黎总部的员工数量约为 160 人，其中 99 人来自法国文化协会、40 人来自外交部、10 人左右来自教育部、10 人左右来自文化通信部。为提升文化合作的专业性与有效性，法国政府把与文化传播相关的 4个部门联合起来，使其能够相互协作、各施所长，形成合力。截至 2018 年，在全球约100 个国家和地区建有 98 个法国文化中心，且和世界上近千家法语联盟有紧密合作关系。

三、活动与品牌

在文化外交与对外文化传播的过程中，法国通常采取"双边"和"多边"两大策略。具体说来，"双边"策略主要指借助与目标国文化机构的合作进行文化传播。在众多"双边"合作模式中，教育合作及文化季/年活动是两种主要形式。"多边"策略主要指联合国际组织组成政治及文化共同体，在该共同体内不断强化法国文化的地位。

（一）文化节庆活动

作为"双边"策略的一个重要构成，法语文化节庆活动近二十年来在全球蓬勃发展，取得了很好的效果。该活动一直秉承对多元文化的尊重，以双向举办的方式进行。从2001 年开始，法国每年都与一国或多国共同互办文化季/年活动，并将其作为一项文化外交的长期策略。2001—2015 年，法国先后与韩国和克罗地亚（2015 年），越南（2014年），南非（2013 年），克罗地亚（2012 年），爱沙尼亚（2011 年），俄罗斯（2010 年），土耳其（2009 年），芬兰（2008 年），亚美尼亚（2007 年），泰国和韩国（2006 年），拉脱维亚和巴西（2005 年），冰岛、中国和波兰（2004 年），阿尔及利亚（2003 年），捷克（2002年），匈牙利（2001 年）互办文化季/年活动，合作伙伴以主要集中在东欧、南美及东南亚的第三世界非法语国家为主，这和法国"走出法语世界，增强对新兴经济体的文化传播力"的策略相一致。

进入 21 世纪，法国开始重视对华文化节庆活动的开展。2004 年 10 月至 2005 年 9月，在中国举办了"法国文化年"活动，作为在法国举办的"中国文化年"活动（2003 年10 月至 2004 年 7 月）的后续。"法国文化年"是法国在华举办的第一次大型文化活动，被认为是"两国文化交流史上的创举，对两国关系的发展具有深远影响"。法国前总统希拉克曾用"紧密、多样和堪称典范的对话"来形容中法两国的文化年活动。"紧密"指两国合作机制的紧密，表现在组织方式的双向互动；"多样"指合作内容和形式的多元和新颖，表现在丰富的表演形式及两国文化融合催生的新艺术形态；"典范"指活动取得巨大成功，可作为当今国际文化合作行动的经典案例。可见，集合了众多文化艺术形态且具有良好的视听效果和极强感召力的文化节庆活动，已成为新时期法国文化合作及推广的重要载体。

(二)与国际组织的合作

在"多边"策略的实施过程中，法国善于借助与国际组织的合作，在更广阔的平台推广法语及法语文化。合作的组织分为两类：法语世界组织及全球性组织。前者如法语国家国际组织(OIF)、法语国家大学联合会(AUF)及法语国家市长协会(AIMF)等，后者如联合国教科文组织(UNESCO)及国际奥委会(IOC)等。

作为世界上影响力最大的两个文化组织，联合国教科文组织和国际奥委会均与法国有着千丝万缕的联系。法国推动了联合国教科文组织的创立，并促成其总部落户巴黎。国际奥委会由法国人顾拜旦(Coubertin)于1894年创立，总部一开始位于巴黎，后来由于战争原因迁往瑞士的法语区洛桑。由此可见法国人在国际文化合作交流上的前瞻性。为增强在全球的文化传播力，法国一直积极参与联合国教科文组织的国际合作项目，旨在促进形成广泛合力，巩固和提升法国文化的国际地位。

【本章小结】

法国对文化事业的管理理念、体制与英美等国家有所区别，具有集中、统一的特点。法国的文化法律体系较为完善，文化发展由政府主导，以公共财政支持为主。针对地区间文化发展不平衡问题，法国通过立法形式推进文化分权政策，将文化活动、资金和设施更多地部署到薄弱地区，给地方政府以更多的促进文化发展的自主权。

法国的公共文化服务整体水平较高。图书馆服务体系较为完善，流动图书馆服务内容丰富、方式创新、独具特色。法国是博物馆大国，博物馆适应经济全球化带来的参观者变化，改进服务，增强针对性、提高适用性；博物馆与现代科技融合发展，开发数字产品、建设数字空间，体现发展的时代趋势。

法国的文化建设与发展高度国际化。政府重视文化的对外交流合作，秉承对外政策与文化要素结合、政府主导与社会参与结合、继承传统与鼓励创新结合的理念，形成了"一部三网"的文化合作与交流机制，文化行动合作处、法国文化中心和法语联盟遍布全球，打造出了多个文化交流品牌。法国的文化国际传播策略对我国在构建人类命运共同体的时代背景下更好地促进公共文化服务的国际交流与合作，具有参考借鉴价值。

【本章思考题】

1. 法国的文化管理体制、文化发展理念与政策和英美等国家有什么不同？对我国有什么启发和借鉴意义？

2. 法国为什么实行文化分权政策？怎样理解和认识法国文化发展由政府主导与文化分权政策的关系？

3. 深入研究和思考法国的流动图书馆服务、博物馆智能化随机讲解系统的创新之处。

4. 总结法国政府推动文化国际化发展、强化文化国际传播的理念、政策、机制和措施，思考其对促进我国公共文化服务的国际交流与合作的借鉴意义。

第六章　北欧公共文化服务

北欧本指北欧五国，即芬兰、瑞典、挪威、丹麦和冰岛，此外还包括 3 个地区，即法罗群岛、格陵兰、奥兰。北欧国土面积共 130 多万平方公里，总人口 0.27 亿（芬兰 551.1 万、瑞典 1 006.8 万、挪威 528.2 万、丹麦 577 万、冰岛 34.1 万）。2017 年国内生产总值 1.54 万亿美元（芬兰 2 519 亿美元、瑞典 5 380 亿美元、挪威 3 988 亿美元、丹麦 3 249 亿美元、冰岛 239 亿美元），人均 30.1 万美元（芬兰 45 703 美元、瑞典 53 442 美元、挪威 75 505 美元、丹麦 56 308 美元、冰岛 70 057 美元）。[①] 从地理位置上看，冰岛地处北大西洋中部，脱离了欧亚大陆板块，与其他四国距离较远，因此人们常说的北欧其实是指芬兰、瑞典、挪威、丹麦四国。本章所说的北欧，指的就是这四个国家。由于这四国有共同的历史，在社会和文化上关系较密切，在政策上有共同的特色，因此本章将四国合并论述。

北欧四国在文化管理上大多采取了"一臂之距"的分权管理体制，具体又有各自的特色。如挪威的文化管理是"一臂之距"、政府干预、分散模型的融合体，采取的是社团主义管理体制；芬兰的文化管理实行的是水平与垂直两个方向的分权与"一臂之距"的融合；丹麦的文化管理正在由"建筑师模式"转变为"推动者模式"；瑞典的文化管理在 20 世纪 90 年代受地方分权管理体制的影响，引入了以绩效为基础的行政管理体制，取代了先前基于"一臂之距"管理原则的行政体系。

北欧四国的文化政策目标与欧盟其他成员国一致，致力于促进文化的多样性、创新性、参与性，尊重个人的文化权利。北欧四国通过实行多元文化政策、文化创意产业政策、文化资助政策与文化评估政策，促进民族融合、文化创新，并通过文化评估促进国家对文化的经费资助。北欧四国颁布的文化方面的法律分为两个层次：一般法与具体文化领域（剧院、音乐、文化遗产、文学、图书馆、博物馆、版权、电影、遗址遗迹、广播与电视、语言等）的专门法。北欧是世界上最早实施公共借阅权制度（PLR 制度）的地区，该制度整体发展相对成熟。芬兰赫尔辛基中央图书馆作为新时代公共文

---

① 数据参见国家统计局编：《国际统计年鉴（2018）》，北京，中国统计出版社，2018。

化服务空间再造的典范，引起国际文化领域高度关注，对我国公共文化服务融合发展有参考借鉴意义。

第一节　同中有异的管理体制

北欧四国在文化管理上大多采取了"一臂之距"的分权管理体制，具体而言，在"一臂之距"的基础上又各有特色。挪威的文化管理是"一臂之距"、政府干预、分散模型的融合体，采取的是社团主义管理体制，具体表现为公共文化机构在文化管理中发挥重要作用。芬兰的文化管理实行的是水平与垂直两个方向的分权与"一臂之距"的融合。水平分权实质上为社团主义，即专业艺术家与文化工作者协会在制定和执行有关文化艺术的政策方面发挥重要作用。垂直分权是围绕中央政府与地方自治政府两个层面的事权划分，国家在财政与行政层面负责国家艺术和文化机构的建设，同时也为区域和地方文化机构提供一定资助，以促进更广泛范围内文化与艺术的平等享有。丹麦的文化管理采取的是"建筑师模式"，即文化部负责制定国家文化发展的框架，确定总体发展目标，通过文化艺术基金会提供经费资助，促进所有人平等享有文化权利。虽然文化部的公共资助很高，但目前政府越来越重视文化机构的门票收入以及私人捐助，所以丹麦的文化管理正在由"建筑师模式"转变为"推动者模式"。瑞典的文化管理在20世纪90年代受地方分权管理体制的影响，引入了以绩效为基础的行政管理体制（Performative-Based-Forms-of-Administration），取代了先前基于"一臂之距"管理原则的行政体系，典型表现是评判文化艺术作品的标准不再看重其内在的艺术价值，而是经济和政治的实用性优先。

一、瑞典

根据欧洲文化政策网站的介绍，瑞典的文化事务最初由教育部（The Ministry of Education）负责，1991年文化部（The Ministry of Culture）从教育部独立出来，但文化事务仍由教育部负责。2004—2006年两个部门逐渐合并，文化事务统一由文化部负责。瑞典政府网站显示，文化部主管国家层面有关文化、媒体、民主与人权的事务，以及少数民族萨米人的语言和文化。美国culturelink网站则介绍，文化部的主要职责是制定文化政策，文化政策的实施主要由其下属的行政机关负责，其中瑞典艺术委员会（Swedish Arts Council）是实施文化政策的最重要机构之一。

瑞典政府网站显示，瑞典艺术委员会是管理全国艺术和文化的中央行政机关，负责贯彻落实由政府和议会决定的国家文化政策，促进文化发展和文化交流。该委员会负责管理的领域主要包括表演艺术、舞蹈、音乐、文学、文化艺术出版物、公共图书馆，美术馆、博物馆和相关展览等，并从事文化艺术相关研究、分配国家文化艺术资金、向政府提供制定文化政策所需的相关数据、提供有关文化发展和文化政策的资讯。瑞典艺术委员会还负责推动文化艺术相关活动，通过发起和支持相关活动落实国家文化政策，促进文化多样性和文化供给均等化。

瑞典艺术拨款委员会(The Swedish Arts Grants Committee)是瑞典艺术委员会下辖的委员会，主要职责是通过政府奖励和资金补助支持视觉艺术、设计、音乐、舞蹈、戏剧和电影等相关领域的艺术家开展实践工作和作品创作，促进文化艺术发展和国际文化交流。

瑞典国家公共艺术委员会(National Swedish Public Art Council)是隶属于瑞典文化部的政府机关，是全国公共艺术领域各级委员会的统一管理机构，创立于 1937 年。该委员会负责研究和推动当代艺术与公共空间的结合，利用特定造景艺术、暂时性项目、都市规划项目、讨论与出版物等方式，促进当代艺术与公共空间的良性发展。该委员会也承担为政府机构搜集艺术收藏品的职责。

二、芬兰

根据芬兰教育与文化部(The Ministry of Education and Culture)网站介绍，该机构负责发展教育、科学、文化、体育和青年事业与制定相关政策。该部下设国家文物委员会、国家视听研究院、芬兰艺术促进中心 3 个涵盖多艺术领域的艺术委员会系统。各艺术委员会在各省均设有分支机构，负责为教育与文化部的决策提供建议、咨询和颁发各类政府资助及奖励等，还负责起草文化立法草案、提供中央政府的预算案、制定芬兰文化的整体发展战略，为公民参与文化艺术活动提供便利条件等。[①]

芬兰文化艺术经费划拨主要是由国家和市两级政府实施。文化艺术经费的主要使用方向包括支持艺术创作、国家级文化艺术机构运行、维护文化遗产开支。与此同时，各市政府还会根据各自法律及实际情况进行地方性资助。总预算中的 1/3 由中央政府提供，其中约 3% 的资金用于资助艺术家个人。在芬兰的文化事业经费中，政府掌管的博彩公司的返还资金占 50% 左右的比重。[②] 表 6-1 是 2010—2015 年博彩资金占文化总投入的比重。

表 6-1　2010—2015 年芬兰博彩业返还资金占艺术文化事业经费比例

年份	2010	2011	2012	2013	2014	2015
资助金额/百万欧元	209.3	220.3	222.4	224.6	237	237
所占比例/%	43	43	43	43	52	50

数据来源：Statistics Finland，State budgets and final accounts。

芬兰艺术促进中心(Arts Promotion Centre Finland)是隶属于芬兰教育与文化部的

---

① 吴世广：《芬兰的文化管理模式》，载《中国文化报》，2015-01-12。

② 同上。

促进艺术发展的专家服务机构，欧洲文化政策网站介绍，其前身是 1968 年成立的芬兰艺术委员会(Arts Council of Finland)，2013 年重新改组，更名为现名。该中心根据芬兰国内外文化发展的现状和实际情况，为芬兰教育与文化部提供文化立法和文化政策制定的建议与咨询，开展相关立法和政策出台前的调研工作。此外，还参与文化艺术法律法规和政策的具体执行，并向芬兰教育与文化部反馈执行情况。[①]

三、挪威

挪威政府的行政管理体系分三个层次：国家级、郡级和市级。[②] 挪威文化部(The Ministry of Culture)是国家层面负责文化、媒体(电影、广播、新闻和版权)、体育、游戏、彩票和志愿服务事务的部门，挪威政府官方网站介绍，其职责主要涉及三个方面：(1)协助设计和制定文化政策、目标，与挪威议会、政府和有关部门保持有效沟通和交流；(2)管理文化部门行政事务；(3)提出文化工作目标、工作框架，监督管理下属机构依照法律、规则和政府方针开展工作。

挪威艺术委员会(Arts Council Norway)是负责实施挪威文化政策的主要政府机构。该委员会担任中央政府和政府资助的文化类企事业单位的有关事务的顾问，资金来源于文化部的财政拨款，负责管理文化领域的诸多事务，包括艺术家资金管理、音频和视觉项目基金与其他资金计划。从 2011 年起，挪威艺术委员会开始管理博物馆和档案馆的工作。

四、丹麦

在丹麦，最初文化与宗教是合二为一的，由国王与宫廷成员共同管理。1849 年，弗雷德里克七世国王颁布丹麦第一部宪法(*The June Constitution*)，君主专制废止，文化与宗教事务交由新成立的政府部门——教会与教育部(Ministry for Church and Education)负责。1916 年，宗教事务的管理被转移至其他部门，文化事务继续由教会与教育部负责，直到 1961 年文化部(The Danish Ministry for Cultural Affairs)成立。

丹麦历届政府在文化发展上都奉行"一臂之距"的管理原则，采取分权式的行政管理体制。根据丹麦文化部网站介绍，该机构负责管理和支持创造性艺术、文化遗产、档案馆、图书馆、博物馆以及艺术、音乐、电影、戏剧和舞蹈的高等教育，同时还负责版权、广播、体育与国际文化合作。丹麦文化部由多个文化机构组成，主要分为三大类型：创意和表演艺术、文化遗产的保护和推广、高等教育和培训。这些文化机构在文化部的组织架构下享有高度的自由和独立。丹麦文化部不参与任何补助经费的具

---

① 李林：《艺术促进中心：芬兰文化发展的助力器》，载《中国文化报》，2015-06-08。

② Marit Bakke, "Cultural Policy in Norway," *Journal of Arts Management，Law，and Society*，2001(1)，pp.10-33.

体分配事务，也不扮演任何文化艺术领域的仲裁角色，只负责制定全国的文化政策和战略，与议会一起制定文化目标、财政方案、津贴计划以及行政管理的组织架构。

欧洲文化政策网站显示，丹麦艺术基金会成立于 1864 年，属于非政府组织，主要职责是根据《丹麦艺术基金会法》分配经费。经费分配需要参照《文学法》《剧院法》《视觉艺术法》与《音乐法》的规定，由基金会下属的文学、电影、音乐委员会具体执行经费拨付。

第二节　政策目标与相关法律

一、公共文化政策目标

挪威的文化政策主要包括促进艺术质量和创新、文化遗产的保存和安全性、丰富多样的文化设施在全体居民中的分布。[①] 长期以来，挪威的文化政策在目标上大体保持了稳定性，在公共文化领域争议较少。

芬兰的文化政策紧密围绕创造性、多样性和平等获取制定，主要包括：为艺术家、文化创作者、文化和艺术机构提供有利条件；促进文化遗产和文化环境的保存与发展；促进对多样文化的平等获取；推动文化部门的文化生产、就业和创业发展；加强社会文化基础建设。促进民族认同是芬兰文化政策的基础，提升文化艺术创造力是芬兰文化的政策的主要目标。

丹麦的文化政策目标是保障艺术创作自由和文化多样性，强调保证所有公民参与文化的机会；强调文化的教育功能和社会功能，重视文化与商业的结合。[②]

瑞典的文化政策目标与欧盟其他成员国一致，即促进文化的多样性、创新性、参与性，尊重个人的文化权利。欧洲文化政策网站介绍，在 2009 年出台的瑞典《政府文化法案》(A Government Bill on Culture)中将国家的文化政策目标具体阐述为："文化是一个在自由表达基础上的动态的、有活力的、独立的和具有挑战性的力量。每个人都应能参与文化生活，促进每个人的文化体验。创造性、多样性和艺术素养应该成为社会发展的标志性特征。为了实现这个目标，应该保障每个人参与文化活动、文化创造的平等机会，促进文化多样性和艺术创新，反对文化商业化，促进保存、利用和发展文化遗产，促进国际和跨文化的交流与合作，特别关注儿童和年轻人的文化权利。"

---

①　崔丽：《挪威文化政策目标与手段》，载《山东图书馆学刊》，2013(5)。

②　刘传：《丹麦：突出文化的体验经济地位》，载《中国文化报》，2015-03-02。

二、公共文化相关法律

(一)芬兰

芬兰自 20 世纪 60 年代以来相继出台了一系列文化领域的基础性法案,如《版权法》(*Copyright Act*,1961);《公共借阅补贴法》(*Act on Grants and Subsidies for Authors and Translators*,1961);《考古遗址法》(*Act on Archaeological Sites*,1963);《艺术节特聘教授岗位和艺术节资助法》[*Act on(Art Professors' and)Artists' State-Grants*,1969]等。20 世纪 90 年代以来,芬兰政府根据文化现状和文化发展需要,补充出台了以下法案:《博物馆法》(*Museums Act*,1992);《剧院和交响乐团法》(*Theatres and Orchestras Act*,1992);《市级文化活动法》(*Municipal Cultural Activities Act*,1992);《视觉艺术资助法》(*Decree on the Board for Specific Grants to Visual Artists*,1997)等。2000 年以来,芬兰政府在此前基础上又相继出台一系列补充法案及调整法令:《电影推广法》(*Film Art Promotion Act*,2000);《对博彩业收入专项返还资金的政府令》(*Act Regulating the Use of the Profits of Lottery / Lotto,and Sports Betting*,2001);《芬兰国家美术馆法》(*Act on Finnish National Gallery*,2004);《艺术促进法》(*Promotion of the Arts Act*,2012)。[①]

(二)挪威

挪威的文化法律体系比较完善,分为一般性立法和文化部门专门立法。一般性立法中涉及公共文化方面的包括宪法、税法、著作权法中的版权条款等。挪威税法中有关文化的规定如下:文化服务免征增值税;音乐会、体育赛事、美术馆和博物馆的入场费及戏剧、电影、马戏、芭蕾舞等艺术作品表演门票免征增值税;议会批准的艺术表演的组织及所需服务免征增值税;电影院、剧院、展览和音乐会组织者销售节目单、明信片等纪念品免征增值税;慈善机构和组织销售商品免征增值税;销售书籍和有声读物免征增值税;部分期刊免征增值税;志愿者组织的捐赠物减免税收。

据欧洲文化政策网站介绍,挪威现有的针对文化行业的法规有:《视觉艺术销售费用法(艺术费用法)》(*Fee on Sale of Visual Art* 或 *the Fee on Art Statute*,1948);《全国巡演剧院法》(*National Touring Theatre Act*,1948);《表演艺术家公开演出报酬法》(*Remuneration for the Public Performance of Performing Artists Act*,1956);《挪威作曲家基金法》(*Norwegian Fund for Composers Act*,1965);《文化遗址:禁止出口和重新规划对象法案》(*Cultural Monuments:Prohibition of Exportation and Reallocation of Objects Act*,1978);《公共图书馆法》(*Public Libraries Act*,1985);《公共借阅权法》(*Public Lending Rights Act*,1987);《电影法》(*Films Act*,1987);《法定缴

---

① 吴世广:《芬兰的文化管理模式》,载《中国文化报》,2015-01-12。

存法》(*Legal Deposit Act*，1989)；《档案法》(*Archives Act*，1992)；《广播法》(*Broad-casting Act*，1992)；《视觉和应用艺术展览报酬法》(*Remuneration for the Exhibition of Visual and Applied Arts Act*，1993)；《彩票法》(*Act on the Lottery*，1995)；《媒体所有权法》(*Media Ownership Act*，1997)；《挪威艺术理事会法》(*Act on Arts Council Norway*，2003)；《文化法》(*Culture Act*，2007)。

(三)丹麦

丹麦的文化立法分为两个层次：第一个层次是关于剧院、音乐、文化遗产、文学、图书馆、电影、广播与电视等领域的一般性文化立法(见表 6-2)，主要用来规定各个文化领域不同文化机构的发展目标、决策机制等方面的总体要求；第二个层次是《丹麦艺术基金会法》(*Act on the Danish Arts Foundation*，2003)与《丹麦艺术委员会法》(*Act on the Danish Arts Council*，2011)，是关于艺术家资助以及不同艺术门类实现目标的专门法律。

表 6-2　丹麦现行的一般性文化立法

法律名称	实施时间
广播与电视法(*Act on radio and TV*)	2010 年 5 月 6 日
版权法(*Act on copyright*)	2010 年 2 月 27 日
剧院法(*Act on theatres*)	2009 年 6 月 23 日
图书馆法(*Act on libraries*)	2008 年 8 月 20 日
音乐法(*Act on music*)	2008 年 1 月 3 日
建筑保护法(*Act preservation of buildings*)	2007 年 8 月 29 日
档案馆法(*Act on archives*)	2007 年 8 月 21 日
博物馆法(*Act on museums*)	2006 年 12 月 14 日
文学法(*Act on literature*)	2003 年 11 月 29 日
视觉艺术法(*Act on visual arts*)	2003 年 11 月 29 日

资料来源：Compendium Cultural Policies and Trends In Europe Country Denmark。

(四)瑞典

据欧洲文化政策网站介绍，瑞典与文化相关的法律大致如下：《文艺作品著作权法》(*Copyright Law of Literary and Artistic Works*，1960)；《广播电视法》(*Radio and Television Act*，1966)；《遗产纪念法》(*Heritage Commemoration Act*，1988)；《公众广播电视服务经费筹措法》(*Law on Financing of Radio and TV in the Service of the Public*，1989)；《档案法》(*Archive Law*，1990)；《档案保护法》(*Law on the Protection of the Term Swedish Archive*，1990)；《公共文件移送保管法》(*Law on the Transfer of Public Documents for Storage to Organs other than Government Agencies*，1994)；《广播与电视信息传播标准法》(*Law on Standards for the Transmission of Ra-*

dio and TV Signals，1998）；《图书馆法》(*Library Law*，2001)；《语言法》(*Language Law*，2009)；《电影公开放映年限法》(*Law on Age Limits for Film that is to be Shown Publicly*，2010)；《政府对区域文化活动特定拨款分配法》(*Law on the Distribution of Certain Government Grants to Regional Cultural Activities*，2010)。

第三节　公共借阅权

一、公共借阅权的含义

公共借阅权(Public Lending Right，PLR)又称为公共出借权，最早出现于1959年，是英国作家 J. Alan White 在向议会提交的关于给予作家公共表演权(Public Performance Right)的图书馆补偿金的议案中首次提出的。[1]

目前，国际上有代表性的 PLR 定义主要有以下几种。

(1)国际 PLR 官方网站的定义：PLR 是指作者因其作品在图书馆免费被公众使用而获得报酬的权利。

(2)国际图书馆协会联合会(IFLA)的定义：从法律层面讲，PLR 是指赋予受保护作品的著作权人的一种有限的专有权利。在作品面向大众传播后，它授予著作权人许可或禁止其受保护的作品以实体形式进行公共借阅的权利。只有在得到著作权人的认可并由著作权集体管理机构向作者支付版税的情况下，才能对作品进行公共借阅。[2]

(3)英国 PLR 网站的定义：PLR 是指法律赋予作者的由于其图书在公共图书馆出借而享有的获得补偿金的权利。[3]

(4)我国郑成思教授认为，PLR 是指作者按其每本有版权的图书在公共图书馆中被借阅的次数收取版税的权利。[4]

(5)我国江向东教授认为，PLR 是指作者因版税作品在图书馆中被公众借阅而享有的获得报酬的权利。[5]

二、公共借阅权制度的历史演进

PLR 制度在北欧的萌芽、创立、发展经历了半个多世纪，大致可分为三个阶段：

---

①　Astbury R.，"The Situation in the United Kingdom，"*Library Trends*，1981(4)，pp. 661-685.

②　傅文奇：《公共借阅权制度研究》，26页，北京，国家图书馆出版社，2014。

③　Brophy B.，*A Guide to Public Lending Right*. Aldershot，Hampshire：Gower，1983，p. 41.

④　郑成思：《知识产权法若干问题》，118页，兰州，甘肃人民出版社，1985。

⑤　江向东：《版权制度下的数字信息公共传播》，146页，北京，北京图书馆出版社，2005。

第一阶段是萌芽和建立阶段(1883—1970年);第二阶段是发展和完善阶段(1971—1991年);第三阶段是稳定实施阶段(1992年至今)。

(一)萌芽和建立阶段

PLR思想起源于德国。1883年9月,德国作家协会通过一项决议,要求德国政府立法规定商业性图书馆必须履行因对有版权图书的商业利用而给予作者赔偿的义务。[①]这是PLR思想的开始。1917年6月,丹麦作家詹森(Thit Jensen)在丹麦图书馆协会年会上首次提出,公共图书馆外借图书应向作者支付报酬。[②]北欧各国的作家协会一致认为,图书馆外借图书应该给予作者报酬,无论此笔报酬来自读者还是公共资金。1919年,北欧国家举行了首次作家会议,丹麦、挪威、瑞典的作家协会和芬兰的瑞典语作家团体参与此次会议,并在会上达成共识:各国作家协会分别向本国政府或者议会提交关于向作者支付图书馆借阅报酬(Library Loan Compensation)的议案。1942年,丹麦政府修订《图书馆法》,提出公共借阅补偿金制度入法。1946年4月,丹麦《公共图书馆法》生效,标志着丹麦成为世界上第一个建立PLR制度的国家。在此影响下,挪威、瑞典、芬兰先后于1947年、1954年、1961年采纳了PLR制度。挪威采取形式多样的津贴或养老金等方式来分配PLR补偿金,芬兰采取津贴或其他类型奖金的给付方式。

这个阶段的PLR制度体现出如下特点:(1)政府将PLR制度作为保护本国民族文化政策和社会福利制度的一个组成部分;(2)PLR制度被纳入图书馆法或行政法规定,PLR的管理机构是国家文化机构;(3)对PLR的主体和客体作了较多限制,主体范围限于用本国语言创作或拥有本国国籍和长期居住在本国的作者,客体范围限于满足一定条件的图书。[③]

(二)发展和完善阶段

20世纪70至90年代,正值北欧各国科技和文化事业飞速发展时期,图书馆馆藏作品类型逐渐多元化和多样化,版权保护意识不断强化。早期的PLR制度已不能适应社会的发展,北欧各国纷纷展开对PLR制度的修改。修改内容集中在:(1)不断扩大PLR的主体和客体范围,由原来仅规定文学作品作者可以获得PLR补偿金扩展到非文学作品作者,摄影者、翻译家、编辑、插图画家等多形式作品作者均可按比例获得PLR补偿金;(2)补偿金总额从固定的计算形式发展为各种类型协会组织与政府协商的形式;(3)PLR制度的管理机制更加完善和清晰。[④]

---

①　Andreassen T.,"Frustrated Authors, Obstructive Governments: Europe's PLR Impasse," *Logos*,2005(2),pp.61-67.

②　Henriksen C. H., *Nodic Public Lending Right*,Nation Library Authority,1997,p.7.

③　傅文奇:《公共借阅权制度研究》,80页,北京,国家图书馆出版社,2014。

④　王玲玲:《北欧四国公共借阅权制度研究》,硕士学位论文,福建师范大学,2012。

(三)稳定实施阶段

20世纪90年代初，PLR制度向出借权过渡，标志是1992年11月欧共体《知识产权领域中的出租权、出借权及某些邻接权的指令》(简称EC92/100指令)的颁布，推动了PLR制度在欧洲的发展。这个阶段的PLR制度实施的主要特点表现为：(1)多数欧盟成员国将EC92/100指令转换为国内法，将PLR纳入版权法体系；(2)不少欧盟成员国对PLR立法是在欧盟追求法律一体化的压力下不得不采取的被动选择，PLR制度的实施与EC92/100指令有相当的偏差；(3)继续扩大PLR的主体和客体范围，主体范围逐渐扩大到欧盟成员国的所有公民，客体范围逐渐扩大到版权法规定的所有客体；(4)PLR制度的实施由原来的发达国家向发展中国家扩展。

20世纪90年代中后期，北欧四国的PLR制度已基本固定下来。北欧四国是小语种国家，用本国语言完成的作品流通范围仅限于本国或周边国家，由于读者数量的限制，使得作家收入较少。① 因此，通过建立以保护本国文化为主导的PLR制度来提高作家收入、促进本国文化事业发展，成为北欧各国的共同选择。

三、公共借阅权制度的现状

丹麦是世界上第一个建立PLR制度的国家，其PLR制度为"准版权"模式，对权利主体没有国籍限制，但规定作品必须用丹麦语创作完成。有资格的PLR权利人限于图书作家、插图画家、翻译家、艺术家、摄影家、作曲家和其他对作品的创作作出贡献的人，并且权利人必须要通过国家图书馆管理局注册才能获得资格。丹麦PLR的权利客体为具有版权的图书、音像制品和艺术作品。根据"准版权"的立法模式，作者没有PLR专有权，只有获得报酬权。丹麦PLR补偿金完全来自于政府拨款。②

PLR网站显示，挪威于1947年建立PLR制度。PLR的管理机构是文化部。文化部每年与代表权利人利益的23个著作权集体组织协商补偿金的数额，在得到议会批准后，再由集体组织分配权利人应得的补偿金。挪威PLR的权利主体限于本国出版作品的作者，权利客体包括图书、视听制品和乐谱等。实施PLR的图书馆类型包括公共图书馆、学校图书馆、科研图书馆、专门图书馆等。补偿金的数额依据客体出借的次数而定。

瑞典于1954年建立PLR制度。PLR的管理机构是文化部作者基金会，下属的司法委员会负责管理PLR补偿金。基金会采取建立网站、开通电子服务系统等手段加强管理，为作者提供查询补偿金数额、申请补偿金津贴等快捷的服务。瑞典的PLR制度规定，获取PLR主体资格的权利人数不得超过3人，且权利人主体资格的法定获取需满足下列任一条件：(1)权利人是拥有本国国籍的公民或者拥有永久居民身份的人；

---

① 傅文奇、郑金帆：《公共借阅权制度的产生和发展》，载《图书情报工作》，2010(9)。
② 傅文奇、王玲玲：《丹麦公共借阅权制度评介》，载《情报理论与实践》，2011(6)。

（2）使用本国语言创作的著者、译者、摄影者等；（3）权利人拥有法定继承者身份。PLR 的权利客体只限于用本国语言创作或翻译的图书和录音制品。

芬兰于 1961 年建立 PLR 制度。2007 年修订《版权法》，将 PLR 纳入版权法体系。PLR 的管理由教育与文化部授权的文字作品著作权集体组织 Sanasto、视觉作品著作权集体组织 Kopiosto 和音乐作品著作权集体组织 Teosto 负责。根据 PLR 网站的介绍，集体组织每年同政府协商 PLR 补偿金的数额。PLR 的权利主体限于用芬兰语、瑞典语和萨米语创作的、拥有本国国籍或长期居住在本国的作者。权利人必须向芬兰艺术委员会注册申请，经芬兰艺术委员会批准后方可获得 PLR 补偿金。PLR 的权利客体包括文学作品、音乐作品、摄影作品、戏剧作品、电影作品等。

第四节　新时代公共文化空间再造的典范：芬兰赫尔辛基中央图书馆

一、赫尔辛基中央图书馆概述

由芬兰 ALA 建筑事务所设计的芬兰赫尔辛基中央图书馆（Helsinki Central Library）又称"颂歌图书馆"（Oodi 或 Ode），ALA 建筑事务所网站介绍，它于 2018 年 12 月 5 日（芬兰独立日）前夜开放。赫尔辛基中央图书馆的地理位置十分优越，紧邻赫尔辛基中央车站，是市中心文化圈的重要组成部分，与赫尔辛基音乐中心（the Helsinki Music Centre）、芬兰大厅（Finlandia Hall）、萨诺玛大厦（Sanoma House）和奇亚斯马当代艺术博物馆（the Museum of Contemporary Art Kiasma）一起形成城市中心区。图书馆是一个建筑面积为 17 250 平方米的三层建筑，一层是"大众空间"，也可叫做"闹市区"，主要是人们集会、交流、举办会议和办理图书馆快速服务的场所，包含一个影院、一个多功能厅、一个咖啡餐厅、一个亲子阅览室。二层是"小众空间"，也可叫做"作业区"，包含两个通用工作室、两个编辑室、一个摄影和录像工作室、一个乐器演奏室、一个控制室、一个鼓室、一个媒体室、多个小组室，以及 3D 打印机、激光切割机、贴纸打印机、热压机、缝纫机、锁边机、绣花机和徽章机等。三层是"书天堂"（Book Heaven），也可叫做"学习区"，是传统图书馆的模样，存放了十万册图书，是一个安静的读书场所，另设儿童阅览区。"书天堂"的四周是玻璃幕墙，顶部是透明玻璃，自然光线能够透过天窗照射下来，让人享受到在自然光线下读书的惬意。赫尔辛基中央图书馆打破了传统图书馆的模式，将大量非传统图书馆的功能融入进来，成为聚会、阅读和感受多样化城市体验的场所，为读者提供知识、技能和故事，是一个获取知识、体验故事和工作、休闲的空间，也是一个向所有人敞开大门的灵动而功能常新的新时代图书馆。

二、赫尔辛基中央图书馆的设计与服务理念

赫尔辛基中央图书馆是现代图书馆理念与 21 世纪技术的完美结合，在这里读者可以阅读、学习、思考和放松自己，它不仅是读书的场所，更是一个融阅读、学习、集会、交流、体验、休闲等多种功能为一体的新空间。它突破了传统图书馆的格局，成为介于家与工作场所之间的"第三空间"。赫尔辛基中央图书馆之所以能成为新时代图书馆空间再造的典范，与其秉持的理念密不可分。

(一)鼓励市民参与，增强社区意识

为了更好地满足本地民众的需求，设计出符合本地民众各类需求的公共活动空间，赫尔辛基中央图书馆从建立之初就鼓励市民积极参与，从策划到设计均向社会公开征询意见，连馆名也是通过广泛征集得来的。2000 年，赫尔辛基中央图书馆在规划阶段就设立了一个名叫"梦想树"的数字平台，邀请市民把自己的想法记录下来，共收集到约23 000 条意见和建议，为图书馆的规划、建设和服务密切对接公众需求奠定了基础。市民还应邀为图书馆建筑设计团队的遴选提供意见，对入围建筑方案进行公众投票表决。市民主导的预算编制研讨会为市民参与提供了另一个很好的机会，由他们自己决定如何花费 10 亿欧元来建设一座"我的图书馆"。通过参与研讨、投票和发表评论，增强了公众的社区意识，强化了公众的文化参与。

(二)保障平等使用权，坚持包容开放

由于个体的社会、文化、经济背景的差异，人们对于建筑物的需求不同。为了保障所有人享有平等的空间使用权，赫尔辛基中央图书馆做到了包容与开放。体现在功能分区上，就是每一层突出特色，满足用户的集会、交流、学习、阅读等多样化的需求；体现在建筑外观设计上，就是与周围景物融为一体，努力营造图书馆与当地自然景观、人文景观的相互融合、渗透。在图书馆的入口处设计开放的入口广场，让室外的广阔空间延伸到室内，形成室内到室外开阔的视野、开放的空间，使利用者感受到与大自然的贴近。图书馆内部采取的是大空间格局，楼层均以光（自然光）、木（木质）、色为主要装修元素，无阻断及透明的空间设计最大限度地保证了视线的通透与连续。赫尔辛基中央图书馆无处不体现出对公众平等使用空间权利的保障，以及对公众不同需求的包容与满足。

(三)构建体验意境

赫尔辛基中央图书馆在建设初期就开设了名为"图书馆 10 号"(Library 10)的试运行项目：首先，在室内设计中，设计师采用柔软、厚重、花纹近似鹅卵石的地毯为利用者营造出身处海湾的意境；其次，在家具设计上，为了让利用者有在家中的放松感和舒适感，设计师摒弃了传统的硬桌椅，选择了大量诸如懒人沙发豆袋、瑜伽床、带软垫座椅等家居用品，室内的所有家具可以自由移动、组合，以此来满足用户在不同

情境下的需求；最后，在技术融合方面，设计师使用光纤艺术装饰制造出墙体的动感变色效果，使用投影技术呈现动物、森林、云层、秋叶等短片，利用小型扬声器系统播放抚慰和放松心情、使人进入冥想状态的音乐。这一切结合起来，丰富了用户的感官体验，形成了一种更深层次的宁静。用户的利用反馈显示，体验者表示对设计氛围及意境非常满意和欣赏。①

三、赫尔辛基中央图书馆的影响

赫尔辛基中央图书馆在建设之初曾预估过投入使用后的服务效益，预期日均访问量1万人次、年均访问量250万人次以上。图书馆建成开放后，立刻成为全球图书馆界乃至全球文化领域关注的焦点，英国《卫报》《金融时报》等争相报道，美国《纽约时报》更是在头版刊登大幅图文。截至2019年3月初，开馆三个月以来，访问人数已超过90万，每天都有万人以上前往利用。② 建筑师南安迪认为，这是近十年来世界上最具有实验性和最大胆的公立图书馆案例。

【本章小结】

本章中的"北欧"，指地理位置比较接近的芬兰、瑞典、挪威、丹麦四国。北欧四国在文化管理上大多采取了"一臂之距"的分权管理体制，但各国结合本国实际，也呈现出一些不同的特点。挪威实行"一臂之距"、政府干预、分散模型融合的"社团主义"管理体制；芬兰实行水平与垂直两个方向的分权与"一臂之距"的融合；丹麦正在由"建筑师模式"转变为"推动者模式"；瑞典则引入了以绩效为基础的行政管理体制。

促进文化的多样性、参与性和创新性，保障每个公民的文化权利，是北欧四国文化政策的共同目标。北欧四国实行多元文化政策、文化创意产业政策、文化资助政策与文化评估政策，以促进民族融合、文化创新，并通过文化评估促进国家对文化的经费资助。北欧四国颁布的文化方面的法律分为一般法与具体文化领域的专门法两个层次。

北欧是世界上最早实施公共借阅权制度的地区，公共借阅权制度先后经历了萌芽和建立、发展和完善、稳定实施三个阶段。目前，北欧四国已经形成各自比较成熟、稳定的公共借阅权制度，但权利主体和客体及补偿金来源和计算、分配方式又不完全相同。

芬兰赫尔辛基中央图书馆是新时代公共文化服务空间再造的典范，它打破了传统图书馆的格局，其规划、建设和服务体现了新的理念、展现了新的实践，代表了公共

---

① 鲁楠：《芬兰赫尔辛基中央图书馆空间设计实践及思考》，载《图书馆界》，2016(5)。

② 《全球最颠覆的图书馆诞生了：煮饭、租房、唱K……无所不能！》，https://baijiahao.baidu.com/s? id=1628330091281028199&wfr=spider&for=pc，访问日期：2021-04-14。

文化服务融合发展的国际趋势，对我国新时代公共文化服务设施建设、效能提升具有借鉴价值。

【本章思考题】

1. 北欧四国文化管理体制、文化法律政策有什么共同之处和不同点？

2. 什么是公共借阅权？公共借阅权有无必要和可能引入我国？为什么？

3. 为什么说芬兰赫尔辛基中央图书馆体现了新时代公共文化服务空间再造、服务创新的发展趋势？

第七章　日本公共文化服务

　　日本是我国一衣带水的近邻，根据日本统计局网站统计，其国土总面积37.8万平方公里，总人口约1.26亿（截至2019年3月）。日本内务府网站统计数据显示，2018年日本国内生产总值为548.9万亿日元（约合5万亿美元），人均国内生产总值约4万美元。

　　文部科学省（简称文部省）是日本中央政府主管教育、科技、学术、文化的行政机关。面向公众的公共文化服务，在文部省分属综合教育政策局和文化厅主管。公共图书馆、公民馆、青少年课外教育、未成年人阅读推广等事务属于社会教育范畴，由综合教育政策局主管；博物馆、文化艺术、文化遗产、著作权保护、宗教、文化交流、日语教育等事务属于文化范畴，由文化厅主管。日本公共文化服务经费投入实行中央财政和地方财政分担、以地方财政为主的机制。近年来，中央财政用于公共文化服务的经费占本级财政总支出的0.25%～0.30%，地方财政用于公共文化服务的经费平均占本级财政的1%左右。

　　日本的公共文化服务有较为完备的法律政策保障体系。已出台的与公共文化服务相关的主要法律有《社会教育法》《文化艺术基本法》《图书馆法》《博物馆法》《关于推进儿童读书活动的法律》《文字、印刷文化振兴法》等。法律和政策确立的促进和保障公共文化发展的基本制度主要有：地方交付税制度，国库补助金制度，图书馆、博物馆和公民馆的职业资格制度，公共文化机构的指定管理者制度，公共文化服务效能评价制度，社会教育调查制度等。

　　东京都是日本文化资源富集、文化活动集中、文化服务丰富的地区，其公共文化服务的发展目标、管理体制、法律政策体系以及公共文化服务设施的管理运营和服务代表了日本公共文化服务发展的最高水平。公民馆是日本有特色的公共文化服务设施，与我国的文化馆性质、功能较为接近，其管理运营和制度建设对我国文化馆建设有借鉴意义。

第一节 中央和地方的行政体制与文化体制

一、中央政府

(一)机构设置

文部省所属部门之中，与公共文化事业直接相关的是综合教育政策局和文化厅。综合教育政策局下属的终身学习推进课负责公共图书馆、公民馆事业，地区学习推进课负责未成年人阅读推广事业。文化厅负责的博物馆、文化艺术、文化遗产等领域属于公共文化的范畴。除了具体职能部门之外，文部省和文化厅还设有负责政策审议、日本各地区和具体事务协调等事项的专门官员，如参事官(见图7-1)。

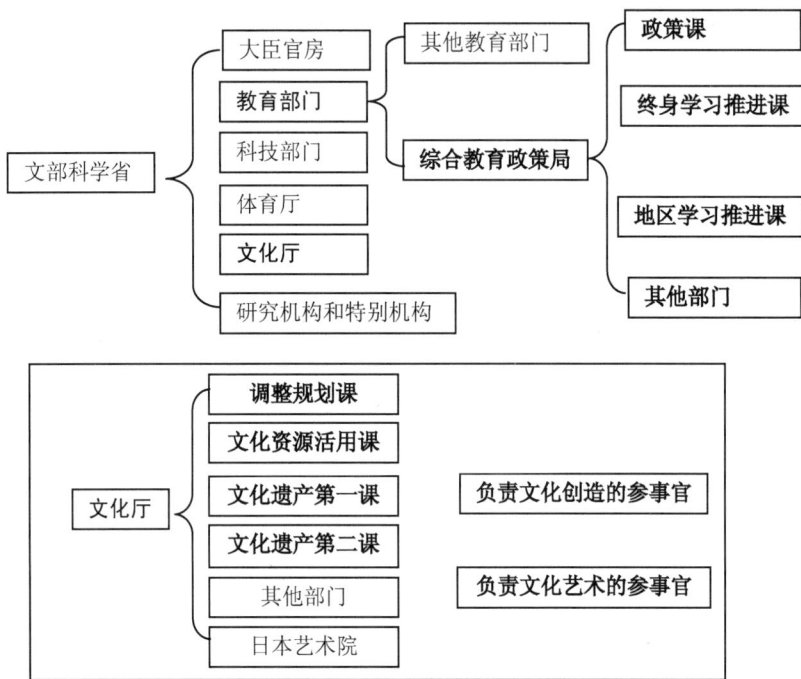

图7-1 文部省和文化厅与公共文化相关的部门

(二)职能划分

文部省、文化厅及其下属机构促进公共文化服务发展的具体职能主要包括：(1)提出法律草案和修正案；(2)制定和实施法规、规划、制度和标准；(3)发挥协调、整合、指导和监督职能；(4)管理部分文教类设施机构；(5)引导和支持社会力量参与公共文化事业；(6)做好统计、评估和调查研究工作。此外，文部省及文化厅还主办一些公共文化活动，如媒体艺术节、国民艺术节等。

(三) 中央设施

据日本政府官方网站介绍，文部省所管理的公共文化设施主要有文化遗产类、文化艺术类两大类，此外，国立青少年成长振兴机构也承担着部分公共文化服务的职能。这些设施的性质均属于独立行政法人，独立行政法人是日本行政改革的产物。根据日本《独立行政法人通则法》的规定，独立行政法人是特殊的法人类型，主要执行公共事务。独立行政法人采用理事会制度，理事会成员和监事由日本政府任命，机构职员由独立行政法人聘用，日本中央政府通过绩效考核规范独立行政法人的事业规划和发展。目前，文部省下属的公共文化类独立行政法人机构主要有 3 家(见表 7-1)。

表 7-1　文部省所属公共文化类主要独立行政法人机构

名称	成立时间	主要职能	下属机构
国立文化遗产机构	2007	收集、保管和展示文化遗产，以保存和利用为目的，进行文化遗产调查研究	7 家：东京国立博物馆、京都国立博物馆、奈良国立博物馆、九州国立博物馆、东京文化遗产研究所、奈良文化遗产研究所、亚洲太平洋非物质文化遗产研究中心
国立美术馆	2001	收集、保管和展示各类美术作品及相关资料，进行调查研究和教育普及	6 家：东京国立近代美术馆、京都国立近代美术馆、国立电影档案馆、国立西洋美术馆、国立国际美术馆、国立新美术馆
日本艺术文化振兴会	2003	支持艺术家、艺术团体的创作、普及活动，传承和发展日本传统艺术，促进日本现代舞台艺术的发展	7 家：国立剧场、国立演艺场、国立能乐堂、国立文乐剧场、冲绳国立剧场、新立剧场、传统艺能情报馆

资料来源：文化独立行政法人概要。

此外，日本的国家图书馆——国立国会图书馆及其附属的国际儿童图书馆也是日本的国家级公共文化设施。根据国立国会图书馆网站介绍，国立国会图书馆成立于 1948 年，根据 1947 年通过的《国立国会图书馆法》设立。国立国会图书馆总馆位于东京都，2000 年在东京上野成立国际儿童图书馆分馆，2002 年在京都成立关西分馆。国立国会图书馆在为立法机关、行政机关、司法机关提供服务的同时，也为社会民众提供服务，其主要职能是：(1)收集和保存各种资料；(2)制作和提供日本全国的目录和索引；(3)加强图书馆之间的合作。

二、地方概况

日本各级地方政府负责本区域内的公共文化事业。日本的行政区划分为都道府县和市町村两级。以东京都和新宿区为例：东京都的公共文化事业分属生活文化局和教育委员会两个部门管辖，其中文化艺术事业(或称文化振兴，包括文化政策、文化设施、支持艺术家、传播东京文化、继承东京历史和文化五个方面)归生活文化局管理，终身学习、社会教育和文化遗产归教育委员会管理。新宿区的公共文化事业同样由教育委员会和地区文化部两个部门分别管理，其中教育委员会管理图书馆、博物馆、公民馆等事业，地区文化部管理艺术文化、文化遗产、文化交流、终身学习、体育健身和旅游观光等事业。

日本公共文化事业的经费主要是地方政府支出的。根据日本文部省网站统计，以2015 年为例，当年日本公共文化事业的支出经费中，中央政府的支出为 2 405 亿日元①，地方政府的支出为 10 475 亿日元；中央政府支出占比为 18.7%，地方政府支出占比为 81.3%。日本公共文化事业支出占地方政府财政支出总额的比例大体在 1% 上下浮动。在经费使用方面，图书馆费用所占比例最大，其次是公民馆费用，再次是活动经费(见表 7-2、表 7-3)。

表 7-2　日本地方政府社会教育费中与公共文化相关的部分

单位：亿日元

年份	2011	2012	2013	2014	2015
公民馆费用	1 863	1 812	1 994	2 019	1 978
图书馆费用	2 528	2 409	2 409	2 563	2 587
博物馆费用	1 138	1 063	1 122	1 124	1 241
文化会馆费用	772	825	996	1 052	972
其他设施费用	743	873	828	883	881
活动经费费用	1 330	1 559	1 595	1 604	1 662
文化遗产保护费用	982	995	1 088	1 112	1 154
合计	9 356	9 536	10 032	10 357	10 475

数据来源：地方教育费調査-結果の概要。

表 7-3　日本地方政府财政支出总额

单位：亿日元

年份	2011	2012	2013	2014	2015
金额	972 600	964 186	974 120	985 228	984 052

数据来源：普通会計决算の概要。

日本文部省定期进行的社会教育调查为我们提供了公共文化事业发展的基本数据。表 7-4、表 7-5、表 7-6 是近几次的调查数据，反映了日本公民馆及类似设施、图书馆、博物馆及类似设施近十几年来的基本发展状况。

---

①　这里的 2 405 亿日元是文部省当年相关的财政预算数额，因为文部省网站公布的决算报告中没有细目的数据，故此这里只能将财政预算数额当做最终的支出数额。

表 7-4　公民馆及类似设施发展情况

年份	总数/个	职员数量/人	活动数量/次	使用人次	人均使用次数/次
2005	18 182	56 311	556 694	267 173 000	2.09
2008	16 566	53 150	665 645	271 994 000	2.13
2011	15 399	49 306	588 902	236 778 000	1.85
2015	14 841	47 770	545 761	222 416 000	1.75

数据来源：社会教育调查。

表 7-5　图书馆发展情况

年份	总数/个	职员数量/人	馆藏总量/本	持证读者数量/人		外借数量/次		人均使用次数/次
				总量	未成年人	总量	未成年人	
2005	2 979	30 660	340 304 076	31 991 510	4 276 189	580 726 256	135 240 003	1.35
2008	3 165	32 557	372 134 148	34 031 694	3 986 074	631 872 611	134 197 680	1.36
2011	3 274	36 269	398 456 193	33 958 649	3 908 890	682 343 518	179 558 765	1.48
2015	3 331	39 828	418 894 312	31 365 280	3 397 983	662 157 262	187 734 419	1.45

数据来源：社会教育调查。

表 7-6　博物馆及类似设施发展情况

年份	总数/个	职员数量/人	使用人次	人均使用次数/次
2005	5 614	44 619	278 790 000	2.18
2008	5 775	45 979	288 110 000	2.55
2011	5 747	48 199	284 868 000	2.22
2015	5 690	48 763	287 915 000	2.87

数据来源：社会教育调查。

第二节　主要法律与重要制度

一、主要法律

(一)《社会教育法》和《文化艺术基本法》

1.《社会教育法》

根据《日本国宪法》和《教育基本法》，日本国会在 1949 年制定了《社会教育法》。根据日本政府官方网站发布的版本，现行的《社会教育法》分为 7 章 66 条(其中 5 条只存条目，条文已删除)，规定了日本社会教育事业发展的重要事项，包括第一章总则、第二章社会教育主事、第三章社会教育相关团体、第四章社会教育委员、第五章公民馆、第六章学校设施的利用和第七章远程教育。正文外还有若干条附则。由于《社会教育法》的条文大约40％是有关公民馆的规定，所以该法又被称为"公民馆法"。据日本法令索引网站统计，该法自施行以来共计进行过40次修正。日本文部省网站显示，其主要配套规章有4件，分别是《社会教育法施行令》《社会教育主事讲习规程》《制定社会教育委员及公民馆运营审议会委员委托条例应当参考的标准》《关于公民馆设置及运营的标准》。

2.《文化艺术基本法》

20世纪80年代以来，日本政府和民间对于文化艺术事业法制建设的关注日益高涨。文化厅设置文化政策推进会议，就文化艺术事业大政方针提供建议。各政党纷纷提出关于文化艺术领域的法律草案，民间团体也加入到推动文化艺术事业立法的活动中来。2001年，日本朝野各党派就法律草案达成共识，同年11月，《文化艺术振兴基本法》通过，12月正式施行。2017年，法律名称修改为《文化艺术基本法》。

《文化艺术基本法》是日本文化艺术领域的基本法，日本法令索引网站公布的版本共分4章41条，自制定以来已有3次修正。《文化艺术基本法》的重要意义在于明确了文化艺术事业在日本国家、社会发展和民众生活中的重要性，确立了促进文化艺术事业发展的"综合推进体制"，使得"文化艺术立国"的理念得以法律化。《文化艺术基本法》施行后，文化厅又先后出台了《文化艺术推进基本计划》等政策性文件。

(二)《图书馆法》和《博物馆法》

1.《图书馆法》

日本政府官方网站介绍，1950年通过的《图书馆法》是日本最早施行的文化类法律之一。这部法律虽然名为"图书馆法"，但规范的对象仅限于公共图书馆，所以实际上是一部"公共图书馆法"。《图书馆法》分为3章32条(其中7条只存条目，条文已删除)，为第二次世界大战后日本公共图书馆事业的发展奠定了基础，具体体现为：明确图书馆职责、建立图书馆职业资格制度、明确政府职责、确立公共图书馆的服务网络建设和免费服务的原则。根据日本法令索引网站统计，自施行以来，《图书馆法》共进行了21次修正。日本文部省网站显示，《图书馆法》主要的配套规章有3件，分别是《图书馆法施行令》《图书馆法施行规则》《图书馆设置及运营期望标准》。

2.《博物馆法》

《博物馆法》于1951年12月1日通过，3个月后正式施行。日本政府官方网站公布的《博物馆法》共分5章30条(其中2条只存条目，条文已删除)。《博物馆法》确立了日本博物馆事业的基本制度，主要包括：职业资格制度、博物馆注册制度、门票制度(公立博物馆以免费为主)、补助金制度。根据日本法令索引网站统计，自施行以来，《博物馆法》共进行了22次修正。日本文部省网站显示，《博物馆法》主要的配套规章有4件，分别是《博物馆法施行令》《博物馆法施行规则》《博物馆设置及运营期望标准》《私立博物馆充实青少年学习机会的标准》。

(三)《关于推进儿童读书活动的法律》和《文字、印刷文化振兴法》

1.《关于推进儿童读书活动的法律》

1999 年 8 月，日本国会通过了开展"儿童读书年"活动的决议，指出"读书在启发儿童的语言、感性、情绪、表现力和创造力的同时，也培养着儿童的生存能力，对于儿童体味丰富的人生不可或缺"。2001 年 11 月，超党派议员联盟"思考儿童未来"正式向日本国会提交了《关于推进儿童读书活动的法律》草案。同年 12 月，该法律获得通过并公布施行。

日本政府官方网站公布的《关于推进儿童读书活动的法律》共 11 条，重点构建提升儿童阅读的综合性社会体制。日本儿童读书情报网站介绍，该法的配套政策文件为《关于推进儿童读书活动的基本计划》(简称"基本计划")，是日本开展儿童读书活动的基本纲领。自立法以来，日本文部省先后在 2002 年、2008 年、2013 年和 2018 年 4 次制定"基本计划"，不断更新儿童读书活动的整体规划。以 2018 年制定的第四次"基本计划"为例，提出了推进儿童读书的重点任务，包括在家庭、学校和地区等层面培养习惯、完善环境，提高社会对于儿童读书的关注度，鼓励民间团体开展活动等。

2.《文字、印刷文化振兴法》

日本制定《关于推进儿童读书活动的法律》之后，又在 2005 年制定了《文字、印刷文化振兴法》，进一步推进全社会的读书活动。这部法律可以看作是对《关于推进儿童读书活动的法律》的深化和扩展。日本政府官方网站公布的《文字、印刷文化振兴法》共 12 条，其结构和内容与《关于推进儿童读书活动的法律》基本类似。

二、重要制度

(一)地方交付税与国库补助金制度

1. 地方交付税

日本 1954 年制定了《地方交付税法》。中央政府按照所得税、法人税收入的 33.1%，酒税收入的 50%，消费税收入的 22.3%，地方法人税收入的 100% 的比例形成财政基金，按照统一的标准在全国各地方政府间进行分配。日本的地方交付税类似于我国的中央财政向地方转移支付，已经成为日本地方政府重要的固定财政收入来源之一，与公共文化相关的费用集中在地方交付税的"教育费"中的"其他教育费"。

地方交付税具体计算方法以图书馆费用为例，都道府县和市町村有不同的计算标准。都道府县一级，标准数据是面积 6 500 平方千米，人口 170 万，设置一家图书馆；市町村一级，标准数据是面积 160 平方千米，人口 10 万，设置一家图书馆。在标准数据情况之下，不同级别图书馆所需的资金数额如表 7-7 和表 7-8 所示。根据标准的总额，可以算出人均费用，乘以各地的具体人口，就可以算出中央政府转移给地方政府的普通交付税金额。

表 7-7　2012 年都道府县地方交付税图书馆费用标准示例

项目	内容	数值/千日元
员工工资	28 名馆员（包括馆长）的工资	188 190
其他报酬	9 名图书馆协议会成员（包括委员长）的报酬	180
其他需要的费用	图书和视听资料购买费用	52 538
总计		240 908

数据来源：平成 24 年度の図書館関係経費の地方交付税措置。

表 7-8　2012 年市町村地方交付税图书馆费用标准示例

项目	内容	数值/千日元
员工工资	8 名馆员的工资	56 640
其他需要的费用	图书和视听资料购买费用	20 054
总计		76 694

比如，2012 年一家市町村级图书馆共需 76 694 000 日元的经费，扣除这部分经费中的其他财政来源，除以 10 万人，就得到图书馆经费的"单位费用"。"单位费用"乘以某市町村的实际人口数量和修正系数，就得到该地图书馆的"标准财政需要额"。"标准财政需要额"减去该地的"标准财政收入额"（该地的地方税收入×标准征收率×75％＋地方让与税等收入），就得到普通交付税的额度，该数额每年都要进行计算。根据法律的规定，普通交付税每年 8 月 31 日前由日本总务省划拨给各地方政府。

2016 年，日本总务省推出了地方交付税的改革制度。日本内阁网站介绍，对于公民馆、图书馆和博物馆等公共文化设施，总务省认为要加快引入指定管理者制度，以此提高财政支出的效率。日本图书馆协会强烈反对这一改革方案，并通过图书馆协会网站呼吁中央政府提高地方交付税的"标准财政需要额"。

2. 国库补助金

国库补助金是日本中央政府资助地方公共文化事业的又一方式，从性质上来看属于奖励性质的资金。对于地方政府来说，国库补助金属于额外的收入，并不像地方交付税一样属于一般收入。根据日本文部省网站统计，2014 年文部省汇总的国库补助金项目中，与公共文化事业相关的主要有 6 种，分别是阿伊努文化振兴费、独立行政法人机构设施设备补助费、国宝和重要文化遗产保护费、文化艺术振兴补助费、学校家庭地区协同合作推进费、史籍购买费。在 2011 年东日本大地震之后，日本政府推出了专门用于受灾地区重建的财政预算，其中与公共文化相关的补助金有公立社会教育设施受灾复原补助费。

2009—2013 年日本中央政府资助地方政府社会教育事业的国库补助金情况如表 7-9

所示，可以看出国库补助金所占比重并不高。在1997年之前，日本中央政府设有面向图书馆、博物馆等社会教育设施的"公立社会教育设施充实费用国库补助金"，随着财政制度的改革，这部分资金改为由地方交付税承担。

表7-9　2009—2013年国库补助金与地方政府社会教育费总额

年份	2009	2010	2011	2012	2013
国库补助金总额/亿日元	821	651	566	549	743
社会教育费总额/亿日元	17 291	16 409	15 743	15 533	16 028
比例/%	4.75	3.97	3.60	3.53	4.63

数据来源：地方教育費調査-結果の概要。

注：国库补助金总额不仅包括文部省的补助，还包括其他部门的补助；社会教育费总额不仅包括各类公共文化机构的费用，还包括体育、女性教育等其他机构的费用。

(二)职业资格制度——以社会教育主事资格为例

日本的公共文化机构强调专业化管理和运营，图书馆、博物馆、公民馆等都建立了从业人员的职业资格制度，图书馆称为司书制度，博物馆称为学艺员制度，公民馆称为公民馆主事制度，其他社会教育机构称为社会教育主事制度。不同的职业资格制度对职业内容的要求不一样，但取得职业资格的方法和途径大致相同，一般都是先接受系统的职业培训，再参加国家统一组织的职业资格考试，合格者被授予相应的职业资格称号。一般来说，获得职业资格有利于进入相应的机构就业或在工作中获得晋升。

以下以社会教育主事资格为例，说明职业资格制度的基本情况。[1]

1. 资格条件

按照《社会教育法》的规定，取得社会教育主事资格，需要具备以下条件：

第一，大学二年级以上、修完62学分或大专毕业、履修了社会教育主事讲习课程并合格，同时满足以下条件之一：候补社会教育主事任职3年以上；在政府机关、学校、社会教育机构或社会教育相关团体担任司书、学艺员或其他与候补社会教育主事同等职位3年以上；在政府机关、学校、社会教育机构或社会教育相关团体从事与社会教育相关的工作3年以上，掌握了有关社会教育必要的知识和技能。

第二，持有教师资格证，并且在文部省指定的教育机构任职5年以上，履修了社会教育主事讲习课程并合格。

第三，大学二年级以上并修完62学分，履修了文部省令规定的社会教育相关课程，有第一款之第一项至第三项的经历一年以上。

第四，除上述第一款和第二款以外，履修了社会教育主事讲习课程并合格，经都道府县教育委员会认定，具有相当于第一至第三款所规定的社会教育素养和经验者。

---

[1]　李国新：《日本的"公民馆主事"职业资格制度》，载《上海文化》，2013(2X)。

2. 专业教育

接受系统的社会教育专业教育，是取得社会教育主事资格的必备条件。系统的社会教育专业教育，通过两个途径实现：一是履修由大学或其他教育机构举办的社会教育主事讲习课程，二是在大学学习期间履修文部省令规定的社会教育相关课程。

《社会教育主事讲习等规程》对由大学或其他教育机构举办的社会教育主事讲习以及大学中有关社会教育的相关课程做出了规定。该规程的最新修订是 2009 年 4 月。有关社会教育主事讲习的主要规定如下：

第一，参加社会教育主事讲习的资格。不是任何人都可以参加讲习，参加讲习者需具备如下条件之一：大学二年级以上并已修满 62 学分，或大专毕业；持有教师资格证者；在法律规定的社会教育机构、团体任职 2 年以上，或担任候补社会教育主事 2 年以上；在文部省指定的教育机构任职 4 年以上；文部省认可的具有与以上各条所列同等水平者。

第二，社会教育主事讲习课程及学分。社会教育主事讲习应开设 4 门课程，共 9 学分。具体如下：终身学习概论，2 学分；终身学习计划，2 学分；社会教育专论，3 学分；社会教育实习，2 学分。

第三，社会教育主事讲习课程成绩考核与证书授予。履修课程的成绩考核，采用闭卷考试、课程论文、课程报告等形式进行。履修课程成绩全部合格，由开办讲习的大学校长或其他教育机构的负责人向履修者颁发证书，并将合格者名单报文部省备案。

第四，大学中有关社会教育的课程。大学二年级以上并修完 62 学分，再履修经文部省认可的社会教育相关课程并成绩合格，也可以获得社会教育主事资格。

3. 实施现状

日本的社会教育主事制度长期以来的执行状况不尽如人意，突出的表现是，社会教育主事资格还没有普遍成为在公民馆及相关社会教育机构就业、晋升的先决条件。从整体水平来看，2005 年、2008 年、2011 年和 2015 年，公民馆员工具有职业资格的比例分别是 32.8％、29.7％、30.2％和 28.7％，处于较低的水平。在各类员工中间，专任和兼任的比例较低，非常勤和指定管理者的比例较高，前两者属于编内员工，后两者属于编外员工(见表 7-10)。在 10 年中，公民馆员工数量减少了 13.6％，而具有职业资格的员工数量降幅更加明显，减少了 24.4％。

表 7-10　2005 年到 2015 年公民馆员工及职业资格状况

单位：人

年份	员工数量				具有职业资格的员工数量			
	专任	兼任	非常勤	指定管理者	专任	兼任	非常勤	指定管理者
2005	11 982	11 014	29 234		5 760	3 586	7 781	
2008	10 709	10 407	29 655		5 190	3 080	6 820	

年份	员工数量				具有职业资格的员工数量			
	专任	兼任	非常勤	指定管理者	专任	兼任	非常勤	指定管理者
2011	8 611	9 689	24 654	3 387	4 093	2 830	6 157	908
2015	7 566	9 096	24 380	4 100	3 527	2 471	6 019	937

数据来源：社会教育调查。

(三)指定管理者制度

从 20 世纪 80 年代的中曾根康弘政府开始，受到新自由主义思潮影响，日本逐步实行一系列行政改革举措，强调建立"小政府"，实行放松管制、促进竞争，减少福利教育预算、削减公务员、抑制工资，对大企业进行民营化改造等措施。20 世纪末，日本政府推出了一系列促进社会力量参与公共服务事业的法律。到了小泉纯一郎政府时期，日本的新自由主义改革大踏步迈进。小泉政府通过一系列法律政策，不断推动"规制缓和"(即放宽限制)与民营化，推出指定管理者制度，允许各种社会力量介入各类公共服务事业。日本总务省官方网站公布的修改后的《地方自治法》第 244 条第 2 款，具体规定了指定管理者制度的主要内容。在程序上，根据相关法律的规定，公共设施的社会化运营需要通过地方政府条例的形式加以规定。以横滨市为例，该市实施指定管理者制度的流程见表 7-11。

指定管理者制度的关键要素是公开招募、监督评估和信息公开。公开招募是确定公共设施指定管理者的原则(部分设施存在不公开招募的情况，需要由法规规定)。监督评估是指对指定管理者的多方监督和定期评估，包括自我评估、政府评估、第三方评估和使用者评估。信息公开是指有关指定管理者制度的相关信息均需向社会公开。

表 7-11　横滨市确定指定管理者的流程①

流程	具体内容
制定、修订条例	制定或修订有关条例，提交议会审议
公募	选定委员会确定公募的要求，设定充分的公告时间，通过网站等媒介公布
选定	举办应选者参加的听证会，选定委员会根据客观的标准确定指定管理者
决议	将指定管理者、指定期限等内容提交议会审议
签订协议	通知、公告、签约
运营计划、总结	每年年终，指定管理者提交年度业绩报告书和来年事业计划书；倾听使用者的意见，把握运营实际情况；进行必要的指导

根据日本文部省社会教育调查的统计，2015 年，采用指定管理者制度的公民馆比

---

① 曹磊：《日本文化设施的指定管理者制度研究：以横滨市为例》，载《城市地理(公共文化)》，2015(2)。

例为 8.1%，图书馆比例为 15.5%，博物馆比例为 14.6%。采用指定管理者制度的公共文化设施数量呈现不断上升的态势，详情见表 7-12。

2009 年，文部省提出了引进指定管理者制度需要注意的 9 个问题：明确引入制度的判断标准、设定合理的业务范围、制作合理的服务说明书、指定管理者的遴选要透明和公平、注意业务的有序交接、关注监督和评估制度、保证事业的持续性、确保指定管理者发挥创意和灵活性、正确引入和运用使用费制度。

表 7-12 采用指定管理者制度的公共文化设施数量

单位：个

年份	公民馆		图书馆		博物馆		总计	
	数量	总数	数量	总数	数量	总数	数量	总数
2005	574	17 143	54	2 979	93	1 196	721	21 318
2008	1 220	15 943	203	3 165	134	1 248	1 557	20 356
2011	1 161	14 681	347	3 274	158	1 262	1 666	19 217
2015	1 152	14 171	516	3 331	183	1 256	1 851	18 758

数据来源：社会教育调查。

注：本表格中公民馆和博物馆的数量未包括两者的类似设施。

(四)效能评价制度

有关政府的评价制度，日本有具体的法律规定。根据 2001 年通过的《关于行政机关实施政策评价的法律》，日本各级政府机关都需要进行政策评价。由此，文部省需要按照该法进行政策评价活动。在其他法律中，也有关于实施评价的规定。《社会教育法》(第 32 条)、《图书馆法》(第 7 条第 3 款)、《博物馆法》(第 9 条)均规定需要实施运营状况评价。此外，独立行政法人等中央政府所属的文化设施也要根据法律的规定实施各种评价活动。主要的评价制度包括政策评价和设施评价。

1. 政策评价

文部省认为，文化、社会教育等方面的政策是一种"面向未来的投资"，政策评价不仅要看短期效果，也要关注政策与效果之间的因果联系。文部省提出，在实施政策评价的时候，应从必要性(政策有无必要实施)、效率性(关注效果与费用之间的关系，文化、社会教育领域则更注重全面的效果)、有效性(政策是否取得成效)等角度出发，采用适当的方法进行评估。具体而言，评价的方法主要是绩效评价(关注政策是否达到预期目的)、事业评价(事前评价和事后评价)和综合评价。

2. 设施评价

公民馆、图书馆及博物馆均需要对自身的运营状况进行评价，以便根据评价结果改善运营，评价的相关信息要及时向社会公开。日本的公共文化设施评价制度在国家层面的规定较为笼统，确定了评价的基本原则和指导性意见，即要以用户为导向，通过自我评价和第三方评价相结合的方式进行。评价的具体内容主要由各地方政府及各设施根据实际情况确定。为了更好地指导评价活动，文部省通过印发参考资料介绍日本国内外的典型事例，结合行业组织的专业研究，为评价活动提供支撑和指导。以博物馆评价为例，日本国会网站介绍，文部省发布了《关于博物馆评价——给评价者的指南》，从评价的基础知识和具体操作两方面入手，详细介绍了博物馆评价的有关内容。除了政府的指导之外，公民馆、图书馆和博物馆各自的行业组织对于评价也较为关注，通过培训、研究等方式向业界传递最新的资讯、传播评价的知识，并对政府政策产生影响。

（五）社会教育调查制度

日本政府官方网站介绍，根据日本《统计法》的规定，文部省需要对管辖的事务定期开展一系列的调查，其中与公共文化相关的就是"社会教育调查"。"社会教育调查"开始于 1955 年，在 1985 年之前，每五年进行一次，之后每三年或四年进行一次。调查的对象包括各都道府县及市町村的教育委员会和相关部门，公民馆、图书馆、博物馆（包括各自的类似设施），青少年及女性教育设施，社会体育设施，文化会馆，终身学习中心等。有关政府部门的调查问卷，由文部省下发到都道府县教育委员会，再由后者下发到市町村教育委员会；各类文化设施的调查问卷，由文部省下发给各级地方政府教育委员会之后，再下发给所属设施；日本中央政府所属各文化设施的调查问卷，由文部省统一发放。调查的具体事项因类别而异。对于地方政府部门，调查的事项主要包括相关事业情况、相关法人情况、志愿服务情况等。对于各类文化设施，调查的事项也不尽相同。以公民馆为例，有关的调查事项包括九项，分别是：名称及所在地、设施种类、设置者及管理者、职员、设施设备情况、事业实施情况、设施利用情况、志愿者活动、公民馆运营审议会。其他各类文化设施的调查事项基本类似。

除了"社会教育调查"之外，文部省每年还有数量不等的专项调查研究报告问世，在日本文部省网站发布的 2013 年与公共文化相关的调查就有《社会教育事业地区性人才培养和活动实际状况调查研究》《国外博物馆政策调查研究》《社区形成过程中社会教育推进体制的存在方式研究》等。这些专项调研一般由文部省委托给各类社会组织实施。

第三节　东京都的服务体系与公民馆的特色发展

一、东京都的公共文化服务体系

东京都是广域行政区划，相当于我国的省级行政单位。根据东京都统计网站统计，其下辖 23 区、26 市、5 町、8 村，共 62 个基层行政单位，总面积 2 188.68 平方千米，人口约 1 386 万（截至 2019 年 3 月），是日本政治、经济和文化中心。以下介绍聚焦于东京都层面的状况，不涉及东京都范围内的中央政府设施以及东京都所属区市町村的情况。

（一）发展目标

2015 年制定的《东京都长期愿景》提出建设"世界第一都市·东京"的总目标，具体而言，就是要"成功举办史上最佳的奥运会"和"实现未来的可持续发展"。为此，愿景推出 8 项城市战略，其中第 3 项针对的是文化领域，希望在奥运会上向世界展现日本文化和东京魅力。为了实现这一目标，东京推出三项具体政策——完善身边可亲近的文化艺术环境、支持所有人的文化艺术活动、开展史上最佳的文化艺术活动(见表 7-13)。

表 7-13　展现日本文化和东京魅力的具体政策

政策	措施	具体内容
完善身边可亲近的文化艺术环境	提升文化艺术设施的魅力	发展上野文化设施集聚地区的特色，形成多摩地区的文化特色
	发展文化艺术设施，促进资源利用	1. 发展无障碍设施、多语种服务，延长开放时间。2. 首都圈的文化设施加强合作，通过广域公交、延长开放时间等方式构筑广域文化设施网络。3. 加强与北京、首尔等城市的合作，形成海外文化艺术合作网络
支持所有人的文化艺术活动	在东京举办各种文化艺术活动	1. 培育根植于乡土的传统艺术，支持新人的创作，培养通用型年轻人才。2. 让所有年龄和国籍的人士在东京街头开展文化艺术活动，展现城市魅力。3. 开展与残障人士相关的各类文化艺术活动
开展史上最佳的文化艺术活动	酝酿文化艺术氛围	1. 制定未来十年的文化愿景和政策。2. 开展大规模的培养人才和促进资源利用的活动
	推动文化艺术活动	1. 在公共空间、民间设施、人流交汇处和地下街道等地开展活动。2. 强化支持文化艺术活动机构的职能

资料来源：日本人のこころと東京の魅力の発信。

《文化愿景》秉承《东京都长期愿景》的理念和政策，就东京的文化艺术事业在 2015 年到 2025 年之间的具体发展提出更加详细和可操作的内容。"体育运动与文化和教育相融合"是《奥林匹克宪章》的基本原则之一，基于这一原则，以东京举办奥运会为契机，提出发展文化艺术事业的蓝图。为此，《文化愿景》提出 8 项文化战略，具体推动这十年内东京的文化艺术事业发展(详见表 7-14)。东京都通过构筑全员参与机制(包括市民、政府、组织团体、全体日本国民等)、完善文化艺术领域的执行机构(创立东京艺术委员会和艺术振兴基金等)、传播东京的文化品牌价值等方式，实现《文化愿景》的战略目标。对于东京都下属的文化艺术设施，《文化愿景》提出 6 项新的运营方针，包括成为创意的传播基地、改善使用环境、形成设施网络体系、参与社会事业、与地区机构组织加强合作和承担培养下一代的责任。

表 7-14 《文化愿景》的战略

序列	战略
1	传统与现代共存、融合，保持并向世界传播东京的独特性和多样性
2	提升文化设施多彩的魅力，提升文化艺术都市东京的传播能力
3	构筑每个人都能享受文化艺术的社会基础
4	以青年为中心，培养多样化的人才，提供国内外发展、培养和创作的产业和机会
5	加强文化艺术对外交流，提高国际竞争力
6	在教育、福利和地区振兴等社会和城市发展中充分利用文化艺术事业的力量
7	尖端科技与文化艺术事业融合以促进创意产业的发展，推动变革
8	以文化艺术的力量促进东京的城市力量，进而实现史上最佳的文化艺术活动

资料来源：東京文化ビジョン。

(二)法规政策及管理部门

东京都有着较为完备的地方法规体系，与文化事业相关的法规主要集中在教育门类之中，共计有 36 份，占到总数的 1.4%。

日本文化事业的分类与我国有所不同，主要区别是博物馆、图书馆、公民馆等机构属于社会教育或终身学习设施，而文化事业主要指文化艺术、文化遗产等领域。在东京都，文化事业分属生活文化局和教育委员会两个部门管辖，其中文化艺术事业(或称文化振兴，包括文化政策、文化设施、支持艺术家、传播东京文化、继承东京历史和文化五个方面)归生活文化局管理，终身学习、社会教育和文化遗产归教育委员会管理。生活文化局和教育委员会的职能是围绕文化事业的各个领域广泛征集全社会的意见，制定发展政策，协调各方关系，促进文化事业发展。两个部门对文化事业进行宏观管理，一般不负责设施的管理和运营(见表 7-15)。

表 7-15 东京都文化类法规

门类	大类	主要法规	数量/条
总则	通则	东京都文化振兴条例	1
教育	社会教育	包括终身学习审议会、社会教育主事资格认定(一般社会教育)，都立博物馆、图书馆、美术馆、文化会馆及艺术剧场，社会教育会馆(社会教育设施)，体育审议会，体育设施(社会体育)等方面	26
	文化遗产	包括文化遗产保护、认定，非物质文化遗产保护，文化遗产调查保护设施等方面	9

资料来源：東京都例規集データベース。

东京都在文化事业方面的财政投入根据管理部门分为两块，一块是生活文化局部分，一块是教育委员会部分。生活文化局的预算主要分为开展志愿者活动、促进多元文化和谐共生、文化振兴三个类目，教育委员会的预算主要集中在社会教育费用这一类。2017 年、2018 年、2019 年，东京都公共文化事业的预算占到当年财政总预算的比例依次为 0.35％、0.50％、0.37％，具体数据见表 7-16。

表 7-16　东京都公共文化事业的预算总额

单位：亿日元

年份	2017	2018	2019
生活文化局部分	154.5	262.4	177.4
教育委员会部分	88.5	91.1	95
总计	243	353.5	272.4

数据来源：政策·予算，生活文化局の予算。

(三)设施运营与事业开展

除了图书馆等少数设施之外，东京都大部分文化设施均根据指定管理者制度交给社会力量运营。表 7-17 反映的是东京都文化设施的指定管理者情况，表 7-18 反映的是东京都主要文化设施的服务和运营情况。东京都一级的公共图书馆共有两家，分别是中央图书馆和多摩图书馆，均由教育委员会直接管理。中央图书馆的职责是向东京都各公立图书馆提供参考咨询和外借服务，向读者提供阅读和调研服务。多摩图书馆收藏有各类杂志，同时还拥有丰富的未成年人文献资源。2006 年制定的都立图书馆改革方案明确，通过开展全新服务、提供便利服务、推动网络服务、强化与政府的合作、促进区市町村图书馆合作五项举措，更好地发挥都立图书馆的作用。也就是说，都立图书馆的主要职责不是面向一般民众提供服务，而是致力于做好统筹、协调、沟通、对基层馆的援助等工作，从而促进东京都区域内图书馆和政府的合作，形成公共图书馆服务网络体系。

表 7-17　东京都文化设施的委托运营情况

设施名称	指定管理者(2017—2020 年)
东京都江户东京博物馆 分馆：江户东京建筑园	公益财团法人东京都历史文化财团
东京都写真美术馆	
东京都现代美术馆	
东京都美术馆	
东京文化会馆	
东京艺术剧场	
东京都埋藏文化遗产中心	公益财团法人东京都体育文化事业团

资料来源：都立文化施設の指定管理者について，東京都埋蔵文化財センター。

表 7-18　2014—2016 年东京都主要文化设施统计数据

项目		2014	2015	2016
都立图书馆(两家)	开馆天数	306	329	329
	藏书总数	2 440 257	2 488 283	2 536 959
	到馆人次	381 158	354 379	386 629
东京都美术馆	开馆天数	316	324	330
	展览场次	282	278	280
	参观人次	2 150 039	1 894 523	2 693 349
东京都现代美术馆	开馆天数	249	257	76
	展览场次	10	11	4
	参观人次	408 952	564 199	297 688
东京都写真美术馆	开馆天数	152		164
	参观人次	127 228	132 194	135 581
江户东京博物馆	开馆天数	253	313	316
	馆藏总数	592 659	602 500	607 453
	参观人次	1 477 126	1 876 205	1 828 478

数据来源：東京都統計年鑑 平成 28 年 17 教育・文化・スポーツ。

注：2015 年，东京都写真美术馆因为维修工程而闭馆，在惠比寿映像祭等场合开展活动。

东京艺术委员会是促进东京文化艺术事业发展的重要机构，与东京都历史文化财团是"一个机构两块牌子"的关系。艺术委员会的主要职责是赞助、支持和实施各类文化艺术活动，其主要业务范围包括：(1)赞助、支持文化艺术事业。对反映东京本地的文化艺术活动、有利于解决社会问题的文化艺术活动(例如面向儿童、老年人、残障人士的文艺活动)，在审核之后给予经费支持；对本年度或者长期的文艺创作进行支持。(2)创作、传播文艺活动。对歌谣大会等各项节庆比赛活动、支持日本震区复兴的文化艺术活动、构建文化艺术网点的活动进行支持。(3)培养文艺人才。邀请专家向年轻人介绍文化艺术领域的各种知识。(4)加强国际文化交流。通过活动增进东京和世界之间的了解和认识。(5)宣传介绍文化艺术规划战略。艺术委员会与东京都政府、东京艺术文化评议会形成一个三角关系，共同承担起促进东京都文化艺术事业发展的职责。

(四)审议会机制

东京都文化事业的社会化发展程度很高，除了引入指定管理者制度来运营文化设施之外，审议会机制也是重要的体现之一。上文提及的东京艺术文化评议会就是一个范例。审议会机制是第二次世界大战后日本广泛运用在各个领域的一项制度，主要作用是让社会和民众能够参与到政策决策、制定等环节中来，使政府的各项法律法规、政策措施更好地反映社会的需求，符合民众的意愿。目前，东京都文化领域的各类审议会较多，在地方法规中均有明确的规定，主要有长期和临时两种类型，其功能是就相关问题进行讨论研究、提出意见方案，是政府的决策咨询机构(见表7-19)。

东京都的各类文化事业审议会的成员一般是专家学者、政府官员、社会组织领导和业界代表。成员领取一定的报酬或礼品，由政府财政承担。例如，第4届东京艺术文化评议会具体人员构成包括评议员15名、文化项目论证委员会成员18名、文化都市政策论证委员会成员9名、传统艺术委员会成员3名、2020东京文化政策论证委员会成员14名，除去重复，共计有46名成员。东京都立图书馆协议会(2015—2017年)成员共12名，其中大学教授4名、政府官员3名、图书馆界人士1名、博物馆界人士1名、学校人士1名、企业代表2名。审议会的主要活动就是开会讨论相关议题，每年会召开若干次会议，会议的记录或提案一般会向社会公开。东京都的不少文化政策和措施都是由审议会提出之后被政府采纳实施的，如"东京文化传播项目"、东京都立图书馆的改革方案等。

表 7-19　东京都的各类文化事业审议会

主管部门	审议会名称	类型
生活文化局	东京艺术文化评议会	长期
	多文化共生推进委员会	长期
	东京都江户东京博物馆资料收藏委员会	长期
	东京都写真美术馆作品资料收藏委员会	长期
	东京都现代美术馆作品资料收藏委员会	长期
教育委员会	东京都终身学习审议会	长期
	东京都文化遗产保护审议会	长期
	东京都立图书馆协议会	长期

资料来源：生活文化局の審議会等。

二、公民馆的性质功能与运营管理[①]

(一)公民馆及其类型

公民馆是第二次世界大战后日本首先以农村为中心建设、继而在城乡普及的公益性社会教育和文化活动设施。按照日本《社会教育法》的规定，公民馆设置在市町村和其他一定区域，主要任务是通过开展贴近居民的各种教育、学术、文化活动，达到提升居民素养、增进居民健康、陶冶居民情操，进而振兴生活文化、增进社会福祉的

---

① 以下内容主要参考《中国公共文化服务发展报告 2012》中《日本的公民馆及其基本制度》一文(于群、李国新主编，社会科学文献出版社 2012 年版，318～334 页)，相关数据根据日本 2015 年社会教育调查的结果进行了更新。

目的。

公民馆在日本的称谓不统一，多数叫公民馆，也有其他五花八门的名称，如社会教育会馆、生涯学习中心交流馆、生涯学习中心、社区中心、地区中心、市民馆、市民中心等。法律或政策语言一般使用"公民馆"的称谓。

日本《社会教育法》将公民馆分为公立公民馆和法人立公民馆两类，这是从设置主体着眼对公民馆的类型划分。公立公民馆的法定设置主体是市町村政府。法人立公民馆是指由一般社团法人或一般财团法人设置的公民馆。法人立公民馆数量有限，在20世纪60年代末至70年代初数量最多时，全国也不足50所。按照日本《社会教育法》的规定，除市町村政府和一般社团法人、财团法人外，其他团体或个人不得设置公民馆，即法律不承认私立公民馆。这一点与日本《图书馆法》承认私立图书馆、《博物馆法》承认私立博物馆大相径庭。

公民馆还有中央馆、地区馆、分馆的区别。第二次世界大战后初期公民馆开始建设时走的是"一町一村一馆"的道路，基本做法是在一个市（区）的地域范围内设置一所中央馆（总馆），再根据町村布局、人口分布设置若干分馆，形成公民馆的中央馆—分馆体系。从20世纪50年代中期开始，日本实行"町村合并"，公民馆分馆的数量迅速减少，兴起了介于中央馆和分馆之间的地区馆，通常的状况是在一个区市町村区域单元内有一所中央馆、若干所地区馆，中央馆或地区馆根据需要设置分馆。

公民馆不允许私设私营，但日本《社会教育法》还有另外一项规定：任何人都可以设置公民馆的类似设施。所谓公民馆的类似设施，是指市町村依据成文化的条例设置的在政府教育委员会备案的、性质和功能与公民馆类似的设施。

截至2015年，日本共有公民馆14 171所，其中市、町、村设置的公民馆数量分别是10 103所、3 491所、573所（另有4所社团、财团法人设置的公民馆）。市、町、村的公民馆设置率分别是87.1％、81.7％、71.6％，综合设置率为83.2％。公民馆的工作人员分为专任、兼任、非常勤和指定管理者四类，截至2015年，公民馆从业人员总数为45 142人，其中四类人员的数量分别是7 566人、9 096人、24 380人和4 100人，馆均工作人员数量为3.2人，每个馆员服务的人口数量大约为3.5万。公民馆的设施规模差异较大，小的不足150平方米，大的超过3 000平方米。规模在330平方米到500平方米、500平方米到750平方米的公民馆数量分别是2 659所和2 257所，所占比例最高。公民馆的活动主要是培训、讲座和集会类活动。2015年，公民馆实施培训、讲座类活动348 519次，集会类活动180 079次（包括主办和协办），二者相加，活动总数为528 598次，馆均开展活动37.3次。2015年，公民馆（包括类似设施）利用总人数达到2.22亿人次，馆均1.6万人次，人均到馆数量为1.78次。

（二）公民馆的功能和任务

日本《教育基本法》和《社会教育法》是公民馆设置、管理、运营的法律依据。关于公民馆的设置目的，《社会教育法》的表述是："为市町村和其他一定区域的居民举办各种贴近生活的教育、学术、文化活动，达到提升居民素养、增进居民健康、陶冶居民情操，进而振兴生活文化、增进社会福祉的目的。"为实现上述目的，《社会教育法》规定公民馆承担如下六个方面的任务：（1）举办定期讲座；（2）举办讨论会、讲习会、演讲会、实习会、展示会等；（3）配备图书、资料、模型等以供利用；（4）举办体育、休闲等活动；（5）与各类团体、机构建立广泛的联系与合作；（6）将设施提供给居民集会或其他公共活动利用。

1959年日本文部省首次颁布、2003年最新修订的《公民馆设置及运营标准》对公民馆功能和任务的要求是：（1）发挥"地域学习中心"功能。通过举办讲座、研讨以及与其他相关组织合作举办活动等形式，为居民提供多样化的学习机会。（2）发挥"地域家庭教育援助中心"的功能。提供与家庭教育有关的学习情报、学习机会、交流机会，开展家庭教育咨询活动。（3）促进志愿服务活动、自然或实践体验活动。开展各类志愿者培训，提供志愿服务活动、自然或实践体验活动的信息和机会。（4）与学校、家庭及社会相关团体组织广泛合作。通过与相关团体组织合作举办活动等方式，促进相互合作，促进青少年、老龄者、残疾人、婴幼儿监护人参加活动。

20世纪70年代初，东京都社会教育主管部门出台政策性文件《新公民馆的目标形象》，提出"新公民馆"的概念。所谓新公民馆，就是指由"农村型公民馆"蜕变而来的"都市型公民馆"。该政策性文件提出了新公民馆的四大功能：（1）公民馆是自由聚集场所。公民馆是全体居民的设施，不论是谁，都可以自由、轻松地进入，自由地聚集，自由地开展活动。公民馆是自由聚集的场所，是自我解放的场所。（2）公民馆是集体活动中心。公民馆是一个可以被灵活应用的活动中心。公民馆设施必须设置集体活动可以自由使用的多个空间，必须具有满足集体交流使用要求的场所，必须设置使带着婴幼儿的母亲可以自由参加学习、集会的"保育室"。（3）公民馆是"我的大学"。从身边的问题出发，追根溯源去探寻根本性的问题，这是当今公民个人面临的学习课题。公民馆必须在这一过程中充分发挥作用，形成丰富的学习内容，回应居民的学习要求，成为"我的大学"。（4）公民馆是文化创造广场。所谓文化，植根于自身生活，在生活中产生、发展、延续。公民馆是自由聚集的场所、集体活动中心、"我的大学"，这些功能相互联系、综合作用，就会产生独特的教育、文化氛围，成为居民文化创造的广场。总之，公民馆是具有自由聚集和交流场所特性的学习、文化殿堂。[1]

进入21世纪，日本全国公民馆联合会(简称"全公联")在一份题为《公民馆的功能和作用》的文件中强调，公民馆的核心功能可以用三个关键词表达：集会、学习、纽带。具体说，公民馆站在市民的立场上，对市民的自主性学习交流活动给予援助；公民馆是近在身边的终身学习的核心设施；公民馆联系男女老少，沟通历史与未来，是

---

① 東京都公民館資料作成委員会：新しい公民館像をめざして，東京都教育庁社会教育部会教育主事室，1974，pp.5-6.

新时代的地域文化创造中心。

(三)公民馆的运营原则和基本制度

1.《社会教育法》确立的公民馆运营原则

(1)公益原则。公民馆不得从事以营利为目的的活动；不得支持任何营利事业。(2)公共原则。公民馆不问年龄、性别、种族、信仰、国籍等，向所有人开放。(3)中立原则。公民馆不得从事与特定政党有利害关系的活动；在公私选举中不得支持特定候选人；不得从事支持、援助宗教、教派或教团的活动。(4)依"标准"设置与运营原则。文部省于1959年12月首次颁布了《公民馆设置及运营标准》，2003年6月最新修订。现行标准规定的主要事项包括：公民馆网点布局原则；公民馆的主要功能(地域学习中心，地域家庭教育援助中心，开展服务活动和参与性体验活动，与学校、家庭、社会联系合作)；公民馆的运营与服务原则(适应当地实际需要)；公民馆职员；公民馆设施与设备；公民馆服务的自我评价。(5)设置者依法管理原则。设置公民馆的市町村政府通过制定条例规范公民馆设置和管理的有关事项，实施对公民馆的管理。据此，所有设置公民馆的地方政府均制定有公民馆条例。条例的内容一般包括：设置公民馆的目的、意义；公民馆的名称、位置和设备；公民馆的管理者；公民馆的经费来源；公民馆职员；公民馆运营审议会等。

2.《社会教育法》确立的公民馆基本制度

(1)馆长负责制。公民馆馆长对公民馆策划和实施的所有活动以及其他各项工作负责，并负责管理公民馆所有职员。公民馆馆长实行任命制，由地方政府教育委员会行政首长推荐，教育委员会任命。

(2)公民馆主事制度。这是公民馆专业职员的职业资格制度。《社会教育法》对公民馆职员有如下规定：第一，公民馆应配置馆长、主事和其他必要的职员。第二，主事接受馆长的指令，具体实施公民馆的业务。第三，主事和馆长一样实行任命制，由地方政府教育委员会行政首长推荐，教育委员会任命。这里的所谓"主事"，在"社会教育"的大范畴内称为"社会教育主事"，具体适用到公民馆，又称为"公民馆主事"。《社会教育法》第二章专门对社会教育主事和候补社会教育主事的职责、资格取得方式做了规定，适用于公民馆主事。

(3)公民馆运营审议会制度。公民馆运营审议会是公民馆馆长的咨询机构，职责是应馆长的要求，对公民馆的所有活动、工作的规划和实施状况进行调研与审议。《社会教育法》规定，审议会委员实行委任制，由地方政府教育委员会从学校教育、社会教育、家庭教育相关团体和有学识经验的人士中遴选委任。审议会委员的名额及任期则由当地公民馆条例规定。截至2015年，日本全国共有公民馆运营审议会委员49 741人。

(4)公民馆运营评价制度。这是公民馆运营的自我评价制度。制度要素有二：一是要求公民馆对自身的运营状况做出评价，并依据评价结果提出改善运营和服务的措施；

二是要求公民馆公开有关运营状况的信息，以便公众了解公民馆事业，促进公民馆发展。

（5）公民馆运营经费保障制度。《社会教育法》规定，地方政府应根据《地方自治法》的规定设立公民馆运营基金，并对公民馆运营基金实行"特别会计"制度。政府通过设立基金来保证公民馆的运营经费，使得经费来源专门化、稳定化、透明化。公民馆使用经费有更大的自主权，当然也面对着更为严格的监管。在日本所有的公共文化、社会教育机构中，公民馆的这种运营经费保障制度是独一无二的，这也体现了公民馆在日本的特殊性。

（6）国库补助金制度。这是中央政府对设置主体为地方政府的公民馆的经费补助制度。《社会教育法》规定，国家在预算的范围内，对设置公民馆的地方政府就公民馆设施、设备经费和其他必要经费给予部分补助。这一制度自 1950 年开始实施，一直延续到 1988 年被废止，实施了将近 40 年。根据日本文部省网站统计，20 世纪 70 年代末至 80 年代初是国库补助金数量最大的时期，总量每年在 100 亿日元以上。国库补助金制度对促进公民馆设施、设备的改善发挥了重要作用。

【本章小结】

我国所说的公共文化服务，在日本分属社会教育事业和文化艺术事业范畴。公共图书馆、公民馆、青少年课外教育、未成年人阅读推广等事务属于社会教育范畴，由教育行政部门主管；博物馆、文化艺术、文化遗产、著作权保护、宗教、文化交流、日语教育等事务属于文化范畴，由文化行政部门主管。日本公共文化服务经费投入实行中央财政和地方财政分担、以地方财政为主的机制。近年来，中央财政用于公共文化服务的经费占本级财政总支出的 0.25％～0.30％，地方财政用于公共文化服务的经费平均占本级财政的 1％左右。

日本的公共文化服务有较为完备的法律政策保障体系。已出台的与公共文化服务相关的主要法律有《社会教育法》《文化艺术基本法》《图书馆法》《博物馆法》《关于推进儿童读书活动的法律》《文字、印刷文化振兴法》等。法律和政策确立的促进和保障公共文化发展的基本制度主要有：地方交付税制度，国库补助金制度，图书馆、博物馆和公民馆的职业资格制度，公共文化机构的指定管理者制度，公共文化服务效能评价制度，社会教育调查制度等。

东京都公共文化服务的发展目标、管理体制、法律政策体系以及公共文化服务设施的管理运营和服务，代表了日本公共文化服务发展的最高水平。公民馆是日本有特色的公共文化服务设施，与我国的文化馆性质、功能较为接近。了解日本公民馆的管理运营和制度建设，对我国文化馆建设具有借鉴意义。

【本章思考题】

1. 日本的公共文化管理体制和我国有什么区别？思考日本公共文化管理体制的优势和局限。

2. 日本公共文化方面的法律法规主要有哪些？你认为有哪些值得借鉴之处？

3. 日本的地方交付税制度、国库补助金制度、职业资格制度对完善我国的公共文化服务保障制度有什么启发和借鉴意义？

4. 结合日本实施公共文化机构的指定管理者制度的实际情况，思考怎样进一步完善我国公共文化服务社会化发展政策体系。

第八章　韩国公共文化服务

韩国位于朝鲜半岛南部，是与我国隔海相望的近邻，国土面积 10 万平方公里，人口 0.51 亿。2017 年国内生产总值 1.53 万亿美元，人均 2.97 万美元。[①]

文化体育观光部是韩国中央政府主管文化、体育和旅游的行政机关，公共文化服务相关事务由文化体育观光部文化艺术政策室下设的地域文化政策馆主管。其中，图书馆事务由地域文化政策馆中的图书馆政策企划团主管，博物馆、美术馆、文化院等由文化基础科主管。各级地方政府亦设有文化体育观光局或类似行政机构，管理地方公共文化服务事业。韩国公共文化服务经费由中央政府和地方政府共同投入，其中中央政府文化财政预算由直接财政预算和多项文化类基金预算构成。

韩国的文化法律体系较为完备，与公共文化服务相关的法律主要有《文化基本法》《地区文化振兴法》《文化艺术振兴法》《文化艺术教育支援法》《博物馆及美术馆振兴法》《图书馆法》《小型图书馆振兴法》《读书文化振兴法》等。韩国政府近年相继推行的"文化隆盛"政策和"文化愿景 2030"规划，有力地促进了公共文化事业的持续发展。

韩国的公共图书馆事业较为发达，以"委员会制"和"计划制"为主体的公共图书馆管理体制、作为社区多元公共文化空间的小型图书馆是其重要特色。近年来，韩国特有的地方文化院发展迅速，这对我国文化馆建设具有借鉴意义。

第一节　文体旅融合的管理体制

一、文化体育观光部

文化体育观光部（MCST）是韩国中央政府主管文化、体育和旅游的行政机构，其宗

---

① 数据参见国家统计局编：《中国统计年鉴（2018）》，北京，中国统计出版社，2018。

旨是通过文化、体育和旅游的普及、发展促进国民幸福，其主要目标与职责是传播文化艺术、发展体育和观光事业。

文化体育观光部目前设有4室（企划调整室、总务室、文化艺术政策室、国民沟通室）5局（文化内容政策局、著作权局、媒体政策局、观光政策局、体育局）1团（亚洲文化中心城市推进团）。其中，与公共文化服务直接相关的是文化艺术政策室，其下设的地域文化政策馆设有图书馆政策企划团、文化基础科和地域文化政策科三个科室。图书馆政策企划团的主要职能是设立并调整与图书馆情报政策发展相关的综合规划、支援图书馆情报政策委员会的运营、图书馆相关法令的制定及修订相关事宜、图书馆运营评估及统计相关事宜、图书馆相关法人及非营利团体的设立及支援、公共图书馆的设立及孵化支援、小型图书馆及地域代表图书馆的孵化支援、图书馆情报化及协力网的构建和改善相关事宜。文化基础科的主要职能是设立、调整并施行与博物馆、美术馆、文化院等文化基础设施相关的综合规划，调查研究并改进文化基础设施相关法律制度，支援国立中央博物馆、国立民俗博物馆、韩国历史博物馆、国立现代美术馆的运营和管理，支持生活文化中心、地方文化院等文化基础设施建设等。地域文化政策科与公共文化服务相关的主要职能是设立并调整、促进与地域文化政策相关的综合规划，地方文化院的孵化支援等。

文化体育观光部还直接管辖多个"国家级"文化艺术机构，如国立中央图书馆、国立中央博物馆、国立民俗博物馆、韩国历史博物馆、国立韩文博物馆、国立中央剧场、国立现代美术馆、韩国艺术院、韩国艺术综合学校、国立国语院、海外文化宣传院、国立国乐院、韩国政策广播院等。此外，韩国教育部、保健福祉部、未来创造科学部等17个中央政府部门协同文化体育观光部开展相关的工作，在韩国文化事业建设和发展中也发挥着积极的作用（见表8-1）。[①]

韩国各级地方政府负责本区域内的公共文化事业。韩国的行政区划分为1个特别市（首尔特别市）、1个特别自治市（世宗特别自治市）、1个特别自治道（济州特别自治道）、8个道及6个广域市。据韩国文化体育观光部网站介绍，在特别市、自治市、道、广域市均设有文化体育观光局，局里设有文化艺术科。在8个道下辖的各地级市政府也设有文化观光福祉局或文化观光局，局里设有文化艺术科。文化艺术科分管地方文化政策、文化艺术教育事业以及博物馆、美术馆。此外，教育部下属的部分地方教育厅也分管公共图书馆和文化院的建设和运营工作。以首尔特别市为例，除国立中央图书馆外，市内共有公共图书馆132个，其中22个为首尔特别市教育厅所立。

---

① 李祗辉：《韩国"文化隆盛"政策解读》，载《青年记者》，2015(35)。

表 8-1　韩国文化领域相关中央政府部门

政策领域	相关部门
文化教育	教育部
文化福祉	保健福祉部、女性家族部、雇佣劳动部、行政安全部、法务部
文化创造	未来创造科学部、教育部、国防部、放送通信委员会
文化经济	产业通商资源部、农林畜产食品部、海洋水产部、企划财政部
文化环境	国土交通部、环境部
文化外交	外交部、统一部

二、韩国文化院联合会

韩国文化院联合会是由分布在全国的 78 个地方文化院在 1962 年组建的社团法人。根据 1994 年《地方文化院振兴法》(法律第 718 号)的规定,韩国文化院联合会成为文化体育观光部辖下的特殊法人,是地方文化院的管理、协调机构,其职责和目标是实现地方文化院的均衡发展和相互协调,以促进社会的共同利益,推动民族文化交融和国际交流。

地方文化院可以为公众提供多种多样的文化服务,具体包括发行地方文化期刊、庆祝或纪念地方历史文化事件、举办面向不同群体的文化艺术活动、设置小型图书馆或举办文化艺术兴趣班等。截至 2018 年,韩国已经建有 231 个地方文化院(见表 8-2)。

表 8-2　2018 年地方文化院运营状况

道市名		文化院数/个	每院平均			
			会员数/人	职员数/人	年参与人数/人	年预算额/千韩元
特别市	首尔特别市	25	446	2.92	60 587	615 567
特别自治市	世宗特别自治市	1	411	5.00	2 850	652 852
广域市	釜山广域市	15	475	1.6	11 989	313 018
	大邱广域市	8	327	1.50	40 581	269 238
	仁川广域市	10	23 185	3.60	25 157	391 739
	光州广域市	5	1 038	1.20	3 897	240 727
	大田广域市	5	221	3.60	24 540	714 812
	蔚山广域市	5	443	3.40	23 289	523 303

道市名		文化院数/个	每院平均			
			会员数/人	职员数/人	年参与人数/人	年预算额/千韩元
道	京畿道	31	397	3.42	31 944	625 788
	江原道	18	267	3.06	15 022	615 640
	忠清北道	11	416	1.36	97 711	626 191
	忠清南道	16	1 051	2.50	23 640	549 904
	全罗北道	14	391	1.29	10 904	259 261
	全罗南道	22	777	1.82	10 150	358 343
	庆尚北道	23	614	1.87	24 861	528 698
	庆尚南道	20	767	1.25	25 168	324 233
特别自治道	济州特别自治道	2	1 096	2.50	11 552	487 150

数据来源：文化体育观光部文化基础科：《2018 全国文化基础设施总览》。

韩国文化院联合会设有企划总管组、地区文化振兴组、研究宣传组，开展的具体项目主要有如下六项。

(一)文化体育资源服务促进工程

为促进文化体育资源服务而运营的"文化体育资源服务"网站，是文化志愿者与文化机构、团体联系的线上平台。文化、体育领域的机构、团体可通过此网站招募和管理志愿者，个人、爱好者社团和专家可作为志愿者参与多样的文化、体育服务活动。

(二)生活文化共同体创造工程

由文化体育观光部、韩国文化艺术委员会主办，韩国文化院联合会主管的"生活文化共同体创造工程"，为租赁户、平房密集区以及农产区等公共文化资源较为贫乏地区的居民提供福利文化基金。以居民作为自发、能动主体，通过开展文化艺术教育、扶持居民社团、培养居民讲师、举办村庄庆典、进行共同体教育等举措，实现以居民为中心的文化共同体的形成。每个单体工程至多通过 3 年的资助来形成和发展共同体。

(三)全国乡土文化作品征集展

这是自 1986 年至今韩国国内唯一一个传统乡土文化作品展，其一直致力于挖掘地方蕴含的乡土文化，保存、继承即将消失的乡土文化，不断推动全国各地的乡土文化研究，打造、强化更具专业性的展示、传播平台，持续起到"地方文化站岗人"的作用。尤其是通过评奖以奖项作品形式发布的获奖论文、乡土文化资料、活用产品，对保存及活用乡土文化资料有着较大的贡献。

(四)教育研修工程

该工程包括：(1)地域文化经营课程。从 2006 年开始，韩国文化院联合会每年以地方文化院事务局职员为培训对象，开设地域文化经营课程，通过此课程实现了文化院间的信息共有，形成了人力物力共享网络，构建了地方文化交流平台。(2)地方文化院长研讨会。韩国文化院联合会每年召集全国的地方文化院长举行一次研讨会，包含关于文化政策方向和文化现象的讲座、按主题分组讨论等内容，以强化文化院间的联系和交流，构建牢固的地方文化院联合网络。(3)地方文化院人力研修。为提升地方文化院事务局职员专业素养，韩国文化院联合会以事务局长和职员为对象，每年开展1~2次研修活动。(4)优秀地方文化院职员先进文化机构进修。韩国文化院联合会为优秀地方文化院职员提供到海外文化机关(团体)实习进修的机会，并予以资助。

(五)青少年地域文化创作工程

韩国文化院联合会激励地方文化院活用各地历史、文化资源，支持其开展培养青少年创造性的文化艺术教育。该工程受到文化体育观光部国库补助金的资助，自2007年开始实施，最初的项目有11个；到2016年3月，与学校合作开展、运营的项目已达22个。

(六)老年文化项目

为增进老年人的文化享有和社会参与，从2005年开始，韩国文化院联合会推动地方文化院利用文化基础设施开展老年文化项目工程。每年通过公开申请确定资助项目，2016年的资助项目达358个。为实现由学习到分享，资助项目一般开展切合老年人需求和特点的文化艺术教育、文化才艺展示等活动，并扶持组建老年人文化社团，帮助他们开展社团活动。

三、韩国文化艺术委员会

韩国文化艺术委员会由韩国文化艺术振兴院于2005年设立，负责管理和运营文化艺术振兴基金，是韩国文化艺术资金保障机构。韩国文化艺术委员会的宗旨是"坚信优秀的艺术是改变人生的力量，通过支持振兴文化艺术的事业和活动，共享创造之乐的价值人生"。韩国文化艺术委员会的主要职责是在文化艺术多领域内开展资金援助，以文学、视觉艺术、公演艺术、传统艺术、多元艺术等非营利性的基础艺术领域为主要资助方向，扶持创作与交流，亦致力于基础设施的构建，发展艺术教育，以此提高艺术创造力、推动艺术创作，增强艺术市场的"生产力"。此外，也致力于提升公众的文化艺术创作积极性。同时，作为代表国家的艺术援助机构，韩国文化艺术委员会还支持海外文化交流以及地区文化艺术的均衡发展。

四、文化事业经费保障

从资金来源看，韩国用于文化发展的资金主要有两大部分：一是政府对文化发展的财政预算，二是文化艺术振兴基金、电影发展基金、报纸发展基金、观光振兴开发基金和国民体育振兴基金等文化类基金。二者统称为"中央政府文化财政预算"。

中央政府文化财政预算支出包括促进文化艺术发展、促进观光（旅游）发展、促进体育发展和其他一般项目四类。2009—2015年，中央政府文化财政预算持续增长，年均增长率达9.2%，而在此期间政府总预算的年均增长率只有2.8%。中央政府文化财政预算的年均增长率大大高于政府总预算的年均增长率，反映出韩国政府对文化发展的高度重视。另外，中央政府文化财政预算占政府总预算的比例也在逐年增长，从2009年的0.95%增长至2015年的1.30%。

文化艺术振兴基金根据《文化艺术振兴法》设立，由韩国文化艺术委员会负责管理和运营。其资金主要来自政府拨款，个人、法人的捐献，公演场、博物馆、美术馆、历史遗迹等入场费，以及电台的部分广告费。文化艺术振兴基金主要用于支持文化艺术的创作和普及，支持发展民族传统文化的相关调查、研究、著作及其普及，资助文化艺术人员的福利保障事业，捐助地方文化艺术振兴基金，支付韩国文化艺术委员会运营所需的经费，支持其他文化艺术振兴事业及活动。韩国文化艺术委员会设置文化艺术振兴基金审议委员会，以监督资金公正有效地分配和运用。

第二节　文化法律体系与"文化隆盛"政策

一、文化法律体系

韩国注重文化领域立法，特别是2013年将"文化隆盛"纳入政府执政纲领后，迄今已出台4部文化类法律，分别是《文化基本法》《地区文化振兴法》《文化艺术援助法》《文化多样性保护和增进法》，并对20部文化类法律进行了修订。据统计，韩国现行有效的文化领域法律规范共有182部，其中法律53部、总统令75部、文化体育观光部令54部，内容涵盖了文化、体育、观光等各方面。关于或涉及公共文化服务的法律主要有《文化基本法》《地区文化振兴法》《文化艺术振兴法》《文化艺术教育支援法》《博物馆及美术馆振兴法》《艺术人福利法》《图书馆法》《小型图书馆振兴法》《读书文化振兴法》等。

(一)《文化基本法》

《文化基本法》于2014年3月31日开始施行，并在2016年5月29日和2017年11月28日两次进行了部分修订。目前施行的《文化基本法》是2017年11月28日的修订版。

《文化基本法》规定了文化相关的公民权利、国家和地方政府的责任，并规定了文化政策的方向及其推动所需的基本事项，其目的是提高文化的价值和地位，使文化能够提高生活质量，为国家社会发展发挥重要作用。该法指出，文化是民主国家发展和提高公民个人生活质量最重要的领域之一，国家和地方政府全力使文化的价值可以扩散到教育、环境、人权、福利、政治、经济、休闲等整个社会领域，并以个人在文化表现和活动中不受歧视、文化多样性、自主性和创造性原理协调实现为基本理念。

（二）《地区文化振兴法》

《地区文化振兴法》制定于 2014 年 1 月 28 日，于同年 7 月 29 日开始施行。该法规定了消除文化地区差距、地域文化多样性均衡协调、提升地区居民生活质量，为活跃生活文化创造条件、优先保存地域文化固有原型的地区文化振兴基本原则，并以消除地区之间的文化差距、发展各地区具有特色的本土文化、提高地区居民的生活质量、建设文化国家为目标。

（三）《文化艺术振兴法》

《文化艺术振兴法》于 1972 年 8 月 14 日起施行，后经历了 29 次修订。目前施行的《文化艺术振兴法》修订于 2019 年 4 月 17 日，旨在支持振兴文化艺术的事业和活动，以继承传统文化艺术、创造新文化，为民族文化的繁荣作出贡献，涉及文化艺术空间的设置、文化艺术福利的促进、文化艺术振兴基金、韩国文化艺术委员会等内容。

（四）《文化多样性保护和增进法》

《文化多样性保护和增进法》制定于 2014 年 5 月 28 日，于同年 11 月 29 日开始施行。为执行联合国教科文组织《保护和促进文化表现形式多样性公约》，该法对制定并施行保护及增进文化多样性的政策的基本事项进行了规定，旨在提高个人的文化生活质量，并在文化多样性的基础上为社会和谐和创造新文化作出贡献。该法详细规定了国家及地方团体的职责、社会成员的权利和义务、文化多样性委员会、文化多样性的保护及增进的相关支援等内容。

二、韩国《图书馆法》

（一）立法概况

韩国迄今为止先后颁布了五部图书馆法，第一部颁布于 1963 年，其后四次全面修订或重新制定，依次是 1963 年《图书馆法》（法律第 1424 号）、1987 年《图书馆法》（法律第 3927 号）、1991 年《图书馆振兴法》（法律第 4352 号）、1994 年《图书馆及读书振兴法》（法律第 4746 号）和 2006 年《图书馆法》（法律第 8029 号）。2006 年《图书馆法》施行后，韩国多次对其部分内容予以修订。现行《图书馆法》（法律第 13960 号）修订于 2016 年 3 月 27 日，于同年 8 月 4 日开始施行。《图书馆法》和与之相配套的《图书馆法实施令》《图书馆法实施规则》，构成了韩国国家层面的图书馆法律体系。现行《图书馆法实施令》（总统令第 27381 号）和《图书馆法实施规则》（文化体育观光部令第 261 号）分别修订于 2016 年 7 月 26 日和 2016 年 8 月 3 日。

韩国地方性图书馆法规由地方政府（市、道、区政府等）依据《图书馆法》及其"实施令""实施规则"制定，一般称"运行条例""运行条例实施规则"。据统计，韩国现行地方性图书馆法规共 633 部。①

(二)有关公共图书馆的主要规定②

韩国现行《图书馆法》及其"实施令"中的主要规定有以下六个方面。

1. 公共图书馆的界定

依据现行《图书馆法》，韩国公共图书馆分公立、私立，由国家、地方自治团体、教育督导建立和运营的称为"公立公共图书馆"，由法人代表、团体及个人建立和运营的称为"私立公共图书馆"。法律还明确界定，小型图书馆、残疾人图书馆、医院图书馆、兵营图书馆、监狱图书馆、儿童图书馆亦属于公共图书馆范畴。

2. 公共图书馆的建立

现行《图书馆法》规定，"国家和地方自治团体应建立和发展公立公共图书馆"，"任何团体和个人都可建立和运营私立公共图书馆"③。其中私立公共图书馆实行注册制。法律同时规定，任何主体设立的公共图书馆都必须使用"图书馆"这一名称④，其用意在于防止设立主体背离图书馆的目标，避免不符合司书条件的人进入图书馆。

3. 公共图书馆的职责

现行《图书馆法》规定，公共图书馆为了发挥情报、文化及教育中心的作用，应履行的职责主要有七项：（1）收集、整理、保存馆藏文献，并向公众提供服务；（2）向公众和地方行政部门提供必要的信息服务；（3）制定并实施读书生活化计划；（4）组织和鼓励举办演讲会、展示会、读书会、文化活动以及与终身教育相关的活动；（5）开展馆际互借，加强馆际合作；（6）根据地区特点，建立和发展分馆；（7）其他公共图书馆应该履行的必要职责。⑤

4. 公共图书馆的运营经费

现行《图书馆法》规定，国家和地方自治团体向图书馆资助设立、运营及文献资料收集所必需的部分经费。地方自治团体建立和运营的公立公共图书馆的经费，应从地方自治团体的总预算中支出。督学建立和运营的公立公共图书馆的部分经费，应从其地方自治团体的总预算中支出。⑥

5. 公共图书馆的设施与资料配置标准

现行《图书馆法》规定，"为了保存、整理图书馆资料，方便用户利用，图书馆应当

---

① 李吉子、宋萍：《韩国图书馆发展研究》，252 页，北京，国家图书馆出版社，2018。

② 本部分内容基于李国新、段明莲等著《国外公共图书馆法研究》（国家图书馆出版社 2013 年版）第七章第二节，并据李吉子、宋萍著《韩国图书馆发展研究》（国家图书馆出版社 2018 年版）附录 1《图书馆法》和附录 2《图书馆法实施令》更新、补充。

③ 《图书馆法》第二十七条第一、二款。

④ 《图书馆法》第二十七条第三款。

⑤ 《图书馆法》第二十八条。

⑥ 《图书馆法》第二十九条。

具备适当的设施与资料"①。现行《图书馆法实施令》则提出了公立公共图书馆设施与资料配置标准②(见表8-3)。

表8-3　公立公共图书馆设施与资料配置标准

服务对象人数	设施		资料	
	建筑面积/m²	阅览座席/个	基本藏书/册	年新增/册
2万以下	264以上	60以上	3 000以上	300以上
2万以上5万以下	600以上	150以上	6 000以上	600以上
5万以上10万以下	990以上	200以上	15 000以上	1 500以上
10万以上30万以下	1 650以上	350以上	30 000以上	3 000以上
30万以上50万以下	3 300以上	800以上	90 000以上	9 000以上
50万以上	4 950以上	1 200以上	150 000以上	15 000以上

6. 公立公共图书馆的司书配置标准

司书是韩国图书馆的馆员。现行《图书馆法》规定,图书馆应配置运营所必需的司书。③ 现行《图书馆法实施令》规定了图书馆的司书配置标准④,基本原则是配置司书的数量与设施规模、馆藏资源数量挂钩。公立公共图书馆的司书配置标准具体见表8-4。

表8-4　公立公共图书馆的司书配置标准

类别	配置标准
公共图书馆	1. 建筑面积在330㎡以下,配置司书3名 2. 建筑面积超过330㎡以上部分,每330㎡增设司书1名;或6 000册基本藏书以上,每6 000册藏书增设司书1名
小型图书馆	公立小型图书馆配置司书1名以上
残疾人图书馆	盲人图书馆配置司书1名以上

三、"文化隆盛"政策

2013年年初,韩国政府提出了"经济复兴、国民幸福、文化隆盛"的执政纲领,将

---

① 《图书馆法》第五条第一款。

② 《图书馆法实施令》附件1-1。

③ 《图书馆法》第六条第一款。

④ 《图书馆法实施令》附件1-1。

文化提升至政府工作中的重要地位，并提出了体系化的文化政策方案。

　　"文化隆盛"的提出是韩国社会、经济、文化发展的时代要求，反映了韩国历届政府文化发展理念的时代变迁。韩国文化政策历经"胎动期"（1948 年至 20 世纪 70 年代）、"跳跃期"（20 世纪 80 年代至 90 年代初），20 世纪 90 年代中期开始步入"发展期"。从金泳三政府（1993—1998 年）、金大中政府（1998—2003 年）、卢武铉政府（2003—2008年）、李明博政府（2008—2013 年）到朴槿惠政府（2013—2017 年），文化政策目标从"文化畅达""文化立国""文化强国""文化国家"发展到"文化隆盛"。

　　韩国文化体育观光部认为，"文化隆盛"有两重含义：一是文化本身的隆盛；二是通过文化实现的国家隆盛。前者是指要全面提升人文、艺术、创意内容、体育、观光等领域的地位和作用，保障艺术家的创作自由，增进市民文化权益，增强文化多样性，实现文化本身的隆盛；后者是指文化本身的隆盛将会极大地促进社会其他领域的发展，要充分利用文化资源及作为文化资源核心的创造性和多样性等要素，将其打造为推动政治、经济、社会、技术、国际交流等各方面发展的重要力量。在此基础上，韩国文化体育观光部将"文化隆盛"定义为"文化的价值传遍全社会，为政治、经济等所有领域发展奠定基础，提高国民的幸福水平"。上述阐释反映出"文化隆盛"包含如下五方面内容：（1）提升全社会的人文精神；（2）培育全社会的文化素养；（3）保障全体国民的文化权益；（4）促进文化创意产业的快速发展；（5）增进开放、包容和互信，实现国民幸福与世界和平。

　　2013 年，依据当年 5 月 31 日颁布的总统令《文化隆盛委员会的设置与运营规定》，由总统直接领导的文化政策咨询委员会——韩国文化隆盛委员会成立。2014 年 1 月，对《文化隆盛委员会的设置与运营规定》进行了修订。在"文化隆盛"政策推行过程中，韩国政府主要从财政资金、文化立法、人才培养等多方面予以支持。

　　总的来说，"文化隆盛"政策可以概括为：一大纲领、"1＋1＋17"的文化行政、2％的文化财政、"4＋20＋53"的文化立法。一大纲领是指"文化隆盛"是文化政策的纲领和终极目标。"1＋1＋17"的文化行政是指一个直属于总统的文化政策咨询机构——韩国文化隆盛委员会，一个文化政策行政主体——韩国文化体育观光部，17 个与文化发展相关的中央政府部门。2％的文化财政是指政府计划将用于文化发展方面的财政预算提高到占总预算的 2％。"4＋20＋53"的文化立法是指政府出台了 4 部文化类法律，对 20部文化类法律进行了修订，以及韩国目前共有 53 部文化类法律。[①]

四、《文化愿景 2030：人在其中的文化》

　　韩国总统文在寅就职后，"新文化政策准备团"历经一年三个月起草了报告书《文化愿景 2030：人在其中的文化》。该报告书是自 2004 年的《创意韩国》以来，时隔 14 年后

---

　　① 李祗辉：《韩国"文化隆盛"政策解读》，载《青年记者》，2015(35)。

再次出台的带有总体性和体系性的国家文化政策规划报告书。

根据韩国文化体育观光部网站发布的版本，《文化愿景2030：人在其中的文化》中的基本价值观包括自律性、多样性和创意性。自律性是指保障个人文化活动的自由；多样性是指不同文化团体相互尊重，积极开展自身文化活动，建立不同国籍、人种、宗教、地域、性别的人都能友好共存的文化生态系统；创意性不仅指文化产业创造，还包含了教育、劳动、福祉、环境、统一等各领域的可以为社会发展和革新贡献力量的文化价值和动力。因此，《文化愿景2030：人在其中的文化》设定了个人自律性的保障、团体多样性的实现和社会创意性的扩散三个大方向，并详细探讨了9大议题、47项代表课题和186项推进课题，从而描绘了韩国至2030年的文化愿景。

（一）官民协治

韩国现行的文化政策是以中央政府为中心的政策传导体系，民间组织和个人只能成为文化事业的受惠者、享受者，而难以作为主体参与到文化艺术现场中，更难以影响政策的制定。对此，报告书指出，协治是解决现代社会复杂问题的有效方式之一，也是增进民主的有效手段。因此，拟设立文化愿景委员会和官民协治组织，以保障"文化愿景2030"持续、有效地实行，并依据《地区文化振兴法》在中央、广域市及地方设立文化协力委员会。文化协力委员会将具有地域文化振兴政策的审议职能，并设置咨询委员会、分科委员会、实务委员会等提高运营效率。不仅如此，为强化官民协治体系，还将制定开放型的机构运营制度，如向国民开放文化政策制定领域的职位，而不是领导人内部轮换，以降低官僚化程度；在公共行政各部门安置并培养协治人才。为了展现协治成果，还将举办协治博览会或报告会，扩大协治的社会影响力。不仅是官民协治，各机构之间的合作也需加强。目前，由保健福祉部、女性家族部、教育部等14个部门的领导参与的审议政府社会保障政策的社会保障委员会正在运行中，拟在基层设立更专门的专业委员会，将艺术教育等文化福祉相关事务的合作常规化。此外，还拟对文化政策的执行进行更多的管控，尤其是司法管控。

（二）改革文化行政组织

从李明博政府的"文化权力均衡战略"（2008年8月）到朴槿惠政府的"文化隆盛"政策（2013年3月），青瓦台、国情院等国家权力机关使得文化行政组织一定程度上工具化，运行僵硬。文化体育观光部也因外界权力压力和控制出现了偏离文化价值和原理的文化行政现象，韩国文化艺术委员会等多数行政组织也存在非民主的封闭式运营现象。因此，报告书提出，要建立以"自律、分权、协治"为基础的文化政策，并进行文化行政组织的改革。首先，对文化体育观光部的行政构造进行改革，夯实其协治基础，制定并实行中长期的计划，并通过《文化基本法》保障"关于国民及文化艺术人员参与并协治文化行政的权利"。报告书特别指出，要保障韩国文化艺术委员会的独立性，文化体育观光部要停止对其支援事务的介入，把角色转换为地域间、部门间、国家间的政策规划协调中心。在艺术支援体系中，韩国文化艺术委员会的地位和作用非常重要，因此应赋予其充分的自律性和独立性，让其重大的公共责任得到国民（艺术界）的监督。

（三）修订法律、完善制度

至 2018 年，文化体育观光部与文物厅相关法律有 72 部，其中文化艺术部门相关法律有 28 部。但是，在法律体系尚未完善的情况下，政治、行政因素导致的细分的振兴法数量过多，法律的目标不仅存在重叠，而且过于碎片化，其衔接性和整合性均不足。因此，报告书提出了一系列修订提案。例如，在宪法中明确扩大文化权；强化保障文化权的法律根基《文化基本法》；将《文化艺术振兴法》修改为《艺术支援法》；修订《地区文化振兴法》，提高地域自律性并提供协治的法律基础。

（四）中长期财政战略

文化是国民幸福生活的基本要素之一，需要在当代社会经济条件下提供最基本的经费保障。报告书指出，以韩国目前的文化预算，实现"文化愿景 2030"几乎不可能，因而需要研究阶段性的财政扩增战略，积极制定中长期文化财政规划，编制中央政府、地方政府和民间力量三者机能和作用的分摊原则，以切实提高国民生活质量。

第三节 主要公共文化服务机构

韩国的地方公共文化服务机构主要包括公共图书馆、博物馆、美术馆、地方文化院和文化之家。资料显示，韩国全国公共文化服务机构数量逐年上升，其中公共图书馆、博物馆和美术馆的数量增加较多（见表 8-5）。

表 8-5 韩国全国文化基础设施机构数

单位：个

年份	公共图书馆	博物馆	美术馆	地方文化院	文化之家
2018	1 042	873	251	231	100
2017	1 010	853	229	228	100
2016	978	826	219	228	114
2015	930	809	202	229	116
2014	865	754	190	229	116
2013	828	740	171	229	
2012	786	694	154	229	
2011	759	655	145	228	

数据来源：文化体育观光部文化基础科：《2018 全国文化基础设施总览》。

注：文化之家从 2014 年开始统计。

一、公共图书馆

(一)概况

朝鲜半岛的公共图书馆事业始于 1901 年创立的釜山读书俱乐部。有学者认为，1901—1955 年韩国公共图书馆事业处于漫长的起步阶段，殖民统治和战乱严重阻碍、破坏了公共图书馆的建设和发展，至 1955 年韩国公共图书馆仅存 12 家；1956—1979 年为战后重建和乡村图书馆崛起阶段，"美国图书馆思想在韩国公共图书馆重建时起着较大影响，进入 20 世纪 70 年代之后，韩国乡村图书馆建设高峰也到来了，呈现出政府主导与民间参与的乡村图书馆建设之路"；1980—2005 年为城市图书馆繁荣阶段，公立公共图书馆建设加快；2006 年之后，"地方政府办馆总量飞跃增长"，小型图书馆总量增长迅速。①

根据现行《图书馆法》，韩国公共图书馆的设立目的是支持公众信息利用、读书活动及终身教育。按照设立主体性质，韩国公共图书馆分为"公立公共图书馆"和"私立公共图书馆"两类。截至 2017 年年末，韩国公共图书馆达 1 042 个，其中地方政府立公共图书馆 791 个(占 75.91%)，教育厅立公共图书馆 231 个(占 22.17%)，私立公共图书馆 20 个(占 1.92%)。每馆平均馆藏文献量达 100 734 册，平均阅览席数达 343 个。2017 年度每馆平均服务读者 261 103 名(见表 8-6)。

表 8-6　不同设立主体的公共图书馆运营状况

类别	数量/个	平均每馆					
		阅览席数/个	图书资料数/册	使用人数/人	职员数/人	司书数/人	运营预算/千韩元
地方政府立图书馆	791	313	89 265	244 938	6.4	3.5	883 584
教育厅立图书馆	231	467	145 638	336 014	13.4	7.2	1 270 234
私立图书馆	20	110	6 494	35 197	2.7	1.8	162 245

数据来源：文化体育观光部文化基础科；《2018 全国文化基础设施总览》。

(二)公共图书馆管理体制

根据现行《图书馆法》，韩国公共图书馆与大学图书馆、学校图书馆、专门图书馆由中央政府和地方政府统一支持、管理和监督，形成了以"委员会"制和"计划"制为特色的管理机制。②

1. 中央层面

在韩国中央政府中，直接向总统负责的图书馆信息政策委员会承担制定韩国图书

---

① 吴汉华、王琛：《韩国公共图书馆事业简史》，载《图书馆建设》，2018(4)。
② 依据《大学图书馆振兴法》《学校图书馆振兴法》，另有专门行政机构或公共机构承担大学图书馆和学校图书馆的建设、监督职能，所以本部分所阐述的管理体制仅完全适用于公共图书馆。

馆政策(以公共图书馆为主)的职能，而文化体育观光部及其辖下的图书馆政策企划团，则是推动图书馆政策实施的行政主体。为有效制定、实施图书馆宏观政策，韩国政府于 2007 年设立图书馆信息政策委员会。该委员会是总统的咨询机构(见图 8-1)。

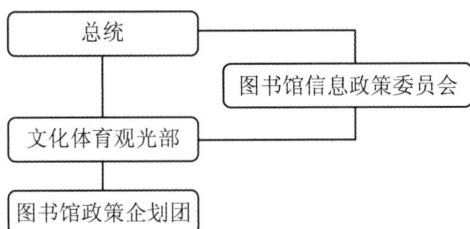

图 8-1　韩国中央层面图书馆管理机构关系图

(1)图书馆信息政策委员会。该委员会由 30 名以内的委员组成，包括委员长和副委员长各 1 名。委员长人选由总统从在图书馆方面专业知识和经验丰富的人员中推荐产生，副委员长由文化体育观光部长官担任。委员由两类人员组成，一是相关中央行政机关负责人，包括企划财政部长官、教育部长官、未来创造科学部长官、法务部长官、国防部长官、行政自治部长官、文化体育观光部长官、产业通商资源部长官、保健福祉部长官、女性家族部长官和国土交通部长官；二是专业人员，由委员长从在图书馆或提高国民信息能力方面专业知识和经验丰富的人员中推荐产生。为了支持图书馆信息政策委员会的工作，委员会内可设立事务机构和专门委员会。如第四届图书馆信息政策委员会设立了"图书馆政策企划专门委员会""法律与政策制度专门委员会""知识鸿沟消除专门委员会""强化知识信息文化竞争力专门委员会"。[①]

根据现行《图书馆法》，图书馆信息政策委员会负责制定、审议、调整的事宜包括：图书馆发展综合计划；图书馆相关制度；国家和地方图书馆运营体系相关事宜；图书馆运营评估相关事宜；图书馆及馆藏文献的无障碍访问及消除知识鸿沟相关事宜；图书馆专业人员培养相关事宜；其他依据总统令制定的图书馆政策相关事宜。[②]

(2)文化体育观光部图书馆政策企划团。现行《图书馆法》规定，为了保障图书馆信息政策委员会各项职能的顺利履行，在文化体育观光部内设立图书馆政策企划团。[③] 图书馆政策企划团是推动图书馆政策实施的行政主体，其主要职能是：支持图书馆信息政策委员会运营；辅助制订图书馆发展综合计划，并统筹安排和实施图书馆年度施行计划；统筹图书馆相关法律及制度改善事项、读书文化振兴相关业务、图书馆统计及评估等事项；制订图书馆自动化计划，大力支持地区代表图书馆的顺利运行，改善图书馆服务，努力提高图书馆对弱势群体的服务能力等。

---

① 李吉子、宋萍：《韩国图书馆发展研究》，51～52 页，北京，国家图书馆出版社，2018。

② 《图书馆法》第十二条第二款。

③ 《图书馆法》第十二条第三款。

2. 地方层面

与中央政府相呼应，韩国市、道级地方政府也设立地方图书馆信息服务委员会作为制定、推行地方图书馆政策的特别机构，并指定或设立地区代表图书馆承担一定的管理职能(见图 8-2)。

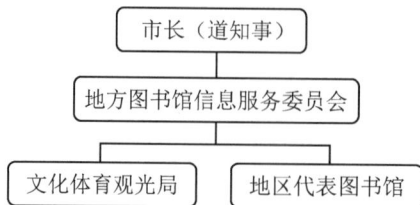

图 8-2 韩国地方层面图书馆管理机构关系图

(1)地方图书馆信息服务委员会。现行《图书馆法》规定，"为了管辖区内图书馆的共同发展，以及审议消除知识鸿沟相关事项"①，市、道政府组织成立地方图书馆信息服务委员会。地方图书馆信息服务委员会向市长、道知事负责，是推行地方图书馆政策、促进地方图书馆共同发展、消除知识鸿沟的专门机构。该委员会由 15 名以内的委员组成，包括 1 名委员长和 1 名副委员长。委员长由副市长或道副知事担任(如有 2 名副市长或道副知事，则由市长或道知事提名的人员担任)，副委员长则由地区代表图书馆馆长担任。委员由委员长委任，均为具有丰富的图书馆专业知识和经验的人员。地方图书馆信息服务委员会须履行的职责有：地方图书馆共同发展相关事项；地方图书馆消除知识鸿沟相关事项；为了地方图书馆政策的推行，地方图书馆信息服务委员会必须履行的其他职责。

(2)地区代表图书馆。现行《图书馆法》第二十二条规定："为了制定和实施地区图书馆政策，以及系统地开展与此相关的支持工作，市、道应指定或设立地区代表图书馆并负责其运营。"地区代表图书馆须履行的职责有：全面收集、整理、保存市、道各单位的馆藏文献，并向读者提供服务；支持和协助地区图书馆各项工作；调查研究图书馆业务；协助地区图书馆收集资料，并保存其他图书馆移交的馆藏文献；协助国立中央图书馆的馆藏文献收集活动和图书馆之间的合作工作；作为地区代表图书馆应该履行的其他职责。②

同时，现行《图书馆法实施令》规定，每年 11 月底以前，地区代表图书馆的馆长应完成以下各项工作，并向市长、道知事汇报：下一个年度地区图书馆运营计划；地区图书馆之间的相互合作及与国立中央图书馆的合作现状；地区公共图书馆的建馆情况以及公共保存书库的运行现状；援助地区公共图书馆和消除知识鸿沟实际工作成效；

---

① 《图书馆法》第二十四条。
② 《图书馆法》第二十三条。

地区公共图书馆工作评估以及实际情况调查分析报告。

可见，韩国的地区代表图书馆既类似于图书馆总分馆体系中的总馆，具有部分总馆职能，又具有一定的行政管理职能。

(三)"图书馆发展综合计划"和地方"图书馆年度实施计划"

"图书馆发展综合计划"由图书馆信息政策委员会每五年组织制订一次，依据法律规定，应包含三大项内容：第一是图书馆政策的基本方向；第二是图书馆政策的推行目标和方法，具体包括强化图书馆作用相关事项、改善图书馆环境相关事项、为消除知识鸿沟而加强图书馆服务相关事项、加强图书馆合作体系相关事项等；第三是重点推进课题业务及相关部门之间的合作事宜。[①] 可见，"图书馆发展综合计划"是未来五年全国图书馆事业的宏观政策。

为保障"图书馆发展综合计划"的有效实施，法律规定地方政府须根据综合计划制订地方"图书馆年度实施计划"。首先由文化体育观光部长官提出年度实施计划的制订方针，经图书馆信息政策委员会审议通过后，在每年 9 月 30 日之前，向相关中央行政机关负责人和特别市市长、广域市市长、特别自治市市长、道知事及特别自治道知事通报。每年 11 月 30 日之前，相关中央行政机关负责人和市长、道知事须完成下一个年度实施计划的制订工作，并向文化体育观光部长官提交，包括以下各项内容：该年度工作发展方向；主要工作发展方向；各项主要工作的具体运营计划；其他与推进工作相关的必要事项。[②]

文化体育观光部长官对各市、道制订的下一个年度实施计划进行归纳，经图书馆信息政策委员会审议通过，在每年 12 月 31 日之前，向相关中央行政机关负责人和市长、道知事通报。每年 1 月 31 日之前，相关中央行政机关负责人和市长、道知事须将上一个年度实施计划的落实情况向文化体育观光部长官报告。每年 3 月 31 日之前，文化体育观光部长官须总结整理上一个年度实施计划的落实情况，向图书馆信息政策委员会提交。

借由"图书馆发展综合计划"和地方"图书馆年度实施计划"的制订、实施、总结这一闭环系统，中央政府和地方政府的图书馆管理体系紧密联结，中央的图书馆宏观政策和地方图书馆政策得以良好衔接，政策的推行和反馈也得以有效实现。"计划制"将韩国图书馆管理体制连接为有机整体。

(四)小型图书馆

小型图书馆是韩国一种特殊类型的公共图书馆。未达到法律规定的公立公共图书馆设施和藏书标准的小型图书馆以知识信息服务及读书文化服务为主要目的，是贴近居民生活、具有综合文化功能的社区公共文化空间。

---

① 《图书馆法》第十四条。
② 《图书馆法实施令》第八条。

小型图书馆建设始于村文库运动。村文库运动于 1945 年启动，初始以扫盲和农村启蒙为目的，在韩国农村自发建立民间阅读设施。村文库运动自 1960 年起大力开展，到 1970 年转变为政府主导的新村文库运动。1994 年颁布的《图书馆及读书振兴法》规定，政府应鼓励建立文库。2004 年，文化体育观光部政策报告书提出万家小型图书馆建设运动。① 自此，村文库运动正式转变为小型图书馆建设运动。

2006 年韩国《图书馆法》明确了小型图书馆的主要任务，即在公共图书馆延伸不到的地方开展服务，促进公众阅读，提升公民文化素养，保障社会公平。② 2012 年韩国颁布《小型图书馆振兴法》，明确规定了小型图书馆的建设主体、政府的扶持义务等，为小型图书馆的发展提供了法律保障。该法规定，国家、地方自治团体、法人、团队及个人均可建立和运营小型图书馆。小型图书馆以居民参与治理和自治为基础运营，以提高地区社会生活文化水平为运行目的。国家及地方自治团体应针对振兴小型图书馆制定相关政策，并制定必要的行政计划和财政计划。对法人、团队及个人建立和运营的小型图书馆，应在预算范围内给予必要的经费资助。应制定和推行公共图书馆和小型图书馆之间有关馆藏文献及业务方面的合作计划，构建信息共享体系，实现公共图书馆和小型图书馆之间对图书等文献资料的共享。各级地方政府行政长官须在每年12 月 31 日之前，完成对辖区内小型图书馆运行实际情况的调查，并将其提交给图书馆信息政策委员会。图书馆信息政策委员会须向社会公开其结果。③

2005 年韩国有小型图书馆 130 个，至 2015 年已增长至 5 595 个，其中公立小型图书馆占 24.4%，私立小型图书馆占 75.6%。馆舍面积方面，公立小型图书馆平均面积为133.3 平方米，私立小型图书馆平均面积为 95.8 平方米；馆藏量方面，公立小型图书馆平均馆藏量为 8 974 册，私立小型图书馆平均馆藏量为 4 950 册；年均读者人次方面，公立小型图书馆年均读者为 11 294 人次，私立小型图书馆年均读者为 4 535 人次。④

二、其他公共文化服务机构

根据不同设立主体，韩国的博物馆和美术馆可分为国立、公立、私立、大学四种。截至 2018 年，韩国共有博物馆 873 个，其中以私立博物馆数量最多(见表 8-7)。

表 8-7　2018 年不同设立主体的博物馆运营状况

类别	数量/个	职员总数/人	专业职员数/人	馆藏量/件	年参观人数/人
国立博物馆	49	2 401	420	2 294 621	18 279 176

① 李吉子、宋萍：《韩国图书馆发展研究》，12 页，北京，国家图书馆出版社，2018。
② 吴汉华、王琛：《韩国公共图书馆事业简史》，载《图书馆建设》，2018(4)。
③ 《小型图书馆振兴法》(法律第 13973 号)，2016 年 5 月 4 日起实施。据李吉子、宋萍著《韩国图书馆发展研究》(国家图书馆出版社 2018 年版)附录 6。
④ 吴汉华、王琛：《韩国公共图书馆事业简史》，载《图书馆建设》，2018(4)。

类别	数量/个	职员总数/人	专业职员数/人	馆藏量/件	年参观人数/人
公立博物馆	349	3 009	445	1 709 592	40 394 870
私立博物馆	371	2 434	613	4 287 649	65 718 396
大学博物馆	104	469	202	2 115 916	31 208 840

数据来源：文化体育观光部文化基础科：《2018 全国文化基础设施总览》。

截至 2018 年，韩国共有美术馆 251 个，其中以私立美术馆数量最多。平均馆藏量和年平均参观人数最多的是国立美术馆（见表 8-8）。

表 8-8 2018 年不同设立主体的美术馆运营状况

类别	数量/个	平均职员数/人	平均专业职员数/人	平均馆藏量/件	年平均参观人数/人
国立美术馆	1	337	45	10 021	2 839 931
公立美术馆	67	10	2.18	1 069	96 969
私立美术馆	168	5	1.86	606	97 727
大学美术馆	15	3	1.4	395	11 090

数据来源：文化体育观光部文化基础科：《2018 全国文化基础设施总览》。

文化之家是 20 世纪 90 年代起在韩国设立的公共文化服务机构，其运营模式分为直营和委托两种。直营机构多为区政府、街道委员会等；委托机构多为地方文化院和图书馆等。文化之家提供瑜伽、舞蹈、声乐、书画、木工等多种课程，还设有读书会、文人协会、书法协会等文化艺术社团。2018 年，韩国共有 100 个文化之家。其中，釜山、大邱和世宗未设立文化之家（见表 8-9）。

表 8-9 2018 年文化之家运营状况

道市名		文化之家数量/个	每个文化之家平均				
			运营人数/人	年参与人数/人	总活动次数/次	社团数/个	预算总额/千韩元
特别市	首尔特别市	5	3.80	41 787	28.60	2.20	177 402
特别自治市	世宗特别自治市						
广域市	釜山广域市						
	大邱广域市						
	仁川广域市	1	4.00	19 544	2.00	19.00	169 871
	光州广域市	4	3.50	33 619	15.25	15.25	146 954
	大田广域市	3	5.33	23 000	3.00	2.67	12 066
	蔚山广域市	4	2.25	36 046	35.25	3.25	52 841

道市名		文化之家数量/个	每个文化之家平均				
			运营人数/人	年参与人数/人	总活动次数/次	社团数/个	预算总额/千韩元
道	京畿道	9	13.22	62 206	43.33	13.11	280 229
	江原道	6	2.33	17 177	7.17	22.33	65 274
	忠清北道	7	3.00	22 413	18.57	4.29	92 489
	忠清南道	6	2.83	25 000	22.83	7.83	108 817
	全罗北道	12	3.17	298 525	20.92	9.50	150 999
	全罗南道	4	3.00	25 645	24.00	5.75	70 288
	庆尚北道	6	2.00	24 149	8.67	2.00	62 604
	庆尚南道	14	3.50	20 646	10.57	2.64	59 098
特别自治道	济州特别自治道	19	2.79	17 757	7.84	0.37	22 792

数据来源：文化体育观光部文化基础科：《2018 全国文化基础设施总览》。

第四节　公共文化特色服务

首尔特别市是韩国的首都，也是韩国地方文化院相对集中的地区。麻浦区位于首尔中西部的汉江沿岸，自古以来便是水上交通的要道，有着悠久的历史和文化积淀。麻浦区内的麻浦文化院是韩国较早开放的地方文化院之一，从创办之初就致力于传承、挖掘、研究地方文化，开展国内外文化交流，促进地方发展。麻浦文化院总面积 1 463 平方米，包括会议室、讲堂、展厅、小型图书室等功能空间。据韩国文化体育观光部网站统计，2018 年其服务人数多达 175 450 名，是首尔地区服务人数较多的地方文化院之一，也是韩国地方文化院的典型。

一、举办系列培训活动

据麻浦文化院网站介绍，其举办的系列培训活动类似于小型兴趣培训班。培训以三个月为一期，定员 20 名，内容既包含健美操、瑜伽、舞蹈、声乐、器乐、美术等艺术类课程，也包含汉语、英语、日语等语言文化类课程。培训费用为 3 万韩元至 9 万韩元不等，课程频率在每周一至五次之间，先报先得，名额不满的即取消。

二、开展特色传统文化活动

麻浦文化院立足地方实际，围绕地方民俗，开展种类繁多、内容丰富的特色传统文化活动。如麻浦渡口祭、栗岛府君堂祭、栗岛失乡民归乡祭等祈愿平安和表达思乡情结的活动，麻浦港虾酱节等庆祝丰收的节日活动和乡土历史遗迹探访活动。此外，麻浦文化院还针对当地青少年群体开展三开作文大会、三开诗朗诵会、小学生家乡探访活动，针对地区领导开展麻浦领袖文化探访活动等。

三、管理运营传统文化体验馆——广兴堂

广兴堂是麻浦区恭愍王祠堂旁的一所传统文化体验馆，占地面积 436.8 平方米，主要开展讲座、国乐音乐会和其他特色传统文化活动，其目的是挖掘并展示本土史料、体现传统文化的重要性、对青少年进行传统文化教育。根据麻浦文化院网站的介绍，2013 年，广兴堂开馆并委托给麻浦文化院管理。广兴堂不仅设有系列讲座培训，还举办内容丰富、形式多样的传统文化活动，如包含放风筝、摔跤等多种传统游戏的正月十五民俗游园会及传统成年礼、传统婚礼、恭愍王祠堂祭、麻浦国乐之声、麻浦港文人围棋会、外国人传统文化体验等。除韩国本土居民以外，赴韩观光、在韩居住的外国人也是广兴堂重要的服务对象。外国人可在广兴堂接受韩国传统文化礼仪教育、体验韩国传统服装、学习韩国传统乐器和传统茶道等。

【本章小结】

韩国中央政府和地方政府对公共文化服务事业的管理，通过文化体育观光部、韩国文化院联合会、韩国文化艺术委员会这种独特的体制、机制上下贯通、紧密衔接，实现了中央统一规划和地方自治的协调。近十年来，文化事业经费总量以及占财政总支出的比例增长明显。

韩国公共文化服务法律政策保障体系较为健全。《文化基本法》《地区文化振兴法》《文化艺术振兴法》《文化多样性保护和增进法》《图书馆法》等重要法律构成了韩国公共文化保障体系的框架，"文化隆盛"政策和"文化愿景2030"规划了韩国与时俱进的公共文化发展蓝图。

韩国有关图书馆的法律持续修订，规范配套。法律明确了图书馆的职责，规范了图书馆的运营和保障，提出了图书馆设施、资源和人员的标准，构筑了图书馆的服务体系，为图书馆事业的持续发展奠定了坚实基础。韩国创设的从中央到地方的图书馆信息政策委员会、图书馆政策企划团、地方图书馆信息服务委员会，为图书馆事业发展提供了组织保障。国家层面制定和执行"图书馆发展综合计划"、地方层面制定和执行地方"图书馆年度实施计划"的机制，以及地区代表图书馆、小型图书馆制度，具有鲜明的特色，对我国公共文化服务体系建设具有启发意义。

【本章思考题】

1. 韩国从中央到地方的文化管理体制有什么优势和不足？

2. 韩国的文化法律体系建设对我国构建公共文化法律体系有哪些借鉴意义？

3. 比较韩国的《图书馆法》和我国公共图书馆法，思考进一步完善我国公共图书馆法的路径和方式。

4. 韩国的地区代表图书馆、小型图书馆制度对我国图书馆总分馆制建设和乡村图书馆服务有什么启发意义？

5. 韩国的文化院、文化之家和我国的文化馆(站)有哪些异同？

后 记

我们对国外公共文化服务的系统研究，发端于 2012 年获准立项的国家社会科学基金重大项目"加快公共文化立法，提高文化建设法制化水平研究"（批准号：12&ZD032）。该项目设计了一个"世界各国公共文化政策法律体系与内容研究"的子课题，项目研究启动后，我们便组织力量通过网络和文献调研世界主要国家公共文化服务的历史与现状，并陆续在专业学术期刊上发表了一系列研究论文。2015 年 5 月，文化部启动了第二批全国基层文化队伍培训教材选题申报工作，考虑到我国文化人才队伍完善知识结构的需要，以及我们所拥有的学术积累和相对的研究优势，我们策划了编写《国外公共文化服务概览》的选题参与申报，获得通过。2016 年 4 月，本书的编写大纲通过了由文化部组织的专家评审。2017 年 3 月，本书的初稿提交文化部组织的专家评审会，评审专家提出了进一步修改的意见和建议。2019 年 6 月，本书的修改稿提交文化和旅游部的专家评审，此后又根据评审专家的意见和建议做了进一步的修改，成为目前呈现在读者面前的样子。

参与本书编写的，主要是我们研究团队中一批年轻的博士、硕士研究生。各章节初稿撰写执笔人如下：

绪　言　李国新（北京大学教授、博士生导师）

第一章　冯佳（北京大学博士，上海社会科学院副研究员）；高梦楚（北京大学硕士，国家大剧院艺术普及教育部项目主管）

第二章　陆晓曦（北京大学博士，北京语言大学图书馆副研究馆员）

第三章　张丽（北京大学博士，北京语言大学图书馆副研究馆员）

第四章　陈慰（北京大学博士，上海交通大学博士后）

第五章　冶静宜（对外经济贸易大学硕士）

第六章　项琳（北京大学博士研究生，秦皇岛图书馆馆员）

第七章　曹磊（北京大学硕士，江阴市图书馆副研究馆员）

第八章　宋萍（北京语言大学硕士）；潘京花（华南师范大学硕士，广州图书馆馆员）；刘亮（北京大学博士研究生，北京工商大学图书馆馆员）

张皓珏(北京大学博士研究生)负责全书初稿的修改与统稿，李国新对全书做了最终修改和审定。

本书的编写，从我们最初组织力量开始研究国外公共文化服务算起，已有近七年的时间，即便从策划申报本书的选题算起，也有四年多的时间。一开始参与到这项研究中的博士、硕士研究生，到本书出版已经毕业多年。这是我们团队近年来较为系统地研究国外公共文化服务的阶段性成果。作为本书编写的主持人，我对所有参与编写的人员付出的心血表示感谢，对历次评审中专家们提出的宝贵意见和建议表示感谢，对本书编写、出版工作的组织者和出版社的编辑人员表示感谢。希望本书能对我国文化队伍建设有所裨益，也期待听到读者对本书的意见和建议。

李国新

图书在版编目(CIP)数据

国外公共文化服务概览/李国新等编著. —北京：北京师范大学出版社，2021.9

（全国基层文化队伍培训用书）

ISBN 978-7-303-27162-7

Ⅰ．①国… Ⅱ．①李… Ⅲ．①公共管理－文化工作－国外－业务培训－教材 Ⅳ．①G113

中国版本图书馆 CIP 数据核字(2021)第 158072 号

营　销　中　心　电　话　010-58807651

北师大出版社高等教育分社微信公众号　新外大街拾玖号

GUOWAI GONGGONG WENHUA FUWU GAILAN

出版发行：北京师范大学出版社　www.bnupg.com

　　　　　北京市西城区新街口外大街 12-3 号

　　　　　邮政编码：100088

印　　刷：北京盛通印刷股份有限公司

经　　销：全国新华书店

开　　本：787 mm×1092 mm　1/16

印　　张：11

字　　数：226 千字

版　　次：2021 年 9 月第 1 版

印　　次：2021 年 9 月第 1 次印刷

定　　价：49.80 元

策划编辑：周　粟　王婧凝　　　　责任编辑：吴纯燕

美术编辑：李向昕　　　　　　　　装帧设计：李向昕

责任校对：丁念慈　　　　　　　　责任印制：马　洁